"十二五"国家重点图书出版规划项目
材料科学研究与工程技术系列

土木工程试验方法与数据处理
Civil Engineering Test Method and Date Handling

李宗强　李居铜　张爱勤　孙式霜　编著

哈尔滨工业大学出版社

内 容 提 要

本书主要介绍土木工程试验方法与数据处理的基本理论、基本方法和应用实例,全书由5章内容及附表组成,具体内容包括:统计学基本知识、试验误差与数据处理的基本知识、假设检验、方差分析与正交试验、回归分析,以及试验设计与数据处理中需要使用的大量图表。

本书内容全面、案例丰富、紧扣工程,适合土木工程试验检测技术人员、研究人员及高校学生使用。

图书在版编目(CIP)数据

土木工程试验方法与数据处理/李宗强等编著. —哈尔滨:哈尔滨工业大学出版社,2014.8(2020.8重印)

ISBN 978-7-5603-4865-0

Ⅰ.①土… Ⅱ.①李… Ⅲ.①土木工程-工程试验-高等学校-教材 ②土木工程-数据处理-高等学校-教材 Ⅳ.①TU

中国版本图书馆 CIP 数据核字(2014)第 176709 号

策划编辑 杨 桦

责任编辑 李广鑫

出版发行 哈尔滨工业大学出版社

社　　址 哈尔滨市南岗区复华四道街10号 邮编 150006

传　　真 0451-86414749

网　　址 http://hitpress.hit.edu.cn

印　　刷 哈尔滨市工大节能印刷厂

开　　本 787mm×1092mm 1/16 印张 12.75 字数 290 千字

版　　次 2014年8月第1版 2020年8月第3次印刷

书　　号 ISBN 978-7-5603-4865-0

定　　价 38.00元

(如因印装质量问题影响阅读,我社负责调换)

前　言

随着土木工程建设的发展,工程试验与检测的地位越来越重要,而工程技术人员在解决工程试验与检测技术问题中总会遇到诸多困难,其中,试验设计方法与数据处理则是目前工程技术人员最为匮乏的知识环节,即使在研究人员中也是较为薄弱的一项知识内容。据调查,最突出的问题体现在试验方法与数据处理的理论知识较深,而工程应用案例较少,因此较难掌握与具体实施。本书针对以上问题,结合土木工程专业测试技术方向、材料科学与工程专业等教学用书,在编写上突出了大量土木工程试验方法与数据处理工程应用案例,理论与实践结合紧密,深入浅出,易学易懂。

本书以概率论与数理统计的理论为基础,以数据的测量方法、正交试验设计方法、试验数据处理方法(以直观分析法、方差分析法、回归分析法)等为主要内容进行介绍。本书在理论叙述方面力求系统、完整,在工程应用方面力求通俗、实用。

本书不仅适用于土木工程试验检测技术人员、研究人员,也适用于土木工程专业、材料科学与工程专业等本科学生。本书以多年现场工程与科研数据为基础,并结合积累的大量试验案例,能够帮助和指导土木工程技术人员灵活利用所学知识解决土木工程试验设计与数据处理中遇到的实际问题。

本书由山东交通学院李宗强、李居铜、张爱勤、孙式霜共同编著,在人员组成上充分体现出由理学院、土木工程学院和北方监理公司技术人员优势组合的特点,为本书的编写质量提供了保障。

由于编者水平有限,书中难免存在疏漏及不妥之处,恳请广大读者给予批评指正,我们表示衷心的感谢。

编　者
2014 年 3 月

目　录

第1章　统计学基础知识 ... 1
- 1.1　统计学基本概念 ... 1
- 1.2　总体和样本 ... 2
- 1.3　观测值的统计特征值 ... 3
- 1.4　数理统计中的常用分布 ... 10
- 1.5　观测值的波动范围与置信区间 ... 18
- 1.6　统计样本的抽样方法 ... 31
- 1.7　最少试验数量的确定 ... 34

第2章　试验误差与数据处理的基本知识 ... 39
- 2.1　数据测量的基本知识 ... 39
- 2.2　试验误差 ... 42
- 2.3　试验误差的分析与消除 ... 56
- 2.4　数值修约规则与有效数字 ... 63
- 2.5　可疑数据的取舍方法 ... 71
- 2.6　试验结果的表示方法 ... 75

第3章　假设检验 ... 79
- 3.1　正态分布的检验方法 ... 79
- 3.2　假设检验的基本原理 ... 85
- 3.3　正态分布总体分布中心 μ 的假设检验 ... 90
- 3.4　正态分布总体方差 σ^2 的假设检验 ... 94

第4章　方差分析与正交试验 ... 97
- 4.1　方差分析 ... 97
- 4.2　正交试验设计及其方差分析 ... 111

第5章　回归分析 ... 137
- 5.1　一元线性回归 ... 137
- 5.2　曲线回归分析 ... 149
- 5.3　多元线性回归简介 ... 154

附表 ... 163
- 附表1　标准正态分布表 ... 163
- 附表2　正态分布的双侧临界值表 ... 165
- 附表3　t 检验临界值 ($t_\alpha, t_{\alpha/2}$) 表 ... 166
- 附表4　χ^2 检验临界值 χ^2_α 表 ... 167
- 附表5　F 检验临界值表（一） ... 168

附表6　F检验临界值表(二) …………………………………………………… 173
附表7　t分布概率系数表 …………………………………………………… 174
附表8　随机数表 …………………………………………………………… 175
附表9　常用正交试验表 …………………………………………………… 177
附表10　相关系数临界值(γ_a)表 ………………………………………… 194

参考文献 ………………………………………………………………………… 195

第1章 统计学基础知识

1.1 统计学基本概念

统计学(statistics)是一门研究随机现象,以推断为特征的方法论科学。统计学是应用数学的一个分支,主要通过利用概率论建立数学模型,收集所观察系统的数据,进行量化的分析、总结,进而进行推断和预测,为相关决策提供依据和参考。数理统计是统计学在近代发展阶段所形成的所有收集和分析数据的新方法的综合性表述。概率论是数理统计方法的理论基础。

统计学的核心内容是收集、处理、分析、解释数据并从数据中得出结论的科学。用统计的方法来认识事物的步骤是:研究设计→抽样调查→统计推断→结论。这里,研究设计就是制订调查研究和实验研究的计划,抽样调查是搜集资料的过程,统计推断是分析资料的过程。显然统计的主要功能是推断,而推断的方法是一种用部分资料来推断总体的不完全归纳法。这种方法被广泛地应用在各门学科。

统计技术包括统计推断和统计控制两大内容。统计推断是指通过对样本数据的统计计算和分析,提供表示事物特征的数据,比较两个事物之间的差异,分析影响事物变化的原因,找出产品形成全过程中质量变化的规律,对总体质量水平进行推断,预测尚未发生的事件。统计控制是指通过对样本数据的统计计算和分析,采取措施消除过程中的异常因素,以保证产品质量特性的分布基本保持在设定值附近,使生产过程达到稳定受控状态。应用统计方法要掌握分布的理论,要符合大数定律,即只有对大量数据取得统计平均值才具有稳定性和代表性,才能得出比较准确的统计结论。因此,只有掌握基本的统计理论知识,才能较好地应用统计方法,发挥统计技术在质量控制中的作用。

1.1.1 随机变量的概念

随机变量(variable)是概率论中的重要概念。量可分为常量和变量,随机变量是变量中的一种类型。随机变量的数值变化是由随机因素的作用而发生的,因此,随机变量是指在试验的结果中能取得不同数值的量,其数值是随着试验的结果而定的,由于试验的结果是随机的,所以它的取值具有随机性。例如,一批产品中的次品数、路面竣工验收项目检测的频数、混凝土抗压强度、立方体试件尺寸与规定尺寸的偏差、沥青混合料动态稳定度的大小等,这些例子中所提到的每个变量,以数学的观点看都是随机变量。

随机变量可以在试验的结果中随机地取得不同的数值,当试验结果确定后,它也就相应地取得了确定的数值。随机变量在相继取值的过程中,下一个数值的大小是不可能预测的。

在统计中,随机变量通常用 X、Y 等表示。

1.1.2 统计数据

数据是统计的对象,习惯上把由数字组成的数字数据称为数据。数字数据是对可定量描述的特性的表达,是可以通过抽样、测量、记录获得的。任何数字数据都是随机变量,又都可以形成一定的分布,即服从一定的统计规律。

统计中可以采用计量值和计数值两种数据。计量值数据是指可以在有限的区间内连续取值的数据,如长度、面积、体积、质量、密度、电压、电流、强度等。大部分质量特性的数值都属于计量值数据。计数值数据是只能间断取值,在有限的区间内只能取有限数值的数据,如产品的数量、次品的数量、工程检测中试验的次数、研究中试验的分组数等,因此,计数值数据是以正整数的方式表现,计数值数据又分为计件值数据和计点值数据。

1.2 总体和样本

数理统计的基本任务就是研究如何进行观测以及如何根据观测得到的统计资料,对被研究的随机现象的一般概率特征(如概率分布、数学期望、方差等)做出科学的推断。虽然从理论上讲,只要对随机现象进行足够多次的观测,被研究的随机现象的规律性一定能清楚地呈现出来,但是实际上观测次数只能是有限的。因此,如何有效地利用收集到的有限资料,尽可能地对被研究的随机现象的规律性做出精确而可靠的结论,统计中需要明确总体与样本的基本概念。

1.2.1 总体

人们将研究或统计分析的对象的全体元素组成的集合,称为总体(population)或母体。在统计工作中,总体是根据研究目的而确定的。例如,要研究水泥混凝土的抗压强度指标,则所有的水泥混凝土立方体试件就构成了一个总体;某沥青混合料拌和工地上需要确定新进的一批沥青质量是否合格,则这批沥青就是总体。

总体中个体的数量常用 N 表示。当总体内所含个体个数有限时,称为有限总体(finite population),如一批产品,由于其数量有限,所以可视为有限总体。当总体内所含个体个数无限时,称为无限总体(infinite population),如一道工序,由于工序总在源源不断地生产出产品,有时是一个连续的整体,所以这样的总体可视为无限总体。

总体中的个体数 N 理论上应趋向于无穷大($N\to\infty$),由于总体的性质取决于其中各个个体的性质,要了解总体的性质,理论上必须对全部个体的性质进行测定,但在实际工作中往往是不可能的。主要原因如下:

(1)总体中包含着无穷多个体数目。

在多数情况下总体中的个体数目特别多,可以说接近于无穷多。例如出厂水泥,即使按袋计数,也不可能对所有袋进行测定。

(2)由无限个体组成的总体。

例如,对一种新分析方法的评价分析,每次测定结果即为一个个体,可以一直测定下去永无终止。

(3)不允许对全部总体进行检测。

多数产品质量的检测是破坏性的,不允许对其全部总体都进行检测。

基于总体的以上情况,在实际工作中只能从总体中抽取一定数量的、有代表性的个体组成样本,通过对样本的测量,借助于数理统计手段对总体进行推断,从而掌握总体的性质。

1.2.2 样本

在抽样调查中,来自总体的部分个体的集合称为样本(sample)或子样,即抽样结果得到随机变量的一组试验数据,或称观测值(observation)。例如,从每一桶沥青中取两个试样,一批沥青有100桶,抽查了200个试样做试验,则这200个试样就是样本。从总体获得样本的过程称为抽样。样本中的每个个体称为样品。样本中所含样品的个数称为样本容量(sample size)或样本大小,常用 n 表示。例如,上例中抽查了200个沥青试样,样本容量 $n=200$。

样本容量的大小,直接关系到判断结果的可靠性。若样本容量适当地大,并且抽样的代表性强,则通过样本检测得到的样本统计特征值(常用样本平均值 $\bar{x}$、样本标准差 s 等表示),就能很好地代表总体的分布特征值。一般来说,样本容量越大,可靠性越好,但检测所耗费的工作量亦越大,成本也就越高。样本容量与总体中所含个体的数量相等时,是一种极限情况,因此,全数检验是抽样检验的极限。

从总体中抽取样本,必须满足下述两个条件:

(1)随机性。

为了使样本具有充分的代表性,抽样必须是随机的,即应使总体中的每一个个体都有同等的机会被抽取到,通常可以用编号抽签的方法或利用随机数表来实现。

(2)独立性。

各次抽样必须是相互独立的,即每次抽样的结果既不影响其他各次抽样的结果,也不受其他各次抽样结果的影响。

这种随机的、独立的抽样方法叫作简单随机抽样,由此得到的样本称为简单随机样本。通常提到的抽样与样本都是指简单随机抽样与简单随机样本。

1.3 观测值的统计特征值

一组数据(观测值)的分布特征,通常利用表格、图形、数字等方法表示,将表示数据特征的数字称为一组数据的特征值。总体的特征值称为总体参数(population parameter),样本的特征值称为样本统计量(sample statistics)。

由于总体的分布特征值一般很难得到,往往要通过样本的分布特征值进行推断。因此,在实际应用中确定样本分布的特征值具有重要的实用价值。可以通过样本的分布特征值推断总体的分布特征,对总体情况有一个概括的全面了解。

常用的样本分布特征值分为位置特征值和离散特征值两类。

位置特征值可以采用一些平均数(如算术平均值、几何平均值、加权平均值、中位数、众数等)作为分析测量数据的基本指标。在测量中所获得的数据都是分散的,必须通过平均数将它们集中起来,反映其共同趋向的平均水平,也就是说平均数表达了数据的集中位置,所以对一组测量数据而言,平均数具有代表性和典型性。其中最常用的位置特征值是算术平均值。

离散特征值用以表示一组测量数据波动的程度或离散的性质,是表示一组测量数据中各测量值相对于某一确定的数而言的偏差程度。一般以各测量值相对于平均值的差异作为出发点进行分析。常用的离散特征值有平均差、极差、方差、标准偏差和变异系数等。

1.3.1 表示样本分布位置的特征值

1. 算术平均值

将一组数据所有观察值之和除以该组观测值总数(即样本容量)所得的商即为算术平均值(arithmetic mean)。设有一组测量数据,以 $x_1, x_2, \cdots, x_n$ 表示,共由 n 个数据组成,其算术平均值为

$$\bar{x} = \frac{x_1 + x_2 + \cdots + x_n}{n} = \frac{\sum_{i=1}^{n} x_i}{n} \tag{1.1}$$

式中　$\bar{x}$ —— 样本的算术平均值;

　　　$x_1, x_2, \cdots, x_n$ —— 各个测量值;

　　　x_i —— 样本中任意一个测量数据;

　　　n —— 样本的容量。

样本的算术平均值计作 $\bar{x}$,对于总体而言,通常用 μ 表示总体平均值,有限总体的平均值为

$$\mu = \frac{\sum_{i=1}^{N} x_i}{N} \tag{1.2}$$

式中　μ —— 总体的平均值;

　　　x_i —— 总体中任意一个单值;

　　　N —— 总体所包含的个体数。

算术平均值是表示一组数据集中位置最有用的统计特征量,经常用样本的算术平均值来代表总体的平均水平。当一个统计量的数学期望等于所估计的总体参数时,则称此统计量为该总体参数的无偏估计量。已经证明样本平均值 $\bar{x}$ 是总体平均值 μ 的无偏估计量,因此,统计学中常用样本平均值 $\bar{x}$ 作为总体平均值 μ 的估计量。

例 1.1　采用摆式仪进行沥青混凝土面层抗滑性能指标检测,对检测路段某测点检测了 5 次,抗滑值(即摆值 F_B)分别为:58、60、61、59、61,求摩擦摆值的算术平均值(取整数)。

解　摩擦摆值的算术平均值为

$$\bar{F}_B = \frac{58 + 60 + 61 + 59 + 61}{5} = 60$$

2. 加权平均值

若对同一测量数据用不同的方法或对同一测量数据由不同的人去测定,测定的数据可能会受到某种因素的影响,这种影响的权重必须给予考虑。这种情况下,一般采用加权平均的方法进行计算。

加权平均值(weighted mean)是考虑了每个测量值的相应权的算术平均值。将各测量值乘以与其相应的权,其各乘积之和除以各相应权的总和,即为加权平均值。其计算公式为

$$\bar{x}_W = \frac{W_1 x_1 + W_2 x_2 + \cdots + W_n x_n}{W_1 + W_2 + \cdots + W_n} = \frac{\sum_{i=1}^{n} W_i x_i}{\sum_{i=1}^{n} W_i} \qquad (1.3)$$

式中 $\bar{x}_W$ —— 加权平均值;

$x_1, x_2, \cdots, x_n$ —— 各个测量值;

$W_1, W_2, \cdots, W_n$ —— 各个测量值相应的权;

$\sum_{i=1}^{n} W_i$ —— 各相应权的总和;

$\sum_{i=1}^{n} W_i x_i$ —— 各测量值与相应权乘积之和。

例 1.2 某一级公路分部工程项目 A 包含 B、C、D、E、F 5 个分项工程,检测得分情况见表 1.1,计算分部工程 A 的得分值。

表 1.1　某一级公路分项工程检测得分

分项工程	B	C	D	E	F
检测项目得分	92	90	88	89	84
检测项目规定权值	1	2	2	1	1

解 分部工程项目 A 得分值 $= \dfrac{\sum (\text{检测项目得分} \times \text{权值})}{\sum \text{检测项目权值}} =$

$\dfrac{92 \times 1 + 90 \times 2 + 88 \times 2 + 89 \times 1 + 84 \times 1}{1 + 2 + 2 + 1 + 1} \approx 88.7$

3. 中位数

中位数(median)也是表示频率分布集中位置的一种特征值。在一组数据 $x_1, x_2, \cdots, x_n$ 中,按其大小次序排序,以排在正中间的一个数表示总体的平均水平,称之为中位数或中值,表示为 $\tilde{x}$。n 为奇数时,正中间的数只有一个;n 为偶数时,正中间的数有两个,则取这两个数的平均值作为中位数,即

$$\tilde{x} = \begin{cases} x_{\frac{n+1}{2}} & (n \text{ 为奇数}) \\ \dfrac{1}{2}(x_{\frac{n}{2}} + x_{\frac{n}{2}+1}) & (n \text{ 为偶数}) \end{cases} \qquad (1.4)$$

例 1.3 检测值同例 1.1,求中位数。

解 检测值(摆值 F_B)按大小次序排列为:58、59、60、61、61,则中位数为:$\tilde{F}_B = 60$。

中位数不受极端测量值的影响,计算方法比较简便,但准确度不高,多在数理统计和生产过程控制图中使用。如对水泥、水泥混凝土、沥青混合料等生产过程进行质量控制,可采用多种计量值控制图,其中包括中位数和极差(R,即一组测量数据中最大值与最小值之差)控制图($\tilde{x}-R$)。

由于中位数与平均值一样都是反映了测量数据分布的集中趋势,所以 $\tilde{x}-R$ 图与 $\bar{x}-R$ 图基本一样,$\tilde{x}$ 控制图主要观察分析产品质量特性 $\tilde{x}$ 的变化,R 控制图主要观察分析产品质量特性值的离散波动变化。$\tilde{x}-R$ 图与 $\bar{x}-R$ 图相比,计算与应用方便,但较为粗略。

图 1.1 为水泥细度(80 μm 方孔筛筛余量/%)$\tilde{x}-R$ 图,控制线的计算方法与所用系数见表 1.2。

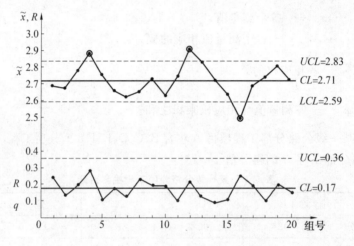

图 1.1 水泥细度(80 μm 方孔筛筛余量/%)$\tilde{x}-R$ 图

表 1.2 控制图用系数表

系数 样本容量 n	$A_2 = \dfrac{3}{d_2\sqrt{n}}$	$D_3 = 1 - 3\dfrac{d_3}{d_2}$	$D_4 = 1 + 3\dfrac{d_3}{d_2}$	$m_3 A_2$	d_2	d_3	m_3
2	1.880	—	3.267	1.880	1.128	0.853	1.000
3	1.023	—	2.575	1.187	1.693	0.888	1.160
4	0.729	—	2.282	0.796	2.059	0.880	1.092
5	0.577	—	2.115	0.691	2.326	0.864	1.198
6	0.483	—	2.004	0.549	2.534	0.848	1.135
7	0.419	0.076	1.924	0.509	2.704	0.833	1.214
8	0.373	0.136	1.864	0.432	2.847	0.820	1.160
9	0.337	0.184	1.816	0.412	2.970	0.808	1.223
10	0.308	0.223	1.777	0.363	3.078	0.797	1.177

续表 1.2

系数 样本容量 n	$A_2 = \dfrac{3}{d_2\sqrt{n}}$	$D_3 = 1 - 3\dfrac{d_3}{d_2}$	$D_4 = 1 + 3\dfrac{d_3}{d_2}$	$m_3 A_2$	d_2	d_3	m_3
$n > 10$, 且为奇数时							$m_3 \approx 1.2533 - \dfrac{0.2690}{n}$
$n > 10$, 且为偶数时							$m_3 \approx 1.2533 - \dfrac{0.8956}{n+1}$

注：① $n \leqslant 6$ 时的 D_3 未列出，认为 R 的下控制限不存在。

② CL 为中心线，UCL 为上控制限，LCL 为下控制限。

③ 极差控制线计算：$CL = \bar{R}, LCL = D_3 \bar{R} (= \bar{R} - 3s), UCL = D_4 \bar{R} (= \bar{R} + 3s)$；中位数控制线计算：$CL = \bar{\bar{x}}, LCL = \bar{\bar{x}} - m_3 A_2 \bar{R} (= \bar{\bar{x}} - 3s), UCL = \bar{\bar{x}} + m_3 A_2 \bar{R} (= \bar{\bar{x}} + 3s)$

4. 众数

众数(mode)是指在一组测量数据中出现次数最多的测量值。众数不受检测数据中所出现的极大值或极小值的影响，因此，在检测值数列两端的数值不太明确时，宜用众数表示检测结果的位置特征。但其缺点是当检测值未呈现明显的集中趋势时，其数列不一定存在众数；众数没有明显的数学特征，一般不能用数学方法进行处理。

事实上，一组测量数据的众数并非一定就是它的中心位置。我们把它放在这里与其他平均数一起讨论只是为了方便而已。由于它是一组测量数据中出现得最多的观察值，因而常常用于产品检验。

1.3.2 表示样本分布离散性质的特征值

1. 极差

在一组测量数据中最大值与最小值之差，称为极差(range)或全距(或范围误差)，记作 R。其表达式如下

$$R = x_{\max} - x_{\min} \tag{1.5}$$

式中　R——样本极差；

　　　$x_{\max}$——测量数据中最大的数值；

　　　$x_{\min}$——测量数据中最小的数值。

例 1.4　某实验室 A 测得一组混凝土立方体试件的抗压强度为：48.7、49.5、48.8、49.2、48.4、46.9、47.2、50.1、49.4(MPa)，计算该组混凝土试件抗压强度的极差。

解　该组混凝土试件抗压强度的极差为

$$R/\text{MPa} = x_{\max} - x_{\min} = 50.1 - 46.9 = 3.2$$

用极差表示样本分布的离散性质存在一定的缺点：

(1) 由于极差是位置测定值，极易受到一组数据两端异常值的影响。尤其随测量次数 n 增大，测量数据出现异常值的可能性则增大，极差就可能越大，因而极差对样本容量的大小具有敏感性。

(2) 极差只能表示一组数据两端的差异，不能反映数据内部频数的分布状况，不能充

分利用所有的数据。

但是尽管如此,由于极差是最简单、最容易计算的表示测量数据离散性质的一个特征值,因此,在很多情况下仍然采用极差来表示一组测量数据的离散程度。

极差没有充分利用数据的信息,但计算十分简单,一般仅适用于样本容量较小($n<10$)的情况。

2. 平均绝对偏差

一组测量数据中各测量值与该组数据平均值之偏差的绝对值的平均数,称为平均绝对偏差(mean absolute deviation)。其计算公式如下

$$\bar{d} = \frac{\sum_{i=1}^{n}|x_i - \bar{x}|}{n} = \frac{\sum_{i=1}^{n}d_i}{n} \tag{1.6}$$

式中 $\bar{d}$——平均绝对偏差;

d_i——某一测量值与平均值之差,即 $d_i = x_i - \bar{x}$。

平均绝对偏差比较适合于处理小样本且不需精密分析的样本。尽管平均绝对偏差比极差利用的数据信息充分,但在大样本中很少应用。

例 1.5 计算例 1.4 中混凝土试件抗压强度测量结果的平均绝对偏差。

解 该组测量值的平均值为

$$\bar{x}/\text{MPa} = \frac{48.7+49.5+48.8+49.2+48.4+46.9+47.2+50.1+49.4}{9} = 48.7$$

平均绝对偏差为

$$\bar{d}/\text{MPa} = \frac{0+0.8+0.1+0.5+0.3+1.8+1.5+1.4+0.7}{9} = 0.79$$

3. 方差

方差(variance)是指各测量值与平均值的偏差平方和除以测量值个数而得的结果。因为方差是将离均差平方和取平均,所以有时也称为均方(mean squares)。

对于总体方差,其计算公式为

$$\sigma^2 = \frac{\sum_{i=1}^{N}(x_i - \mu)^2}{N} \tag{1.7}$$

式中 σ^2——总体方差;

μ——总体的平均值;

x_i——总体中任意一个测量数据;

N——总体所包含的个体数。

对于样本方差,则按下列公式计算

$$s^2 = \frac{\sum_{i=1}^{n}(x_i - \bar{x})^2}{n-1} \tag{1.8}$$

式中 s^2——样本方差;

$\bar{x}$——样本平均值;

x_i —— 样本中任意一个测量数据；

n —— 样本容量。

采用平方可以消除正负号对差值的影响，利用方差这一特征值可以比较平均值大致相同而离散度不同的几组测量值的离散情况。在实际工作中，往往用样本的方差来估计总体的方差。

4. 标准偏差

标准偏差(standard deviation)也称为标准差(标准离差或均方差)，它是衡量一组测量数据波动性(或称离散程度)的指标。

总体分布的标准偏差 σ 是指总体中各单值 x_i 与总体分布中心 μ 的分散程度。总体标准偏差的公式如下

$$\sigma = \sqrt{\frac{\sum_{i=1}^{N}(x_i - \mu)^2}{N}} \tag{1.9}$$

式中　　σ —— 总体标准偏差；

μ —— 总体平均值；

x_i —— 总体中任意一个单值；

N —— 总体所包含的个体数。

在实际质量检验中，总体的标准偏差 σ 一般不易求得。样本的标准偏差，按贝赛尔(Bessel)公式计算

$$s = \sqrt{\frac{\sum_{i=1}^{n}(x_i - \bar{x})^2}{n-1}} \tag{1.10}$$

式中　　s —— 样本标准偏差，即贝赛尔标准差；

$\bar{x}$ —— 样本平均值；

x_i —— 样本中任意一个测量数据；

n —— 样本容量。

在描述测量值离散程度的特征值中，标准偏差是一项最重要的特征值，对数据分布的离散程度反映得灵敏而客观，在统计推断、假设检验中起着重要作用，因此，在数理统计中应用十分广泛。其中，s 是一个近似值或近似标准差，代表可以求到的测量精度，与测量次数密切相关，当 n 较小时，它存在明显的误差。这一点在测量中应当注意。

一般，将平均值和标准偏差结合使用可以全面地表明一组测量数据的分布情况。

例 1.6　计算例 1.4 中混凝土试件抗压强度测量结果的标准偏差。

解　该组测量值的平均值为 $\bar{x} = 48.7$ MPa，其标准偏差为

$$s/\text{MPa} = \sqrt{\frac{0^2 + 0.8^2 + 0.1^2 + 0.5^2 + 0.3^2 + 1.8^2 + 1.5^2 + 1.4^2 + 0.7^2}{9-1}} = 1.06$$

有些测量数据的平均值相同，但标准偏差却相差很大。例如，另一实验室 B 测量与例 1.4 同批混凝土的抗压强度，测量结果为：48.5、50.0、48.9、47.2、50.4、46.7、46.9、50.2、49.7(MPa)，其平均值也为 48.7 MPa，但标准偏差为 1.47 MPa。显然，A 实验室测定的

混凝土抗压强度的稳定性优于 B 实验室。

5. 变异系数

某实验室进行水泥抗压强度试验，A 组为 52.5 普通水泥，其抗压强度测量值为：58.8、58.7、58.6、58.5、58.4、58.3(MPa)；B 组为 42.5 普通水泥，其抗压强度测量值为：48.8、48.7、48.6、48.5、48.4、48.3(MPa)。A 组抗压强度平均值 $\bar{x}_A=58.6$ MPa，标准偏差 $s_A=0.187$ MPa；B 组平均值 $\bar{x}_B=48.6$ MPa，标准偏差 $s_B=0.187$ MPa。A、B 两组抗压强度测量值的平均值不同，但标准偏差却相同，这里得出两组测量数据离散程度相同的结论显然是不正确的。

如上例，当两组或两组以上测量数据的平均值不同或单位不同时，仅用标准偏差是不能比较其离散程度的。这时，可以考虑平均值进行定量比较，引入相对标准偏差的概念，即相对于平均值的标准偏差，我们将其称之为变异系数(coefficient of variation)计作 C_v。在土木工程中，常称为偏差系数。

变异系数的计算公式为

$$C_v = \frac{s}{\bar{x}} \times 100\% \tag{1.11}$$

计算以上 A、B 两组水泥抗压强度测量数据的变异系数：

A 组水泥抗压强度的变异系数 $C_v=0.32\%$，B 组水泥抗压强度的变异系数 $C_v=0.38\%$。显然 A 组的离散程度小于 B 组，A 组水泥抗压强度质量波动较小，A 实验室的试验水平较高。可见，变异系数不受平均值大小的影响，可用来比较平均值不同的几组测量数据的离散情况。

变异系数没有单位，也可用于比较不同度量单位的测定值数列的离散情况。在检查某计量检测方法的稳定性时，常用变异系数表示重复测定结果的变异程度。

例 1.7 现测定甲、乙两路段沥青混凝土面层的抗滑性，若甲路段测定的摩擦摆值的平均值 $\bar{F}_甲=55.2$，标准偏差 $s_甲=4.13$；乙路段测定的摩擦摆值的平均值 $\bar{F}_乙=60.8$，标准偏差 $s_乙=4.27$。计算两路段的变异系数，并进行比较。

解 两路段的变异系数为：

甲路段 $\quad C_v = \dfrac{4.13}{55.2} \times 100\% = 7.48\%$

乙路段 $\quad C_v = \dfrac{4.27}{60.8} \times 100\% = 7.02\%$

分析标准偏差，$s_甲 < s_乙$，但从变异系数分析，甲路段 $C_v >$ 乙路段 C_v，说明甲路段的摩擦摆值与乙路段相比波动较大，沥青混凝土面层抗滑稳定性较差。

1.4 数理统计中的常用分布

土木工程中测量数据为随机变量，随机变量包括计量值数据和计数值数据，各自服从一定的分布。计量值数据一般服从正态分布，计数值数据一般服从二项分布、泊松分布等。

大多数情况下，土木工程试验检测的计量值数据符合正态分布的规律，这里重点介绍正态分布及与正态分布有关的 χ^2 分布、t 分布和 F 分布。

1.4.1 正态分布

1. 正态分布的密度函数

若连续型随机变量 X 的概率分布密度函数为

$$f(x) = \frac{1}{\sigma\sqrt{2\pi}} e^{-\frac{(x-\mu)^2}{2\sigma^2}} \tag{1.12}$$

则称随机变量 X 服从正态分布(normal distribution),也称高斯分布,记为 $X \sim N(\mu, \sigma^2)$。图 1.2 为正态分布密度曲线。

相应的概率分布函数为

$$F(x) = \frac{1}{\sigma\sqrt{2\pi}} \int_{-\infty}^{x} e^{-\frac{(x-\mu)^2}{2\sigma^2}} dx \tag{1.13}$$

在正态分布密度函数中,π 和 e 为常量,不影响 $f(x)$ 与随机变量 X 的关系。而 μ 和 σ 为变量,所以会影响二者之间的关系。这种影响反映在正态分布曲线的形状及其在平面直角坐标系中的位置。

2. 正态分布曲线及其特性

由图 1.2 可见,正态分布曲线具有下列基本特性:

(1) 正态分布密度曲线是单峰、对称的悬钟形曲线。

(2) 正态分布曲线的对称轴为 $x = \mu$,且 $f(x)$ 在 $x = \mu$ 处达到极大,极大值 $f(\mu) = \dfrac{1}{\sigma\sqrt{2\pi}}$。

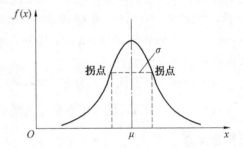

图 1.2 正态分布曲线

(3) $f(x)$ 是非负函数,以 x 轴为渐近线,分布从 $-\infty \to +\infty$。

(4) 正态分布曲线的拐点到对称轴的距离为 σ,即在 $x = \mu \pm \sigma$ 处各有一个拐点,曲线在 $(-\infty, \mu - \sigma)$ 和 $(\mu + \sigma, +\infty)$ 区间是下凸的,在 $[\mu - \sigma, \mu + \sigma]$ 区间内是上凸的。

(5) 正态分布有两个参数(平均数 μ 和标准差 σ),μ 是位置参数(图 1.3),σ 是变异度参数(图 1.4)。图 1.3 反映了分布中心 μ 的影响,分布中心 μ 表征了随机变量分布中心的位置。当 σ 恒定时,μ 越大,则曲线沿 x 轴越向右移动;反之,μ 越小,曲线沿 x 轴越向左移动。图 1.4 反映了标准偏差 σ 的影响,标准偏差 σ 表征了随机变量的离散程度。当 μ 恒定时,σ 越大,表示 x 的取值越分散,曲线越"矮胖";σ 越小,x 的取值越集中在 μ 附近,曲线越"高瘦"。

(6) 分布密度曲线与 x 轴所夹的面积为 1,即服从正态分布的随机变量在区间 $(-\infty, +\infty)$ 内的概率等于 1,即

$$P(-\infty < X < +\infty) = \int_{-\infty}^{+\infty} \frac{1}{\sigma\sqrt{2\pi}} e^{-\frac{(x-\mu)^2}{2\sigma^2}} dx = 1 \tag{1.14}$$

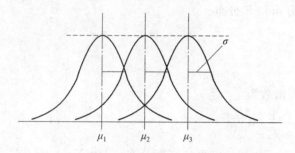
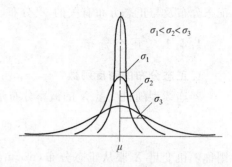

图 1.3　σ 值相同而 μ 值不同的正态分布曲线　　图 1.4　μ 值相同而 σ 值不同的正态分布曲线

(7) 可利用正态分布表计算概率。

① 标准正态分布的概率计算。由于正态分布曲线的位置与形态受 μ 和 σ 的制约，给研究具体的正态总体带来了困难，因此，为便于研究可以将正态分布标准化。即将一般的正态分布 $N(\mu,\sigma^2)$ 转换为 $\mu=0,\sigma^2=1$ 的正态分布，我们称 $N(0,1)$ 为标准正态分布 (standard normal distribution)，其分布密度曲线如图 1.5 所示。

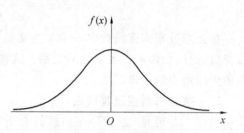

图 1.5　标准正态分布曲线

对于任何一个服从正态分布 $N(\mu,\sigma^2)$ 的随机变量 X，都可以通过标准化变换：$z=\dfrac{x-\mu}{\sigma}$，使 $z \sim N(0,1)$，标准正态分布的概率密度函数及分布函数分别记作 $\varphi(z)$ 和 $\Phi(z)$，计算公式为

$$\varphi(z) = \frac{1}{\sqrt{2\pi}} e^{-\frac{z^2}{2}} \tag{1.15}$$

$$\Phi(z) = \frac{1}{\sqrt{2\pi}} \int_{-\infty}^{z} e^{-\frac{1}{2}z^2} dz \tag{1.16}$$

利用公式 (1.16)，可以将不同的 u 值编制成正态分布表 (见附表 1)，从表中可直接查到随机变量在 $(-\infty,z)$ 区间内的概率，给正态分布 $N(\mu,\sigma^2)$ 概率计算带来了很大的方便。

图 1.6 至图 1.8 中的阴影部分表示不同区间内正态分布函数的概率。对于图 1.8，标准正态分布 $u \in [z_1,z_2]$ 的概率计算公式为

$$P(z_1 \leqslant z \leqslant z_2) = \Phi(z_2) - \Phi(z_1) = \frac{1}{\sqrt{2\pi}} \int_{z_1}^{z_2} e^{-\frac{1}{2}z^2} dz \tag{1.17}$$

② 一般正态分布的概率计算。若随机变量 X 服从正态分布 $N(\mu,\sigma^2)$，则 X 的取值落在任意区间 $[x_1,x_2]$ 的概率，记作 $P(x_1 \leqslant X < x_2)$，等于图 1.9 中阴影部分曲边梯形面积，即

$$P(x_1 \leqslant X < x_2) = \frac{1}{\sigma\sqrt{2\pi}} \int_{x_1}^{x_2} e^{-\frac{(x-\mu)^2}{2\sigma^2}} dx \tag{1.18}$$

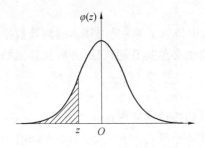
图 1.6　$z<0$ 时的概率

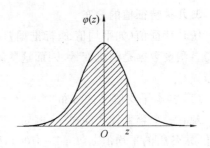
图 1.7　$z>0$ 时的概率

对式(1.18)做变换：$z=\dfrac{x-\mu}{\sigma}$，则有

$$P(x_1\leqslant X<x_2)=\Phi(z_2)-\Phi(z_1) \tag{1.19}$$

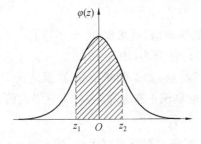
图 1.8　$z\in[z_1,z_2]$ 的概率

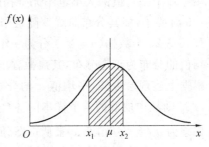
图 1.9　正态分布的概率

式(1.19)中，$z_1=\dfrac{x_1-\mu}{\sigma}$，$z_2=\dfrac{x_2-\mu}{\sigma}$。可见，计算一般正态分布的概率时，只要将区间的上下限做标准化变换，就可通过查标准正态分布概率表的方法计算求得。

③ 标准状态分布的分位点(即临界值)。标准正态分布的分位点(quantile)的定义为：对于给定的显著性水平 $\alpha(0<\alpha<1)$(significance level)，将满足条件 $P(z\geqslant z_\alpha)=\alpha$ 的值 z_α 称为标准正态分布的上侧 α 分位点，简称分位点(即单侧临界值)，如图 1.10(a)所示。将满足条件 $P(z<-z_\alpha)=\alpha$ 的值 $-z_\alpha$(或 $z_{1-\alpha}$)称为标准正态分布的下侧 α 分位点。其中，α 也称为置信度，z_α 也常用 u_α 表示。

一般来说，对于给定的置信水平 $1-\alpha$，可以用不同的方法确定未知参数的置信区间。我们可以选定区间 $(-z_{\alpha/2},z_{\alpha/2})$，如图 1.10(b)所示，使得 $P(-z_{\alpha/2}\leqslant z\leqslant z_{\alpha/2})=1-\alpha$，则 $\pm z_{\alpha/2}$(或者表示为 $\pm u_{\alpha/2}$)称为标准正态分布的双侧临界值，可从附表 2 查得。

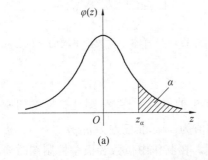
(a)

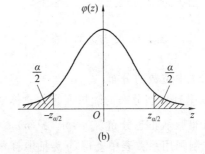
(b)

图 1.10　标准正态分布的临界值

3. 几种特征值的分布

统计特征值（如平均值 $\bar{x}$、标准偏差 s、极差 R、中位数 $\tilde{x}$ 等）是由样本的测量数据计算获得。测量数据是随机变量，因而这些统计特征值也必然具有随机性，并服从各自的概率分布。

（1）样本平均值 $\bar{x}$ 的分布。

现有一个容量较大的样本（例如 500 个子样），如按检测顺序每 5 个数据（$n=5$）分为一组，求各组的平均值 $\bar{x}_i(i=1\sim100)$，则可求得 100 个平均值 $\bar{x}$。这 100 个平均值的大小并不完全相同，其分布是有随机性的，但其分布大体呈现正态分布。x 与 $\bar{x}$ 的分布规律如图 1.11 所示。

如果按检测顺序每 10 个数据（$n=10$）分为一组，求各组的平均值，可求得 50 个平均值 $\bar{x}$。这 50 个平均值的大小也不完全相同，其分布也大体呈现正态分布，而且其离散程度比 $n=5$ 时要小，即其分布曲线变陡且窄。

如果每 25 个数据（$n=25$）分为一组，求各组的平均值，可求得 20 个平均值 $\bar{x}$。这 20 个平均值的分布为正态分布，其离散程度比 $n=10$ 时还要小（图 1.12）。

根据上述现象可知，平均值 $\bar{x}$ 的分布具有下述特点：如果随机变量 X 服从正态分布 $N(\mu,\sigma^2)$，则从中抽取的若干样本的各自平均值 $\bar{x}$ 也呈现正态分布，各样本总平均值为 μ，标准偏差为 $\sigma_{\bar{x}}=\sigma/\sqrt{n}$，及 $\bar{x}$ 服从正态分布 $N(\mu,\sigma^2/n)$。

如果变量 X 本身并不完全呈现正态分布，但只要样本容量足够大（一般 $n\geqslant 40$），即可认为 $\bar{x}$ 的分布接近正态分布。

样本平均值 $\bar{x}$ 的标准化变量的分布为

$$z=\frac{\bar{x}-\mu}{\sigma/\sqrt{n}} \tag{1.20}$$

则随机变量 z 服从标准正态分布，$z\sim N(0,1)$。

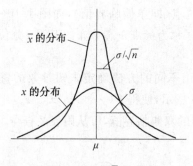

图 1.11　x 与 $\bar{x}$ 的分布

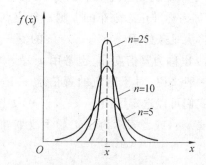

图 1.12　样本子样数量不同的 $\bar{x}$ 的分布

（2）中位数的分布。

从呈现正态分布的随机变量的总体 $N(\mu,\sigma^2)$ 中抽取若干样本，则这些样本的中位数 $\tilde{x}$ 的分布服从正态分布 $N(\mu,m_3^2\sigma^2/n)$，总体平均值为 μ，标准偏差为 $m_3\sigma/\sqrt{n}$。m_3 可由表 1.2 控制图用系数表中查得，n 为抽取样本的容量。在制作中位数和极差控制图时要用到中位数的这一分布。

(3) 极差 R 的分布。

从总体方差为 σ^2 的正态分布的总体 $N(\mu,\sigma^2)$ 中抽取若干样本,则这些样本的极差 R 的分布与总体平均值 μ 无关,而与总体标准偏差 σ 有关。极差 R 总体的均值为 $d_2\sigma$,总体标准偏差为 $d_3\sigma$,系数 d_2、d_3 都是由样本容量 n 决定的,其值可由表 1.2 查得。一般用 R/d_2 作为极差 R 分布的标准偏差 s,用其估计 R 分布总体的 σ,即 $s=R/d_2$。

1.4.2 t 分布

由样本平均值抽样分布的性质知,若 $X \sim N(\mu,\sigma^2)$,则 $\bar{X} \sim N(\mu,\sigma^2/n)$。将随机变量 $\bar{X}$ 标准化,得 $z=\dfrac{\bar{x}-\mu}{\sigma_{\bar{x}}}=\dfrac{\bar{x}-\mu}{\sigma/\sqrt{n}}$,则 $z \sim N(0,1)$。

当总体标准差 σ 未知时,以样本标准差 s 代替 σ 所得到的统计量 t 为

$$t=\frac{\bar{x}-\mu}{s/\sqrt{n}} \tag{1.21}$$

在计算 $s_{\bar{x}}$ 时,由于采用 s 来代替 σ,使得 t 变量不再服从标准正态分布,而是服从自由度 $df=n-1$ 的 t 分布(t-distribution),记为 $t \sim t(n-1)$。

所谓自由度可以理解为进行独立测量的次数减去处理这些测量值时所外加的限制条件的数目。此处独立测量的次数为 n,外加的限制条件是算术平均值 $\bar{x}$。

t 分布是由 William Sealy Gosset 提出的,由于笔名为"Student",所以被称为学生分布,简称 t 分布。

t 分布的概率密度函数为

$$f(t)=\frac{1}{\sqrt{\pi df}}\frac{\Gamma[(df+1)/2]}{\Gamma(df/2)}\left(1+\frac{t^2}{df}\right)^{-\frac{df+1}{2}} \tag{1.22}$$

式中　　t——样本中任意一个测量数据,取值范围是 $(-\infty,+\infty)$;
　　　　df——自由度。

t 分布概率密度函数的图形如图 1.13 所示,它是对称分布。

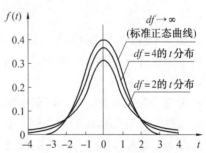

图 1.13 t 分布概率密度曲线

设有两个总体 X_1 和 X_2,其中 X_1 服从正态分布 $N(\mu_1,\sigma_1^2/n)$,X_2 服从正态分布 $N(\mu_2,\sigma_2^2/n)$。与 X_1 相应的样本平均值和样本方差分别为 $\bar{x}_1$、s_1;与 X_2 相应的样本平均值和样本方差分别为 $\bar{x}_2$、s_2。如果这两个样本相互独立,则有统计量

$$t=\frac{\bar{x}_1-\bar{x}_2}{\sqrt{\dfrac{(n_1-1)s_1^2+(n_2-1)s_2^2}{n_1+n_2-2}}\sqrt{\dfrac{1}{n_1}+\dfrac{1}{n_2}}} \tag{1.23}$$

统计量 t 服从自由度 $df=n_1+n_2-2$ 的 t 分布,记为 $t \sim t(n_1+n_2-2)$。

如图 1.14,对 t 分布的临界值进行如下定义:对于给定的显著性水平 $\alpha(0<\alpha<1)$,称

满足条件 $P(t>t_\alpha)=\alpha$ 或 $P(t<-t_\alpha)=\alpha$ 的值 $t_\alpha(n-1)$ 为 t 分布的单侧临界值;称满足条件 $P(|t|>t_{\alpha/2})=\alpha$ 的值 $t_{\alpha/2}(n-1)$ 为 t 分布的双侧临界值。

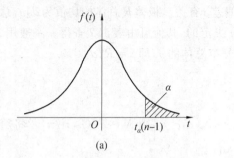 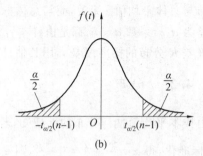

图 1.14 t 分布临界值

对于不同的 n 及 α,临界值 t 可编制成表(见附表3)方便使用。

1.4.3 χ^2 分布

χ^2 分布(即卡平方分布,Chi-square distribution),其含义是在正态分布 $N(\mu,\sigma^2)$ 相互独立的多个正态离差平方值的总和,即

$$\chi^2 = u_1^2 + u_2^2 + \cdots + u_i^2 + \cdots + u_n^2 = \sum_i u_i^2 = \sum_i \left(\frac{y_i-\mu_i}{\sigma_i}\right)^2 \tag{1.24}$$

其中,y_i 服从正态分布 $N(\mu_i,\sigma_i^2)$,$u_i=(y_i-\mu_i)/\sigma_i$ 为标准正态离差。y_i 不一定来自同一个正态总体,即 μ_i 及 σ_i 可以是不同正态分布的参数。若通常所研究的对象属同一个总体,则 $\mu_i=\mu,\sigma_i=\sigma$,从而

$$\chi^2 = \sum_{i=1}^n \left(\frac{y_i-\mu}{\sigma}\right)^2 \tag{1.25}$$

χ^2 分布的概率密度函数为

$$f(\chi^2) = \frac{(\chi^2)^{(df/2)-1} e^{-\chi^2/2}}{2^{df/2}\Gamma(df/2)} \tag{1.26}$$

χ^2 分布的概率密度曲线如图 1.15 所示。通常把这种分布称作自由度 $df=n$ 的 χ^2 分布,记为 $\chi^2 \sim \chi^2(n)$。

χ^2 分布是定义在 $(0,+\infty)$ 区间的分布,因而函数曲线分布在坐标轴的右侧。自由度小时呈偏态,随着自由度增加,顶峰越来越低,不对称性减小,至 $+\infty$ 时,曲线就趋近于正态曲线。

若所研究的总体 μ 未知,而以样本 $\bar{y}$ 代替,则

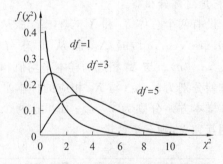

图 1.15 χ^2 分布概率密度曲线

$$\chi^2 = \sum \left(\frac{y_i-\bar{y}}{\sigma}\right)^2 = \frac{(n-1)s^2}{\sigma^2} \tag{1.27}$$

此时，独立的正态离差个数为 $n-1$，故自由度 $df=n-1$。

χ^2 分布的临界值定义：对于给定的显著性水平 $\alpha(0<\alpha<1)$，称满足条件 $P(\chi^2>\chi_\alpha^2)=\alpha$ 的值 χ_α^2 为分布的临界值，如图 1.16(a) 所示。在双侧检验时，如显著性水平设定为 α，则右侧临界值为 $\chi_{\alpha/2}^2$，左侧临界值为 $\chi_{1-\alpha/2}^2$，如图 1.16(b) 所示。

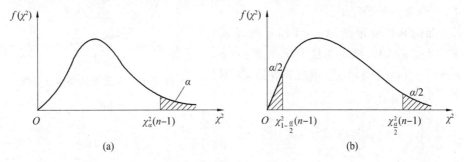

图 1.16 χ^2 分布的临界值

对于不同的 df 及 α，临界值 χ_α^2 的值已制成表（见附表 4），可直接查出右尾的概率。对于 χ^2 分布的双边置信概率（图 1.17）可按下式计算

$$P(\chi_{\alpha_1}^2<\chi^2<\chi_{\alpha_2}^2)=\alpha_1-\alpha_2 \tag{1.28}$$

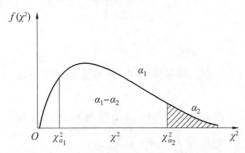

图 1.17 χ^2 分布双边置信概率示意图

1.4.4 F 分布

设有两个总体 X 和 Y，其中 X 服从正态分布 $N(\mu_1,\sigma_1^2)$，Y 服从正态分布 $N(\mu_2,\sigma_2^2)$，从总体 X 中抽取的样本，其相应的样本方差为 s_1^2；从总体 Y 中抽取的样本，其相应的样本方差为 s_2^2。如果这两个样本相互独立，则称

$$F=\frac{s_1^2/\sigma_1^2}{s_2^2/\sigma_2^2} \tag{1.29}$$

为服从第一自由度 $df_1=n_1-1$，第二自由度 $df_2=n_2-1$ 的 F 分布（F distribution），记为 $F\sim F(n_1-1,n_2-1)$。

F 分布的概率密度函数为

$$f(F)=\frac{\Gamma[(df_1+df_2)/2](df_1/df_2)^{df_1/2}F^{df_1/2-1}}{\Gamma(df_1/2)\Gamma(df_2/2)[1+(df_1F/df_2)]^{(df_1+df_2)/2}} \tag{1.30}$$

式中　　F——取值范围为 $(0,+\infty)$；

df_1,df_2——分别为第一自由度、第二自由度。

F 分布的概率密度函数的图形如图 1.18 所示。可见,F 分布的概率密度曲线呈不对称分布;F 分布的区间为 $(0,+\infty)$,自由度 df_1 和 df_2 是 F 分布的两个分布参数,若两个自由度确定了,F 分布也就确定了。

F 分布的临界值定义为:对于给定的显著性水平 $\alpha(0<\alpha<1)$,满足条件 $P(F>F_\alpha)=\alpha$ 的值 $F_\alpha(n_1-1,n_2-1)$ 为分布的临界值,如图 1.19 所示。

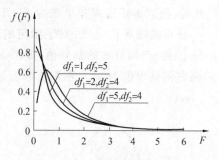

图 1.18　F 分布概率密度曲线

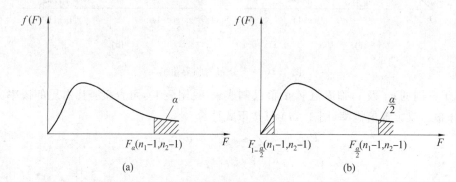

图 1.19　F 分布的临界值

对于不同的自由度 df_1、df_2 及显著性水平 α,临界值 $F_\alpha(n_1-1,n_2-1)$ 已制成表(见附表 5),可通过查表得出。

下式表示临界值 F_α 的重要性质,有时也需要利用此式计算 $F_{1-\alpha}(df_1,df_2)$,即

$$F_{1-\alpha}(df_1,df_2)=\frac{1}{F_\alpha(df_2,df_1)} \tag{1.31}$$

1.5　观测值的波动范围与置信区间

1.5.1　观测值的波动范围

当随机变量 X 或某一总体属于正态分布,且已知其平均值 μ 和方差 σ^2 时,可以计算某一误差出现的概率或某一观测值的概率。由图 1.20 所示,X 取值 $(\mu-\sigma)\sim(\mu+\sigma)$、$(\mu-2\sigma)\sim(\mu+2\sigma)$、$(\mu-3\sigma)\sim(\mu+3\sigma)$ 之间的概率分别为 68.26%、95.44%、99.73%。

类似于图 1.20 中区间的任何概率的区间都是关于平均值纵坐标对称的,在此区间以外的面积常用 α 表示,因此,左侧和右侧区间外的面积各为 $\alpha/2$,如图 1.10(b) 所示。我们将这种区间称为在某一概率 $(1-\alpha)$ 情况下的观测值的双边波动范围(two-tailed wave range)。这种双边波动范围可表示为

$$\mu-z_{\alpha/2}\sigma<x<\mu+z_{\alpha/2}\sigma \tag{1.32}$$

式中　α——显著性水平(significance levels),也称为置信度(confidence);

$z_{\alpha/2}$——临界值(critical value),即分位点,或称为保证率系数。

这里,称 $\mu - z_{\alpha/2}\sigma$ 为观测值的波动下限,称 $\mu + z_{\alpha/2}\sigma$ 为观测值的波动上限。

例1.8 试求观测值 x 的具有95%概率的双边波动范围。

解 由于概率 $P=95\%$,故 $\alpha=0.05$,$\alpha/2=0.025$。

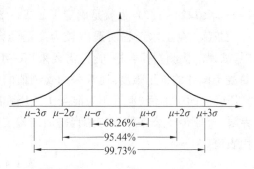

图1.20 正态分布的重要结论

查标准正态分布双侧临界值表(附表2),$z_{\alpha/2} = z_{0.025} = 1.96$。

因此,观测值 x 具有95%概率的波动范围为 $(\mu - 1.96\sigma) \sim (\mu + 1.96\sigma)$。

如图1.10(a)所示,如果是单边波动情况,则表示观测值在某一界限以下或在某一界限以上区间的概率,我们将这种区间称为单边波动范围。表1.3中,列出了观测值在 σ、2σ、3σ 单边波动范围的概率。

表1.3 几种典型单边波动范围的概率

单边波动范围	概率
$x \leqslant \mu + \sigma$ 或 $x \geqslant \mu - \sigma$	84.13%
$x \leqslant \mu + 2\sigma$ 或 $x \geqslant \mu - 2\sigma$	97.72%
$x \leqslant \mu + 3\sigma$ 或 $x \geqslant \mu - 3\sigma$	99.87%

对于这种单边波动情况,可采用下列公式表示

$$x \leqslant \mu + z_\alpha \sigma \text{ 或 } x \geqslant \mu - z_\alpha \sigma \tag{1.33}$$

式中　α——显著性水平(置信度);

z_α——临界值(分位点)或称为保证率系数。

这里,称 $\mu - z_\alpha \sigma$ 为观测值的单边下波动界限,称 $\mu + z_\alpha \sigma$ 为观测值的单边上波动界限。

例1.9 试求观测值 x 的具有95%概率的单边上波动界限和下波动界限。

解 由于概率 $P=95\%$,则 $\alpha=0.05$。

查标准正态分布表(附表1),当 $\alpha=0.05$ 时,$z_\alpha = z_{0.05} = 1.645$。

因此,观测值 x 具有95%概率的单边上波动界限为 $\mu + 1.645\sigma$,单边下波动界限为 $\mu - 1.645\sigma$。

附表1标准正态分布表中的值为单边波动范围的面积,即单边波动范围的概率。由例1.8和例1.9可以看到,同样是95%的概率,单边波动范围和双边波动范围所用的系数是不相等的。在双边波动范围的情况下,概率为95%,实际上超过每边界限值的概率各自只有2.5%。在单边波动范围的情况下,概率为95%表示在单边波动界限之内的概率,而超出单边界限外的值的概率是5%。

在实际工作中,z_α 和 $z_{\alpha/2}$ 的值取决于使用者要求的概率(或称保证率)。确定了概率

$(1-\alpha)$ 或 $(1-\alpha/2)$,也就是确定了 α 或 $\alpha/2$ 的值,则可以从标准正态分布表中查得 z_α 或 $z_{\alpha/2}$ 的值。在土木工程实践中较为广泛地采用单边波动范围。我国现行工程质量评定中,欲评定检测指标合格与否,需要采用一组观测值的代表值进行评定。例如,评定一组混凝土试件的抗压强度,通常采用观测值的下波动界限($P=95\%$,$z_\alpha=z_{0.05}=1.645$)确定抗压强度的标准值(也可作为混凝土抗压强度的代表值);采用路面弯沉观测值的上波动界限(z_α 取值受公路等级与沥青路面结构层位的制约,取值见表 1.4)确定某路段的弯沉代表值。

表 1.4 z_α 取值

层位	z_α	
	高速公路、一级公路	二、三级公路
沥青面层	$1.645(P=95\%)$	$1.5(P=93\%)$
路基	$2.0(P=98\%)$	$1.645(P=95\%)$

注:z_α 取值,依据《公路工程质量检验评定标准》(JTG F80/1—2004)。

例 1.10 某一级公路沥青路面取 300 m 作为评定路段,共测得 80 个弯沉值,其平均值 $\bar{l}=25(0.01\text{ mm})$,标准差 $s=4.50(0.01\text{ mm})$。路面的设计弯沉值为 $38(0.01\text{ mm})$,试计算该路段的代表弯沉值,并对该沥青路面弯沉值进行评定。

解 所谓代表弯沉值就是在一定概率(或保证率)下能代表该路段承载能力的弯沉值。在确定路段的代表弯沉值时,需从安全方面考虑,应具有较高的保证率,以保证路段上可能出现大于代表值的弯沉值的概率将是极少数。因此,采用观测值的单边上波动界限确定弯沉代表值,即

$$l_r = \bar{l} + z_\alpha s \tag{1.34}$$

式中 l_r——弯沉代表值;

z_α——标准正态分布表中的系数(或称为保证率系数),按表 1.4 取值。

对于评定路段,弯沉代表值为

$$l_r = 25 + 1.645 \times 4.50 = 32.40(0.01\text{ mm})$$

该公路沥青路面设计弯沉值为 $38(0.01\text{ mm})$,$32.40 < 38(0.01\text{ mm})$,则该路段评定为合格。

以上例题中,采用了本次观测值所得的标准差 s 作为观测总体的标准差 σ。严格地说,应该通过多次反复试验得出总体的标准差 σ 后,或当观测值数量 n 相当大时,再用上述方法计算代表值较为合适。

1.5.2 置信区间

平均值和标准差是一组观测值的两个重要的统计量,并可用来概括在一些规定条件下得到的一组结果。这两个量也可以用来代表在相同条件下进一步进行数量大得多的试验结果。但是由于个别观测之间发生的不可避免的差异,根据不同观测值组计算得到的平均值和标准差之间也必然有差异。因此,根据任一组观测值计算出的值将具有某些不

准确性或误差,计算出的值只能看作是未知真值的一个估计值(或推定值)。对于这些估计值,通常应该同时说明其不准确性的程度。

假定已记录了一组观测值,并计算了其平均值和标准差。在尽可能与进行第一组观测相同的条件下,进行第二组或多组观测,并计算其平均值和标准差。通常会发现,这几组观测值得到的结果并不相同。如果观测对象本身是不变的,所产生的差异是由观测手段、观测方法和其他因素的变化所引起。如果观测对象本身具有不均匀性,那么,导致产生差异的原因还将包括对象本身的不均匀性,而且,在某些情况下后者常是主要原因。例如,路面的密实度检验、水泥混凝土或者无机结合料稳定粒料的抗压强度试验等。

进行试验的目的是想根据一组观测值确定平均值和标准差的真值,但实际上不能达到这个目的,试验者只可能求得平均值作为近似真值。但试验者可能指出,其估计值接近真值的程度。根据样本平均值和方差来估计总体的平均值和方差(或标准差)落在什么区间是参数估计问题,即确定置信区间。置信区间(confidence interval)是指具有一定概率保证的未知参数的估计区间。

本节所述方法是针对正态总体,样本单元是随机抽取且相互独立的。

1. 平均值的置信区间和置信界限

假定根据许多观测值已得出所测量的平均值,虽然不能断言所得的平均值确实等于真值,但可以相信所得的平均值十分接近真值。虽然不能说出确切的接近程度,但可以给出两个界限,使此两界限包括真值在内。我们将这两个界限称作置信界限(confidence limits),将此两界限包括的值的范围称为置信区间。显然,置信区间包括平均值在内,置信区间的下限称为置信下限(lower limit),它小于平均值;置信区间的上限称为置信上限(upper limit),它大于平均值。

我们可以利用算术平均值的标准差,对于任意一对选定的置信界限算得一个量,来说明试验者能在多大程度上确信这两个界限将包括真值在内,那么,表示这个程度的量就是概率。在实际工作中,往往不是先选定界限再计算相应的概率,而是先选定一个标准概率,然后计算相应的置信界限。通常,将包括真值的置信区间的概率称为置信水平或置信系数。

虽然可以计算符合任一概率的置信界限,但通常采用 95% 和 99% 的界限。如试验者提供了 95% 的界限,并断言此两界限将包括所寻求的真值,则它有 95% 是正确的,有 5% 是错误的。

假设 T 是要估计的值(即要通过试验或观测确定的值),其估计量是 μ_1,我们要评定 T 处于 σ_1^2 之间的概率(e 是一常数)通常采取以下方法:

根据观测值,计算得到两个界限值 L_1 和 L_2,且 $L_1 < L_2$。σ_2^2 处于 L_1 和 L_2 之间的概率常用 $1-\alpha$ 表示,即

$$P(L_1 \leqslant \sigma_2^2 \leqslant L_2) = 1 - \alpha$$

在此,α 是个小的数值,通常是 0.05 和 0.01。因此,$1-\alpha$ 就是置信水平(confidence levels)或置信系数(confidence coefficent),而 α 称作置信度(confidence)。

(1) 平均值的双边置信区间。

在标准差已知的情况下,平均值的置信界限是将算术平均值的标准差 σ 乘以正态分

布概率系数 $z_{\alpha/2}/\sqrt{n}$ 而得，即 $\sigma \cdot z_{\alpha/2}/\sqrt{n}$；在标准差未知的情况下，则按 t 分布进行计算，平均值的置信界限是观测值的标准差 s 乘以 t 分布概率系数 $t_{\alpha/2}(n-1)/\sqrt{n}$，即 $s \cdot t_{\alpha/2}(n-1)/\sqrt{n}$。

当置信界限对称地位于平均值的两边时，平均值的置信界限为：$\bar{x} \pm \sigma \cdot z_{\alpha/2}/\sqrt{n}$ 或者 $\bar{x} \pm s \cdot t_{\alpha/2}(n-1)/\sqrt{n}$，将 $\bar{x} - \sigma \cdot z_{\alpha/2}/\sqrt{n}$ 与 $\bar{x} - s \cdot t_{\alpha/2}(n-1)/\sqrt{n}$ 作为置信下限，将 $\bar{x} + \sigma \cdot z_{\alpha/2}/\sqrt{n}$ 与 $\bar{x} + s \cdot t_{\alpha/2}(n-1)/\sqrt{n}$ 作为置信上限。这两个置信界限包括的值的区间称为双边置信区间。

平均值的双边置信区间有以下 3 种情况：

① 方差（σ^2）已知的正态分布。这种情况实际上很少见。在已积累了大量原始资料，并已计算得出平均值和方差的情况下，由于样本容量很大，可以把它看作相应值的分布，而且在某些条件改变的情况下，又取得了一个特殊样本（这些条件的变化只影响均值而不影响方差）。只有在这些情况下，才可以使用方差已知的正态分布的情况。

如观测值 $x_1, x_2, \cdots, x_n$ 是相互独立的，其分布为 $N(\mu, \sigma^2)$，μ 未知，σ^2 已知。在这种情况下，样本的平均值 $\bar{x} \sim N(\mu, \sigma^2/n)$，$\mu$ 处于某一区间的概率为

$$P(\bar{x} - e \leqslant \mu \leqslant \bar{x} + e) = P(\mu - e \leqslant \bar{x} \leqslant \mu + e) =$$
$$P\left(\frac{-e}{\sigma/\sqrt{n}} \leqslant \frac{\bar{x} - \mu}{\sigma/\sqrt{n}} \leqslant \frac{e}{\sigma/\sqrt{n}}\right) \tag{1.35}$$

式中　e——任一常数；

$\dfrac{(\bar{x} - \mu)}{\sigma/\sqrt{n}}$——$\bar{x}$ 的标准化形式。

此时采用函数形式表达如下

$$P(\bar{x} - e \leqslant \mu \leqslant \bar{x} + e) = \Phi\left(\frac{e}{\sigma/\sqrt{n}}\right) - \Phi\left(\frac{-e}{\sigma/\sqrt{n}}\right) =$$
$$2\Phi\left(\frac{e}{\sigma/\sqrt{n}}\right) - 1 \tag{1.36}$$

式中　Φ——标准正态分布函数。

此时，必须选定 e 值使得式(1.36)等于所选用的置信水平 $(1-\alpha)$，即

$$\Phi\left(\frac{e}{\sigma/\sqrt{n}}\right) = 1 - \alpha/2$$

反之，对于给定的显著性水平 α，当 σ 和 n 已知时，则可完全计算出 e 值。如用 $z_{\alpha/2}$ 代替 $\dfrac{e}{\sigma/\sqrt{n}}$，简化标准正态变量为

$$\Phi(z_{\alpha/2}) = 1 - \alpha/2$$

如图 1.21 所示，置信水平为 $1-\alpha$ 时，μ 的置信区间为

$$\bar{x} \pm z_{\alpha/2}\sigma/\sqrt{n} \tag{1.37}$$

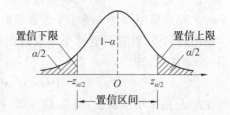

图 1.21　平均值的双边置信区间（方差已知）

在实际应用中,为了方便计算将不同 n 值对应的 $z_{\alpha/2}/\sqrt{n}$ 值编制成表,便于查找。

例 1.11 一随机变量的分布为 $N(0,1)$。采用某种方法测得随机变量 X 的 9 个值为:$+0.250$、$+1.620$、-0.052、$+0.014$、-0.366、$+0.756$、$+0.608$、-2.150、$+1.162$。计算 μ 的 95% 置信区间。

解 已知方差为 $\sigma=1$,计算样本平均值 $\bar{x}=0.205$。
$P=95\%$,$\alpha=0.05$,$z_{\alpha/2}=z_{0.025}=1.96$,则总体随机变量 μ 的 95% 置信区间为
$$0.205 \pm 1.96 \times 1/\sqrt{9} = 0.205 \pm 0.653$$

实际上,根据给定的分布 $N(0,1)$ 已经知道总体均值的位置。这仅是一个人为的例子。从此总体中抽出一个随机样本后,根据已知方差计算的区间实际上也包括真值 0。

② n 大时,具有有限方差的任意分布。假定观测值 $x_1,x_2,\cdots,x_n$ 是相互独立的,其分布的平均值是 μ,方差是 σ^2,两者都是未知的。由于样本容量 n(即观测值的数量)大,根据中心极限理论,$\bar{x}$ 的大致分布为 $N(\mu,\sigma^2/n)$。因此,$(\bar{x}-\mu)/(\sigma/\sqrt{n}) \sim N(0,1)$。

虽然 σ^2 是未知的,但可以利用样本方差 s^2 代替 σ^2。由于 $(\bar{x}-\mu)/(\sigma/\sqrt{n}) \sim N(0,1)$,可以利用第一种情况进行计算。因此,$\mu$ 的置信水平 $(1-\alpha)$ 的置信区间是
$$\bar{x} \pm z_{\alpha/2} s/\sqrt{n} \tag{1.38}$$

一般情况下,样本容量至少在 50 以上才能认为是大样本。如事先已知观测值的分布是正态分布,则可以使用较小的样本。但是,如样本分布明显偏离正态分布,则需要更多的观测数据。

例 1.12 对某公路沥青路面进行抗滑性能检测,检测了 12 组抗滑摆值,见表 1.5。计算 μ 的 90% 置信区间。

表 1.5 沥青路面的抗滑摆值(BPN)

观测值组号	x_1	x_2	x_3	x_4	x_5	$\bar{x}$	s
1	56	59	56	58	56	57	1.41
2	56	55	58	57	55	56	1.30
3	58	55	55	56	57	56	1.30
4	58	56	57	57	55	57	1.14
5	57	58	58	59	57	58	0.84
6	54	56	55	57	57	56	1.30
7	57	60	58	58	57	58	1.22
8	58	57	58	55	56	57	1.30
9	58	59	60	57	58	58	1.14
10	59	57	59	57	56	58	1.34
11	57	56	55	58	57	57	1.14
12	55	57	56	55	58	56	1.30

经检验,以上数据的不同组的平均值间无显著差异。因此,可以将这组 60 个抗滑摆

值 x_i 看作是同一量 μ 的独立观测值,可用 $N(\mu,s^2/60)$ 大致代表平均值 $\bar{x}$ 的分布。据此,计算得 60 个观测值的平均值和标准差为

$$\bar{x}=57$$
$$s=1.38$$

如现在要计算置信水平为 0.90 的置信区间,$P=90\%$,查附表 2 得 $z_{\alpha/2}=z_{0.05}=1.645$,计算平均值分布的 90% 置信区间为

$$57\pm1.645\times1.38/\sqrt{60}=57\pm0.29$$

即

$$56.71<\mu<57.29$$

③ 方差未知的正态分布。如果 n 个观测值 $x_1,x_2,\cdots,x_n$ 是独立的,其分布服从 $N(\mu,\sigma^2)$,μ 和 σ^2 均未知,要求出 μ 的置信区间。已知随机变量 $t=(\bar{x}-\mu)/(s/\sqrt{n})$ 服从自由度为 $n-1$ 的 t 分布,因此,t 处于 $t_{\alpha/2}(n-1)$ 和 $t_{1-\alpha/2}(n-1)$ 之间的概率为 $(1-\alpha)$。$t_{\alpha/2}(n-1)$ 和 $t_{1-\alpha/2}(n-1)$ 可以从 t 分布表中查得,即自由度为 $n-1$ 的 t 分布表中 $\alpha/2$ 和 $(1-\alpha/2)$ 对应的值。

已知

$$t_{1-\alpha/2}(n-1)=-t_{\alpha/2}(n-1) \tag{1.39}$$

因此

$$\begin{aligned}1-\alpha&=P\{t_{1-\alpha/2}(n-1)\leqslant t\leqslant t_{\alpha/2}(n-1)\}=\\&P\{-t_{\alpha/2}(n-1)s/\sqrt{n}\leqslant\bar{x}-\mu\leqslant t_{\alpha/2}(n-1)s/\sqrt{n}\}=\\&P\{\bar{x}-t_{\alpha/2}(n-1)s/\sqrt{n}\leqslant\mu\leqslant\bar{x}+t_{\alpha/2}(n-1)s/\sqrt{n}\}\end{aligned} \tag{1.40}$$

故,置信水平为 $1-\alpha$ 时,μ 的置信区间为

$$\bar{x}\pm t_{\alpha/2}(n-1)s/\sqrt{n} \tag{1.41}$$

$t_{\alpha/2}(n-1)$ 的值可从 t 分布表中查得。为计算方便起见,将 $t_{\alpha/2}/\sqrt{n}$ 的值(称为 t 分布概率系数)列在附表 6 中。

方差未知时,平均值的双边置信区间如图 1.22(a) 所示。如果 μ 确是区间的中心值,则用 $\bar{x}$ 估计 μ 没有误差。但是,多数情况下 $\bar{x}$ 不正好等于 μ,用点估计存在着误差。误差的大小等于 μ 与 $\bar{x}$ 之间的差,如图 1.22(b) 所示。但能以 $(1-\alpha)100\%$ 的信心说:此误差将小于 $t_{\alpha/2}(n-1)\sigma/\sqrt{n}$(或 $t_{\alpha/2}(n-1)s/\sqrt{n}$)。

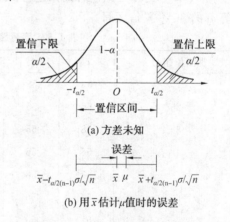

图 1.22 平均值的双边置信区间

例 1.13 如例 1.12 中的 12 组观测值,利用每一组观测值的平均值 $\bar{x}$ 和标准差 s,都可以计算得到相应的置信区间。试计算每组观测值均值的估计值在相同置信水平 0.90 下的置信区间,并与上例进行比较。

解 依题意,按照第三种方差未知的正态分布计算。

$P=90\%, n=5, \alpha=0.10, \alpha/2=0.05$,查附表 6 得 $t_{\alpha/2}/\sqrt{n}=t_{0.05}/\sqrt{5}=0.953$,则每一组 μ 值的置信区间为 $57\pm0.953s$,依次计算,共得到 12 个置信区间(置信水平为 0.90),见表 1.6。

表 1.6 12 组观测值估计 μ 的置信区间

观测值组号	$\bar{x}$	s	置信区间	
1	57	1.41	57 ± 1.34	$55.66\sim58.34$
2	56	1.30	56 ± 1.24	$54.76\sim57.24$
3	56	1.30	56 ± 1.24	$54.76\sim57.24$
4	57	1.14	57 ± 1.09	$55.91\sim58.09$
5	58	0.84	58 ± 0.80	$57.20\sim58.80$
6	56	1.30	56 ± 1.24	$54.76\sim57.24$
7	58	1.22	58 ± 1.16	$56.84\sim59.16$
8	57	1.30	57 ± 1.24	$55.76\sim58.24$
9	58	1.14	58 ± 1.09	$56.91\sim59.09$
10	58	1.34	58 ± 1.28	$56.72\sim59.28$
11	57	1.14	57 ± 1.09	$55.91\sim58.09$
12	56	1.30	56 ± 1.24	$54.76\sim57.24$

将这 12 个置信区间与例 1.12 中根据 60 个观测值计算得到的置信区间($56.71<\mu<57.29$)进行比较,可以看出,仅 1 组、4 组、8 组、11 组共 4 组的置信区间包括 60 个观测值的置信区间,其余 8 个组的置信区间均与 60 个观测值计算的置信区间有所交错,其中第 5 组的平均值最大,标准差最小,故偏离最大。因此,观测值数量大,且标准差较小时,推定的置信区间较准确。

这些置信区间的置信水平是 90%,即真值将有 90% 的概率位于这些置信区间内,落在区间外的概率为 10%。如果采用更高的置信水平,置信区间将会扩大。

(2) 平均值的单边置信区间。

置信区间并不是必须对称的,也可以是一个不对称的区间,实际工作中,有时需要利用平均值大于某一界限或小于某一界限的概率,或者在规定概率的前提下,平均值不小于或不大于某个值的界限。单边置信区间与双边置信区间一样,也有 3 种不同的情况。

① 已知方差 σ^2。已知方差 σ^2,单边置信区间按下式计算

$$\mu > \bar{x} - z_\alpha \sigma/\sqrt{n} \tag{1.42}$$

或

$$\mu < \bar{x} + z_\alpha \sigma/\sqrt{n} \tag{1.43}$$

式(1.42)表示的置信区间为 $(\bar{x}-z_\alpha\sigma/\sqrt{n})\sim+\infty$,而式(1.43)表示的置信区间为 $-\infty\sim(\bar{x}+z_\alpha\sigma/\sqrt{n})$。这两个公式所表示的置信区间称为单边置信区间,图 1.23(a)中右侧表示的置信界限称为单边下置信界限,或简称为下置信界限;图 1.23(b)中左侧表示的置信界限称为单边上置信界限,或简称为上置信界限。

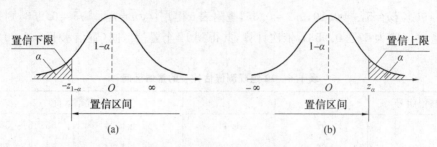

图 1.23 平均值的单边置信区间（方差已知）

② n 较大时，具有有限方差的任意分布。

在这种情况下，置信区间相应的计算公式为

$$\mu > \bar{x} - z_\alpha s/\sqrt{n} \tag{1.44}$$

或

$$\mu < \bar{x} + z_\alpha s/\sqrt{n} \tag{1.45}$$

③ 方差未知的正态分布。在这种情况下，置信区间相应的计算公式为

$$\mu > \bar{x} - t_\alpha(n-1)s/\sqrt{n} \tag{1.46}$$

或

$$\mu < \bar{x} + t_\alpha(n-1)s/\sqrt{n} \tag{1.47}$$

方差未知时，下置信界限与上置信界限如图 1.24 所示。

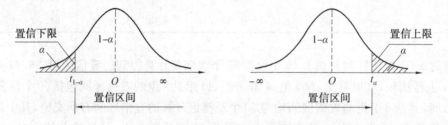

图 1.24 平均值的单边置信区间（方差未知）

置信水平或置信系数 $(1-\alpha)$ 就是置信区间内分布曲线与横坐标所夹的面积，而置信度 α 就是置信区间以外分布曲线与横坐标所夹的面积。由于双边置信区间是对称的，所以置信区间以外的面积 α 两边各占一半，即左右各为 $\alpha/2$。在同一置信水平的情况下，单边置信区间以外的面积与双边置信区间以外的面积相等。因此，双边置信区间一边以外的面积是单边置信区间以外面积的一半，弄清这一特点，对正确利用 t 分布表中的值非常重要。

当自由度 df 超出 t 分布表中所给出的值时，可采用标准正态分布表中的 z 值代替 t 值使用。

例 1.14 某段路基施工过程中，共检查压实度 32 点，得压实度的平均值 $\bar{k}=93.8\%$，压实度的标准差 $s=2.0\%$，偏差系数 $C_v=2.1\%$。推定其 95% 置信水平的置信区间。

解 ① 双边置信区间。

利用公式(1.41)，得

$$\bar{k} - \frac{t_{0.025}}{\sqrt{n}}s < \mu < \bar{k} + \frac{t_{0.025}}{\sqrt{n}}s$$

$$93.8\% - 0.361 \times 2\% < \mu < 93.8\% + 0.361 \times 2\%$$

简化后得
$$93.1\% < \mu < 94.5\%$$

因此,该段路基平均压实度的变化范围为 $93.1\% \sim 94.5\%$,此范围具有 95% 的可靠性。也可以说,该路基平均压实度的真值将有 95% 的概率处在 $93.1\% \sim 94.5\%$ 之间,在此范围以外的概率只有 5%。

如查标准正态分布双侧临界值表(附表2),$z_{0.025} = 1.96$。$\frac{1.96}{\sqrt{32}} = 0.346$,$0.346 \times 2\% = 0.692\%$。因此,平均压实度的变化范围为 $93.1\% \sim 94.5\%$。可见,在仅取一位小数的情况下,此结果与查 t 分布表的结果完全相同。

② 单边置信区间。

由公式(1.46)和(1.47),得

$$\mu < \bar{k} + \frac{t_{0.05}}{\sqrt{n}} s$$

$$\mu < 93.8\% + \frac{1.696}{\sqrt{32}} \times 2\%$$

$$\mu < 93.8\% + 0.6\%$$

$$\mu < 94.4\%$$

与

$$\mu > \bar{k} - \frac{t_{0.05}}{\sqrt{n}} s$$

$$\mu > 93.8\% - 0.6\%$$

$$\mu > 93.2\%$$

即平均压实度的真值小于 94.4% 的概率是 95%,大于 94.4% 的概率是 5%,以及平均压实度的真值大于 93.2% 的概率是 95%,小于 93.2% 的概率是 5%。

2. 两个平均值差的置信区间

假定有两个样本 $x_1, x_2, \cdots, x_n$ 和 $y_1, y_2, \cdots, y_n$,这两个样本的所有观测值都是独立的。令 μ_1 和 μ_2 分别代表 X 和 Y 的平均值的分布。现在的目的是要得到 $\mu_1 - \mu_2$ 的置信区间。

对于 X 和 Y 的分布,我们考虑 4 种互不相同的情况。前 3 种情况与前述相同。

(1) 第一种情况——方差已知的正态分布。

假设 X 的分布是 $N(\mu_1, \sigma_1^2)$,Y 的分布是 $N(\mu_2, \sigma_2^2)$,且 σ_1^2 和 σ_2^2 均为已知。

如 $\mu_1 - \mu_2$ 的估计值(或推定值)为 $\bar{x} - \bar{y}$,它的方差是 $(\sigma_1^2/n_1 + \sigma_2^2/n_2)$,则 $(\bar{x} - \bar{y}) - (\mu_1 - \mu_2) \sim N(0, \sigma_1^2/n_1 + \sigma_2^2/n_2)$。

由下式确定的统计量 z 符合 $N(0,1)$ 分布

$$z = \frac{(\bar{x} - \bar{y}) - (\mu_1 - \mu_2)}{\sqrt{\sigma_1^2/n_1 + \sigma_2^2/n_2}} \tag{1.48}$$

z 的绝对值小于和等于 $z_{\alpha/2}$ 的概率为 $1-\alpha$,即

$$P\{|z| \leqslant z_{\alpha/2}\} = 1 - \alpha$$

则
$$P = \{|(\bar{x} - \bar{y}) - (\mu_1 - \mu_2)| \leqslant (\sigma_1^2/n_1 + \sigma_2^2/n_2)^{1/2} z_{\alpha/2}\} = 1 - \alpha$$

即置信水平为 $1-\alpha$ 时，$\mu_1 - \mu_2$ 的双边置信区间为

$$(\bar{x} - \bar{y}) \pm (\sigma_1^2/n_1 + \sigma_2^2/n_2)^{1/2} z_{\alpha/2} \tag{1.49}$$

置信水平为 $1-\alpha$ 时，$\mu_1 - \mu_2$ 的单边置信区间为

$$\mu_1 - \mu_2 < (\bar{x} - \bar{y}) + z_\alpha (\sigma_1^2/n_1 + \sigma_2^2/n_2)^{1/2} \tag{1.50}$$

$$\mu_1 - \mu_2 > (\bar{x} - \bar{y}) - z_\alpha (\sigma_1^2/n_1 + \sigma_2^2/n_2)^{1/2} \tag{1.51}$$

例 1.15 某工地由甲、乙两个工厂供给 $\phi 25$ 锰钢筋，现从两工厂先后到达的两批 $\phi 25$ 锰钢筋中分别抽取 10 根和 12 根样品进行抗拉强度试验，试验结果列于表 1.7。现计算这两个样本平均值差的 95% 概率的置信区间。

表 1.7 钢筋抗拉强度(MPa)

甲厂	229.7	258.2	195.1	236.3	206.0	213.5	245.6	266.3	270.4	258.9		
乙厂	228.6	232.8	238.7	287.2	279.8	222.3	275.3	246.7	224.9	251.2	240.9	276.3

解 根据以往的试验，假定甲钢厂产品的方差 $\sigma_1^2 = 625.50$，乙钢厂产品的方差 $\sigma_2^2 = 448.17$。

甲、乙两个样本的平均值分别为 $\bar{x_1} = 238.00$ MPa，$\bar{x_2} = 250.39$ MPa。

$$\sigma_d/\text{MPa} = \left(\frac{\sigma_1^2}{n_1} + \frac{\sigma_2^2}{n_2}\right)^{1/2} = \left(\frac{625.50}{10} + \frac{448.17}{12}\right)^{1/2} = 9.99$$

$$z_{0.025}\, \sigma_d/\text{MPa} = 1.96 \times 9.99 = 19.58$$

$$(\bar{x_1} - \bar{x_2})/\text{MPa} = -12.39$$

因此，$\mu_1 - \mu_2$ 具有 95% 概率的双边置信区间为

$$-12.39 - 19.58 < \mu_1 - \mu_2 < -12.39 + 19.58$$

$$-31.97 < \mu_1 - \mu_2 < 7.19$$

或

$$-7.19 < \mu_2 - \mu_1 < 31.97$$

由于所得置信区间包含零，在实际中，认为两批钢筋抗拉强度的均值无显著差异。

(2) 第二种情况 —— n_1 和 n_2 较大时，具有有限方差的任意分布。

如果 X 和 Y 的方差 σ_1^2 和 σ_2^2 均属未知，可以利用样本方差 s_1^2 和 s_2^2 代替 σ_1^2 和 σ_2^2，因此，置信水平为 $1-\alpha$ 时，$\mu_1 - \mu_2$ 的置信区间是

$$(\bar{x} - \bar{y}) \pm z_{\alpha/2} \cdot (s_1^2/n_1 + s_2^2/n_2)^{1/2} \tag{1.52}$$

方差可按下式计算

$$s_1^2 = \frac{1}{n_1 - 1} \sum (x_i - \bar{x})^2$$

$$s_2^2 = \frac{1}{n_2 - 1} \sum (y_i - \bar{y})^2$$

例 1.16 两班同学测定 HCl 中和滴定 NaOH 时的单位质量热含量(kJ/mol)，1 班测得 65 个观测值，其平均值 $\bar{x}$ 为 57.34，方差 $s_{(x)}^2$ 为 2.726；2 班测得 32 个观测值，其平均值 $\bar{y}$ 为 56.99，方差为 $s_{(y)}^2$ 1.130。计算两个班所得结果分布平均值差的置信区间。

解 由于 1 班、2 班样本容量分别为 $n_1 = 65$ 和 $n_2 = 32$，可以看作是大数量，因此，可以利用标准正态分布表的 z 值计算。现计算置信水平为 0.90 时($z_{0.05} = 1.645$)，$\mu_1 - \mu_2$ 的置

信区间如下

$$(57.34 - 56.99) \pm z_{0.05} (2.726/65 + 1.130/32)^{1/2} = 0.35 \pm 0.46$$

如果置信区间包括零在内,可以认为两班同学测定的中和滴定单位质量热含量无显著差异。

(3) 第三种情况 —— 具有同一个方差,但方差未知的正态分布。

由于假定 X 和 Y 分布的方差相同,但属未知,则令 X 的分布为 $N(\mu_1,\sigma^2)$,Y 的分布为 $N(\mu_2,\sigma^2)$。如果 n_1 和 n_2 都大,则可按第二种情况计算置信区间;如果 n_1 和 n_2 都不大,在这种情况下,统计量 t 由下式计算

$$t = \frac{(\bar{x} - \bar{y}) - (\mu_1 - \mu_2)}{s_d} \tag{1.53}$$

式中 s_d —— 标准差 σ 的联合推定值,由下式确定

$$s_d^2 = \frac{\sum(x_i - \bar{x})^2 + \sum(y_i - \bar{y})^2}{n_1 + n_2 - 2} \cdot \frac{n_1 + n_2}{n_1 n_2} \tag{1.54a}$$

或

$$s_d^2 = \frac{(n_1 - 1)s_1^2 + (n_2 - 1)s_2^2}{n_1 + n_2 - 2} \cdot \frac{n_1 + n_2}{n_1 n_2} \tag{1.54b}$$

其中,$t \sim t(n_1 + n_2 - 2)$,则 $|t| \leqslant t_{\alpha/2}(n_1 + n_2 - 2)$ 的概率为 $1-\alpha$。即

$$P\{|(\bar{x} - \bar{y}) - (\mu_1 - \mu_2)| \leqslant s_d \cdot t_{\alpha/2}(n_1 + n_2 - 2)\} = 1 - \alpha$$

式中,$t_{\alpha/2}(n_1 + n_2 - 2)$ 是 t 分布表中自由度 $df = n_1 + n_2 - 2$ 的分位点。

置信水平为 $1-\alpha$ 时,$\mu_1 - \mu_2$ 的双边置信区间为

$$(\bar{x} - \bar{y}) \pm s_d \cdot t_{\alpha/2}(df) \tag{1.55}$$

$\mu_1 - \mu_2$ 的单边置信区间为

$$\mu_1 - \mu_2 < (\bar{x} - \bar{y}) + t_{\alpha/2}(df) \cdot s_d \tag{1.56}$$

$$\mu_1 - \mu_2 > (\bar{x} - \bar{y}) - t_{\alpha/2}(df) \cdot s_d \tag{1.57}$$

例 1.17 有两组观测值 X、Y,分别试验了 5 次,结果见表 1.8。

表 1.8 两组观测值

样本	1	2	3	4	5	平均值
X	1.216 7	1.217 6	1.215 7	1.215 8	1.216 7	$\bar{x} = 1.216\ 50$
Y	1.215 1	1.215 3	1.215 5	1.214 5	1.215 1	$\bar{y} = 1.215\ 10$

假定每一组值都是从不同平均值 μ 和同一方差的两个正态总体中取出的随机样本。对于正态分布 $\mu_1 - \mu_2$ 的假定,我们没有真正的证据(样本容量太小)。

此样本的方差分别为

$$s^2(y) = 14.0 \times 10^{-8}$$
$$s^2(x) = 60.5 \times 10^{-8}$$

因此,方差相同的假设是不合适的。联合方差的估计值为

$$s_d^2 = \frac{14.0 \times 4 + 60.5 \times 4}{5 + 5 - 2} \times 10^{-8} \times \frac{5 + 5}{5 \times 5} = 14.9 \times 10^{-9}$$

$$s_d = 3.86 \times 10^{-4}$$

置信水平 $\alpha = 0.10$ 时,$t_{0.05}(8) = 1.86$,则 $\mu_1 - \mu_2$ 差值的 90% 概率水平的双边置信区间为

$$(1.216\,50 - 1.215\,10) \pm 3.86 \times 10^{-4} \times 1.86 = 0.001\,40 \pm 0.000\,72$$

即
$$0.000\,68 < \mu_1 - \mu_2 < 0.002\,12$$

在此看到区间并不包括零,但两组观测值的差异性较小。

(4) 第四种情况 —— 方差不等,且属未知的正态分布。

在此假定 X 的分布是 $N(\mu_1, \sigma_1^2)$,Y 的分布是 $N(\mu_2, \sigma_2^2)$。除 $\sigma_1^2 \neq \sigma_2^2$,本情况与第三种情况相同,但本情况较第三种情况难处理。如 σ_1^2 和 σ_2^2 差别不大,特别如 $n_1 = n_2$,可以利用第三种情况近似解决。通常采用如下方法解决。

计算随机变量 t

$$t = \frac{(x-y)-(\mu_1-\mu_2)}{\sqrt{s_1^2/n_1 + s_2^2/n_2}} \tag{1.58}$$

$$s_1^2 = \sum (x_1 - \bar{x})^2 / (n_1 - 1)$$

$$s_2^2 = \sum (y_1 - \bar{y})^2 / (n_2 - 1)$$

t 的分布近似于自由度为 df 的 t 分布。df 由下式计算

$$\frac{1}{df} = \frac{1}{df_1}\left(\frac{s_1^2/n_1}{s_1^2/n_1 + s_2^2/n_2}\right)^2 + \frac{1}{df_2}\left(\frac{s_2^2/n_1}{s_1^2/n_1 + s_2^2/n_2}\right)^2 \tag{1.59}$$

式中　df_1 —— s_1^2 的自由度($df_1 = n_1 - 1$);

　　　df_2 —— s_2^2 的自由度($df_2 = n_2 - 1$)。

从式(1.55)可以看出,df 是 df_1 和 df_2 的加权平均值。

采用第三种情况,计算 $\mu_1 - \mu_2$ 置信水平为 $1-\alpha$ 的置信区间。

双边置信区间

$$(\bar{x} - \bar{y}) \pm (s_1^2/n_1 + s_2^2/n_2)^{1/2} t_{\alpha/2}(df) \tag{1.60}$$

单边置信区间

$$\mu_1 - \mu_2 < (\bar{x} - \bar{y}) + (s_1^2/n_1 + s_2^2/n_2)^{1/2} t_\alpha(df) \tag{1.61}$$

$$\mu_1 - \mu_2 > (\bar{x} - \bar{y}) - (s_1^2/n_1 + s_2^2/n_2)^{1/2} t_\alpha(df) \tag{1.62}$$

例 1.18　同例 1.15,但钢筋总体的方差未知。计算两个样本平均值差的 95% 概率的置信区间。

解　根据试验结果,计算得 $s_1^2 = 701.19, s_1 = 26.48; s_2^2 = 543.36, s_2 = 23.31$。$n_1 = 10$,$n_2 = 12$。$\bar{x}_1 = 238.00, \bar{x}_2 = 250.39$。

按公式(1.59)计算自由度 df

$$\frac{1}{df} = \frac{1}{9}\left[\frac{701.19/10}{\frac{701.19}{10} + \frac{543.36}{12}}\right]^2 + \frac{1}{11}\left[\frac{543.36/12}{\frac{701.19}{10} + \frac{543.36}{12}}\right]^2 =$$

$$\frac{1}{9} \times 0.369\,20 + \frac{1}{11} \times 0.153\,96 = 0.055\,02$$

得
$$df = 18$$

从 t 分布表查得 $t_{0.025}(18)=2.101, t_{0.05}(18)=1.734$,则双边置信区间为

$$12.50-(\frac{701.19}{10}+\frac{543.36}{12})^{1/2}\times 2.101<\mu_2-\mu_1<12.50+(\frac{701.19}{10}+\frac{543.36}{12})^{1/2}\times 2.101$$

$$-10.07<\mu_2-\mu_1<35.07$$

单边置信区间为

$$\mu_2-\mu_1<12.50+18.63$$
$$\mu_2-\mu_1>12.50-18.63$$

即

$$\mu_2-\mu_1<31.12$$
$$\mu_2-\mu_1>-6.12$$

1.6 统计样本的抽样方法

在工程质量检验中,对无限总体中的个体,逐一考察其某个质量特性显然是不可能的;对有限总体,若所含个体数量虽不大,但检测方法往往是破坏性的,同样不能采用全数考察。所以,生产实践中主要的方法是通过抽取一定的样本进行检测(即抽样检验 sampling inspection),以了解和分析总体的质量状况,即用样本推断总体的分布情况。

工程质量检验的目的在于准确判断工程质量的状况,以促进工程质量的提高。其有效性取决于检验的可靠性,而检验的可靠性又与检测手段的可靠性、抽样检验方法的科学性及抽样检验方案的科学性3个因素密切相关。

土木工程不同于一般产品,它是一个连续的整体,且采用的质量检测手段又多属于破坏性的。因此,土木工程质量检验只能采用抽样检验,即从待检工程中抽取样本,根据样本的质量检查结果,推断整个待检工程的质量状况。

抽样检验分为非随机抽样与随机抽样两大类。进行人为地有意识地挑选取样即为非随机抽样。非随机抽样中,人的主观因素占主导作用,由此得到的质量数据往往会对总体做出错误的判断。因此,采用非随机抽样方法所得的检验结论,其可信度较低。显然,为达到工程质量检验的目的,抽样检验不能采用凭取样人的主观意识选取样本的非随机取样法,而应采用随机取样法。

随机抽样是以数理统计的原理,根据样本取得的质量数据来推测、判断总体的一种科学抽样检验方法。随机抽样排除了人的主观因素,使待检总体中的每一个产品具有同等被抽取到的机会,能够客观地反映总体的质量状况。这类方法所得到的数据代表性强,质量检验的可靠性得到了基本保证,因而被广泛使用。

假如有一批产品,共100箱,每箱20件,从中选择200个样品。一般有以下几种抽样方法:

① 从整批中,任意抽取200件。
② 从整批中,先分成10组,每组为10箱,然后分别从各组中任意抽取20件。
③ 从整批中,分别从每箱中任意抽取2件。
④ 从整批中,任意抽取10箱,对这10箱进行全数检验。

上述4种方法,分别称为单纯随机抽样、系统抽样、分层抽样、密集群抽样。随机抽

的方法有多种,适合于土木工程质量检验的随机抽样一般采用前3种方法。

1. 单纯随机抽样

在总体中,直接抽取样本的方法即为单纯随机抽样(simple random sampling method)。单纯随机抽样法是最基本的一种概率取样法,是一种完全随机化的抽样方法。其人为的因素很少,所取样本具有更好的代表性。

要实现单纯随机抽样,应对总体中各个个体进行编码。随机抽样并不意味着随便地、任意地取样,而是应采取一定的方式获取随机数,以确保抽样的随机性。而随机数可以利用随机数表、计算机程序获得,也可以利用掷骰子或抽签的方法获得。

(1) 抽签法或掷骰子法。

用所出现的点数确定所取样本的编号。

(2) 随机数表法。

当总体比较大,且可以将其样品进行编号时,可采用随机数表法确定取样的编号。例如,国家级水泥标准物质制备过程中,30 kg 标准物质过筛混匀后,分装为 1 000 瓶,欲从中取出 20 瓶进行均匀性检验并对化学成分进行定值,可将1 000 瓶标准物质编号,用随机数表法确定取样的瓶号。

随机数表(见附表7)是由0到9十个数字组成的,由计算机随机生成的表。表中数据出现的概率是相同的。附表 7 列出 2 页随机数表,每页横排(行)为 50 个数字,竖排(列)亦为 50 个数字,每页共有 250 个数字,但每行中的 50 个数字排成了 25 个两位数。使用随机数表确定随机取样的步骤如下:

① 决定页码。掷骰子或将圆珠笔横着投向随机数表,骰子显示的数字或圆珠笔尖所指向的数字若为奇数,则取第一页;若为偶数,则取第二页。

② 确定起点。将圆珠笔横着投向所选定的随机数表,以笔尖所指的二位数为起点所在的行;再投一次,以笔尖所指二位数字为起点所在的列。若笔尖所指数字大于 50,则将笔尖所指数字减去 50,用余数确定起点的行或列;若笔尖指向 00,则加上 50,即以 50 确定起点的行或列。例如,经过投掷圆珠笔,确定取随机数表的第一页,第一次投掷笔尖指向 26,第二次投掷笔尖指向 20,则起点位置为第一页的第 26 行第 20 列,即为"2"。

③ 确定取样的样品号。本例制备好的标准物质的瓶数为 1 000,故所取的样品号应小于等于1 000,即为3位数。从起点开始,按所需样品的数目自左向右依次取3位数字。如果达到右端尚未取足,则移到下一行继续取数。本例取的数为:267、190、071、746、047、212、968、020、237、033、111、279、475、060、609、197、466、029、437、340。按照从小到大的次序排列,则所应抽取的样本的编号为:20、29、33、47、60、71、111、190、197、212、237、267、279、340、437、466、475、609、746、968。

(3) 利用计算机 EXCEL 产生随机数。

利用 EXCEL 产生随机数,有下列两种方法。

① 产生一定范围内的随机整数。如果要产生大于等于 M 而小于等于 N 的随机整数,可以使用公式:=INT(RAND()*(N-M))+M。例如,要产生一个[50,100]之间的随机整数,我们可以使用公式:=INT(RAND()*(100-50))+50,则 EXCEL 表中可自动产生一个随机整数,如图 1.25 所示。

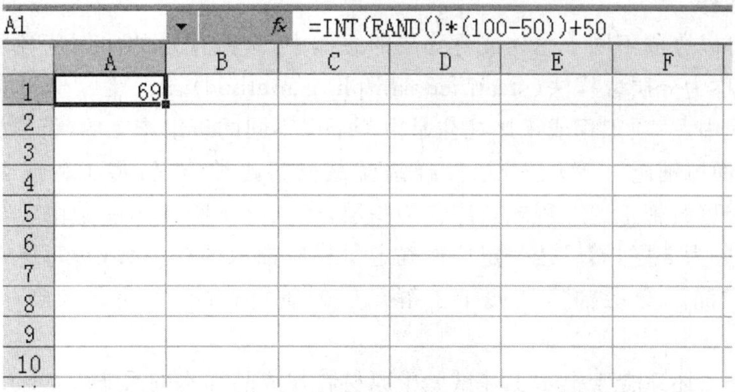

图 1.25　利用 EXCEL 产生一定范围内的随机整数示意图

② 产生多个随机数。如果要产生多个随机整数,只要将鼠标放置于 A1 栏的右下角,按下鼠标左键拖动即可生成,如图 1.26 所示。

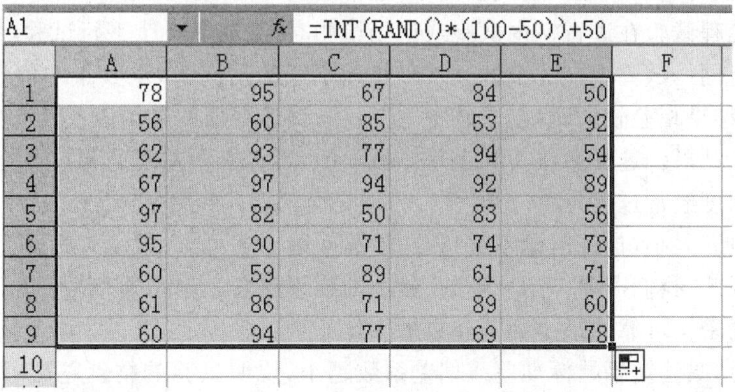

图 1.26　利用 EXCEL 产生多个随机数示意图

2. 系统抽样

有系统地将总体分成若干部分,然后从每一个部分抽取一个或若干个个体,组成样本。这种方法称之为系统抽样法(systematic sampling method)。在工程质量控制中,系统抽样的实现主要有 3 种方式:

(1) 将比较大的工程分为若干部分,再根据样本容量的大小,在每部分按比例进行单纯随机抽样,将各部分抽取的样品组合成一个样本。

(2) 间隔定时法。在生产流水线上(如商品混凝土生产线),总体可以看作是无限的。在总体中每个个体的排列是随机的,可以按确定的时间间隔(如每 1 小时)进行取样。每隔一定的时间,从工作面抽取一个或若干个样品,称为一种系统抽样法。

(3) 间隔定量法。如上例商品混凝土生产线,也可按确定的混凝土产品数量(如每 1 000 t)进行取样。每隔一定数量的产品,抽取一个或若干个样品,也称为一种系统抽样法。

间隔定时法与间隔定量法主要适合于工序质量控制。

3. 分层抽样

从一个可以分成不同子总体或称为层的总体中，按照规定的比例从各层中随机抽取样本的方法，称为分层取样法(stratified sampling method)。

土木工程中，一项工程或工序往往是由若干个不同的班组施工的(桥梁施工中现浇混凝土、沥青路面摊铺施工等)。分层抽样法就是根据此类情况，将工程或工序分为若干层。如同一个班组施工的工程或工序作为一层，若某项工程或工序是由 3 个不同的班组施工的，则可分为 3 层，然后按一定比例确定每层应抽取的样品数，对每层则按单纯随机抽样法抽取样品。分层抽样法便于了解每层的质量状况，分析每层产生质量问题的原因。

分层取样法还适合于土木工程试验中原材料与成品样本的采集。

1.7　最少试验数量的确定

在许多科学试验、工程试验或检测中，经常遇到确定最少试验数量(即样本容量 n)的问题。我国工程试验在进行室内试验或现场检测时，习惯做 3 个平行试验，即制备 3 个相同的试件进行同一试验。在 3 个试验结果相差不大的情况下，取其平均值作为最终试验结果；如试验结果相差较大时，则取其中 2 个较为接近数据的平均值或者取中间的数据作为最终的试验结果。这种做法实际上是不科学的，不符合误差理论和数理统计的原理，而试验结果的精度经常过差。

试验数量 n 太小，估计问题不够精确，检验问题不够可靠；量 n 太大，又会造成人力物力的浪费。因此，我们需要一个合理的、最小的样本容量。从数理统计的观点看，即为保证估计值既精密又可靠的最小的试验数量。

我们知道，试验结果的标准差或偏差系数越小，说明试验的精度越高，所需要的试验数量也就越少；要求所得试验结果的置信水平(即保证率或可靠性)越高，需要的试验数量也就越多。显然，试验的最少数量与试验数据(即观测值)的标准差(或偏差系数)、要求的概率(或可靠性)以及平均值的允许误差范围密切相关。

1. 估计平均值法

采用估计平均值的方法确定所需的最少试验数量，需要利用双边置信区间有 3 种情况。

(1) 第一种情况 —— 方差已知的正态分布。

基本原理是：已知观测值 $X \sim N(\mu,\sigma^2)$，$\bar{x} \sim N(\mu,\sigma^2/n)$，如令双边置信区间的长度为 $2e$，则 $e=z_{\alpha/2}\sigma/\sqrt{n}$。此 e 值实际上相当于用样本平均值 $\bar{x}$ 估计总体平均值 μ 时，在一定概率 $(1-\alpha)$ 下所允许的最大误差。如果用容量为 n 的样本平均值 $\bar{x}$ 作为 μ 的估计值，则概率为 $(1-\alpha)$ 的信心说其误差将小于 $z_{\alpha/2}\sigma/\sqrt{n}$。换言之，当样本容量 n 按下式确定时，用样本平均值估计总体平均值所产生的误差将小于规定的 e 值(其概率为 $1-\alpha$)。

$$n = \left[\frac{z_{\alpha/2}\sigma}{e}\right]^2 \tag{1.63}$$

分析公式(1.63)的实质意义可以看出，如果规定了允许误差值，反过来计算所需要的最少试验数量,可以保证所得结果的平均值在一定概率下与其真值之差不超过原规定的值。

这种方差已知的正态分布情况实际上很少见。

例 1.19 随机变量的分布为 $N(0,1)$,如果要求试验结果的估计值 $\bar{x}$ 与总体均值 μ 的误差小于 0.2 的概率为 95%,试计算至少应该进行多少次试验?

解 依题意,已知方差 $\sigma=1$,允许误差 $e=0.2$,$\alpha=0.05$。查附表 2,$z_{\alpha/2}=z_{0.025}=1.96$。

将这些值代入公式(1.63),得
$$n=(1.96\times 1/0.2)^2=96$$

因此,可以以 95% 的信心说,容量为 96 的随机样本将提供一个估计值 $\bar{x}$,它与 μ 的误差小于 0.2。

(2) 第二种情况 —— n 大时,具有有限方差的任意分布。

这种情况是属于方差 σ^2 未知的情况。由于样本容量 n 大,其平均值 $\bar{x}$ 可以看作是接近于正态分布 $N(\mu,\sigma^2/n)$,同时,可以用样本方差 s^2 代替 σ^2 而不会造成大的误差。因此,可以如第一种情况处理问题,即 $e=z_{\alpha/2}s/\sqrt{n}$。由此得公式

$$n=\left[\frac{z_{\alpha/2}s}{e}\right]^2 \tag{1.64}$$

例 1.20 某实验室进行沥青混合料中沥青含量的抽提试验,一共测定了 6 个试样,试验结果的平均值 $\bar{x}=5.2\%$,标准差 $s=1.65\%$。如要求以 90% 的概率说 μ 的估计值 $\bar{x}$ 的误差小于 0.3%,则至少应该做多少次试验?

解 依题意,$s=1.65\%$,$e=0.3\%$,$z_{\alpha/2}=z_{0.05}=1.645$。现将这些值代入公式(1.64)得

$$n=(1.645\times 1.65\%/0.3\%)^2=81.9\approx 82$$

我们能以 90% 的概率说,按照以上的试验水平需要做 82 次试验,所得的平均值 $\bar{x}$ 作为 μ 的估计值,可以保证其误差小于 0.3%。

如果本例题要求具有 95% 的概率,则
$$n=(1.96\times 1.65\%/0.3\%)^2=116.2\approx 116$$

显然可以看到,要求的概率越大,需要的测量数量也越大。同样,如果试验者的试验水平较低,则试验结果的标准差则会增大,也将增大试验数量。

值得注意的是,第二种情况计算最少试验数量的关键,应使得出样本方差 s^2 的样本容量 n 应该足够大,至少应在 30(甚至 50)以上。

(3) 第三种情况 —— 方差未知的正态分布。

根据公式(1.41),可得
$$e=t_{\alpha/2}(n-1)s/\sqrt{n}$$

进一步推导得公式
$$n=\left[t_{\alpha/2}(n-1)\frac{s}{e}\right]^2 \tag{1.65}$$

实际工作中,经常遇到第三种情况。使用公式(1.65)计算最少试验数量的核心是与

试验数量 n 有关的系数 $t_{\alpha/2}(n-1)$。在确定临界值 $t_{\alpha/2}(n-1)$ 时,必须先要知道自由度 $n-1$ 的值,因而公式(1.65)不能直接用来计算试验数量 n。

为了解决这一问题,首先可以利用已有的试验结果或先做部分试验,求得其标准差 s,借助标准正态分布表,用 $z_{\alpha/2}$ 先代替公式中的 $t_{\alpha/2}(n-1)$ 计算出试验数量(用 n_1 表示),再利用自由度 (n_1-1) 的值查 t 分布表中相应的 $t_{\alpha/2}(n_1-1)$ 值;然后再用公式(1.65)计算出另一个试验数量(用 n_2 表示);这样,用自由度 $df=n_2-1$ 便可以查得另一个 $t_{\alpha/2}(n_2-1)$ 值,并计算下一个试验数量 n_3。需要时重复上述过程,直到 n_i 与 n_{i-1} 相等或接近为止。

2. 采用相对值法

以上用估计平均值的方法确定所需的最少试验数量的3个公式中,允许误差 e 都是用的绝对值。实际上,允许误差也可以用相对值 $|e|$(百分数),此时,公式中的样本分布离散特征值也应换用相应的变异系数 C_v。因而,公式(1.63)~(1.65)的形式则变为

第一种情况 $$n=\left[z_{\alpha/2}\frac{C_v}{|e|}\right]^2 \tag{1.66}$$

第二种情况 $$n=\left[z_{\alpha/2}\frac{C_v}{|e|}\right]^2 \tag{1.67}$$

第三种情况 $$n=\left[t_{\alpha/2}(n-1)\frac{C_v}{|e|}\right]^2 \tag{1.68}$$

例 1.21 如假定 13 组水泥抗压强度试验结果的偏差系数 C_v 分别为 1.0%、1.5%、2.0%、2.5%、3.0%、3.5%、4.0%、4.5%、5.0%、5.5%、6.0%、6.5%、7.0%,规定的允许误差 $|e|$ 为 1%、2%、3%、4%、5%。计算概率为 90%、95% 时各种不同情况下的最少试验数量 n。

解 概率 $P=90\%$,可查出 $z_{0.05}=1.645$。

以允许误差 $|e|=1\%$、偏差系数 $C_v=1.5\%$ 为例,计算步骤如下:

$$n_1=\left(1.645\times\frac{1.5\%}{1\%}\right)^2=6.1\approx 6$$

查附录表 3,$t_{0.05}(5)=2.015$,得

$$n_2=\left(2.015\times\frac{1.5\%}{1\%}\right)^2=9.1\approx 9$$

查附录表 3,$t_{0.05}(7)=1.895$,得

$$n_3=\left(1.895\times\frac{1.5\%}{1\%}\right)^2=8.1\approx 8$$

查附录表 3,$t_{0.05}(8)=1.860$,得

$$n_4=\left(1.860\times\frac{1.5\%}{1\%}\right)^2=7.8\approx 8$$

按上述方法,将概率为 90%、95% 时各种不同情况下的计算结果列于表 1.9 和表 1.10 中。分析计算结果,可以得出如下结论:

(1) 从表 1.9 可以看出,如用 $z_{\alpha/2}$ 值代替 $t_{\alpha/2}(n-1)$ 值计算得的试验数量 $n_1=1$,就不能再利用 $t_{\alpha/2}(n_1-1)$ 计算出正确数量,因为此时自由度 $df=0$。

(2) 如果计算的 $n_1=2$,也不能利上述"逼近法"得出正确的试验数量。此时,计算得

的试验数量与其他情况下计算得到的试验数量相矛盾。

(3) 当 $3 \leqslant n_1 \leqslant 9$,一般应计算 n_3,在少数情况下应计算 n_4,甚至 n_5。

(4) 当 $n_1 \geqslant 10$,只需计算 n_2。

(5) 当 $n_1 \geqslant 3$ 以及在 90% 概率时,用"逼近法"计算得到的试验数量几乎都较用 $z_{\alpha/2}$ 值代替 $t_{\alpha/2}(n-1)$ 计算得的数量 n_1 大 2,仅在极少数情况下前者较后者大 3。因此,我们可以将它看作一个规律,并利用此规律来推定 $n_1 \geqslant 2$ 时所应做的试验数量。

(6) 概率为 95% 时,从表 1.10 中数值(包括少数未计入表中的 n_5 或 n_6)可以看到,除 $n_1 = 1, 2$ 外,在 n_1 的其他数值下,用"逼近法"计算得的试验数量较用 $z_{\alpha/2}$ 值代替 $t_{\alpha/2}(n-1)$ 计算得到的数量(n_1)大 2~3,且大 2 者约占 63%,大 3 者约占 37%。

因此,在实际应用公式(1.65)和(1.68)确定所需的最少试验数量 n 时,可以利用上述结论简化"逼近法",也具有相当高的精密度。简化方法如下:

首先,用先行试验结果计算出标准差或变异系数,用 $z_{\alpha/2}$ 代替 $t_{\alpha/2}(n-1)$,并利用公式(1.65)或(1.68)计算出大约的试验数量 n_1。通常采用 90% 的概率水平($z_{\alpha/2} = z_{0.05} = 1.645$),需要时可采用 95% 概率水平($z_{\alpha/2} = z_{0.025} = 1.96$)。然后,当采用 90% 概率水平时,将 n_1 加 2;采用 95% 概率水平时,将 n_1 加 2 或 3,就可以得到所需的最少试验数量。

表 1.9 例 1.22 中计算得到的试验数量 n(概率 $P = 90\%$)

试验偏差系数 C_V/%	在下列规定误差时的试验数量																			
	1%				2%				3%				4%				5%				
	n_1	n_2	n_3	n_4	n_1	n_2	n_3	n_4	n_1	n_2	n_3	n_4	n_1	n_2	n_3	n_4	n_1	n_2	n_3	n_4	n_5	n_6
1.0	3	9	4	4	1				1				1				1					
1.5	6	9	8	8	2	22	2	22	1				1				1					
2.0	11	13	13		3	9	4	6	1				1				1					
2.5	17	19	19		4	9	6	6	2	28	2	28	1				1					
3.0	24	26	26		6	9	8	8	3	9	4	6	2	22	2	22	1					
3.5	33	35	35		8	11	10	11	4	8	5	6	2	31	3	7	1					
4.0	43	45	45		11	13	13			8	7	7	3	9	4	6	2	26	2	26		
4.5	55	57	57		14	16	16		5	9	8	8	3	11	4	7	2	32	3	7		
5.0	68	70	70		17	19	19		8	10	10		4	9	6	6	3	9	4	6	4	6
5.5	82	84	84		21	22	23		9	12	11	11		9	7	7	3	10	4	7	5	6
6.0	97	99	99		24	26	26		11	13	13		6	9	8	8	4	8	5	7	6	6
6.5	114	116	116		29	31	31		13	15	15		7	10	9	9	4	9	6	7	7	
7.5	133	135	135		33	35	35		15	17	17		8	11	10	11	5	9	7	8	7	

表 1.10　例 1.22 中计算得到的试验数量 n（概率 $P=95\%$）

试验偏差系数 $C_v/\%$	在下列规定误差时的试验数量																						
	1%				2%				3%				4%				5%					
	n_1	n_2	n_3	n_4	n_1	n_2	n_3	n_4	n_1	n_2	n_3	n_4	n_1	n_2	n_3	n_4	n_1	n_2	n_3	n_4	n_5	n_6
1.0	4	10	5	8	1				1				1				1					
1.5	9	12	11	11	2	82	2		1				1				1					
2.0	16	18	18		4	10	5	8	2	82	2		1				1					
2.5	24	27	27		6	11	8	9	3	13	4	7	2	63	2		1					
3.0	35	37	37		9	12	11	11	4	9	12	11	2	91	2		2	58				
3.5	47	50	50		12	15	14	14	5	11	7		3	4	8	5	2	79				
4.0	62	64	64		16	17	17	10	7	11	9		4	10	5	6	3	12	3			
4.5	78	81	81		20	22	22		9	12	11	11	5	10	7	7	3	15	4	5		6
5.0	96	99	99		24	27	27		11	14	13	13	6	11	8	9	4	10	5			6
5.5	116	119	119		29	32	32		13	16	15	15	7	12	9	10	5	10	6	6		7
6.0	139	141	141		35	37	37		16	18	17		9	12	11	11	6	10	8	8		
6.5	162				41	43	43		18	21	21		10	14	13	13	7	10	9	9		
7.5	188				47	50	50		21	24	24		12	15	14	14	8	11	10	10		

例 1.22　某二级公路石灰稳定土路面底基层压实后,在 1 km 的路段上随机取 10 个点进行现场压实度检测,所得测定结果为:$n=10$,压实度平均值 $\bar{k}=95.6\%$,标准差 $s=4.21\%$,变异系数 $C_v=4.40\%$。假定推定总体平均值时的允许相对误差为 2%。试确定 90% 概率水平时的最少试验数量。

解　依题意,压实度检测指标的总体方差未知,检验数量较少,因此应按照第三种情况(方差未知的正态分布)处理。

将已知参数代入公式(1.64) 得

$$n_1 = \left(1.645 \times \frac{4.40\%}{2\%}\right)^2 = 13.1 \approx 13$$

按简化法确定试验的最少数量为

$$n_1 + 2 = 13 + 2 = 15$$

即该二级公路检验石灰稳定土路面底基层压实度,至少需要进行 15 次检测,才能使压实度平均值的估计值的相对误差在 90% 概率水平时小于 2%。

3. 试验数量 n 与平均值的标准偏差的关系

已知平均值的标准偏差的计算公式为 $\sigma_{\bar{x}} = \sigma/\sqrt{n}$,将其绘制成曲线,如图 1.27 所示。分析关系曲线可以看出,增加试验次数 n,会使标准偏差 $\sigma_{\bar{x}}$ 减小,但增加试验次数的效果是有限的。开始时 $\sigma_{\bar{x}}$ 随 n 的增大而减小得很快;当 $n=5$(或 6) 时,开始变慢;当 $n>10$ 时,$\sigma_{\bar{x}}$ 随 n 的变化实际上已经不显著了。因此,规定在重复性测定中 $n=10$ 或 12 已经足够了。

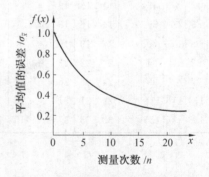

图 1.27　$\sigma_{\bar{x}}$ 与试验次数 n 之间的关系

第 2 章 试验误差与数据处理的基本知识

土木工程试验,包括测量与计算两个方面。在测量过程中,误差总是客观存在的,但误差是可以减小或消除的。同时,人们在试验中获得的试验数据往往是有限的,数据处理就是要对这些有限数据进行正确的取舍、表示与评价,使试验结果尽量地接近客观真实性。因此,试验最终结果不仅表示了具体数值的大小,而且还表示了试验本身的精确程度。可见,掌握误差与数据处理的基本知识对正确进行土木工程试验是非常重要的。

2.1 数据测量的基本知识

2.1.1 基本概念

1. 物理量

物理量(physical quantity)是反映物理现象状态及其过程特征的数值量。一般物理量都是有因次的量,即有相应的单位。同一物理量可以用不同的物理单位来描述。

2. 测量

试验的基础是测量,测量是将被测物理量(measurand/measured quantity)与选作标准单位的同类物理量进行比较的过程。由于测量就是用单位物理量去描述或表示某一未知的同类物理量的大小,因此,测量是以确定量值为目的的一组操作,操作结果可以得到量值(即测量数据),这组操作称之为测量(measurement)。

3. 测量结果

测量结果(result of a measurement)是根据已有的信息和条件对被测量进行最佳估计,即物理量真值的最佳估计。测量结果具有以下特性:

① 测量结果的完整表述应包括测量误差,必要时还应给出自由度和置信概率。

② 测量结果具有重复性和再现性。

测量重复性(repeatability)是指在相同测量条件(相同的测量程序、观测者、测量仪器、计量标准、测量地点与环境)下,短期内对同一被测物理量进行连续多次的重复测量,所得结果之间的一致性。

测量再现性(reproducibility)也称复现性,是指在改变了的测量条件下同一被测量的测量结果之间的一致性。改变了的测量条件可以是测量原理、测量方法、观测者、测量仪器、计量标准、测量地点、环境及使用条件、测量时间。改变的可以是上述条件中的一个或多个。因此,给出复现性时应明确说明所改变条件的详细情况。

测量结果的重复性和再现性(R&R)指在一定的误差范围内,每次测量结果的可靠性是相同的,即服从同一分布。

2.1.2 数据测量的分类

常见的数据测量,可按计量的性质、测量的目的、测量的条件与测量值获得的方法等4种方式进行分类。

1. 按计量的性质分类

按计量的性质分类有检定、检测和校验3种方法。

(1)检定。

检定(verification)是由法定计量部门(或其他法定授权组织)为确定和证实计量器是否完全满足检定规程的要求而进行的全部工作。它包括检查、加标记和(或)出具检定证书。必须严格按照计量检定规程运作,给出结论(合格或不合格),具有法律效力。

(2)检测。

检测又称为测试(test),是对给定的产品、材料、设备、生物体、物理现象、工艺过程,按照一定程序确定的一种或多种特性或性能的技术操作。土木工程实践中,通常检测产品的质量,要依据标准,有相应的检验报告或证书文件。

(3)校验。

校验又称校准(calibration),是指在规定条件下,为确定测量仪器或测量系统所指示的量值,与对应由标准所规定的量值之间的关系的操作。

2. 按测量的目的分类

按测量目的分类有定值测量和参数检验两种方法。

(1)定值测量。

按一种不确定度确定参数实际值的测量,称为定值测量(fixed value measurement)。以确定被测物理量的量值大小为目的,具有通常预先限定允许的测量误差的特点。

(2)参数检验。

以技术标准、规范或检定规程为依据,判断参数是否合格的测量,称为参数检验(parametric test)。通常预先限定参数允许变化范围。

3. 按测量的条件分类

按测量条件不同,可分为等精度测量与非等精度测量。

(1)等精度测量。

在对同一固定被测物理量进行多次重复测量时,每次测量的条件都相同,如同一观测者、同一套仪器、同样的环境、同一种试验原理和方法等,这种重复测量称为等精度测量(equal-precision measurement)。

(2)非等精度测量。

在多次重复测量时,只要一个测量条件发生了变化,就称为非等精度测量(unequal-precision measurement)。等精度测量的测量结果具有重复性,非等精度测量的结果具有再现性。

4. 按测量值获得的方法分类

按测量值获得的方法分类,有直接测量、间接测量和组合测量。

(1)直接测量。

用一个标准的单位物理量或经过预先标定好的测量仪器去直接度量未知物理量的大小,称为直接测量(direct measurement)。如米尺、卡尺测量长度,温度计测量温度等,可直接获得测量值,表示为:未知量 $y=x$(测量值)。

(2) 间接测量。

间接测量(indirect measurement)是将直接测量的量值代入某一特定的函数式,通过函数关系计算求出被测量。间接测量往往需要多次测量,其测量与被测量之间的函数关系可表示为: $y=f(x_1,x_2,\cdots,x_n)$。如要测量砂的表观密度,按现行标准测量方法,可直接或间接测量得到砂的质量(m)和表观体积(V_a),计算求出砂的表观密度(ρ_a),其计算式为

$$\rho_a = m/V_a$$

(3) 组合测量。

用直接或间接测量的数据,列出方程组,解出被测物理量,称为组合测量(combined measurement)。可表达为

$$\begin{cases} f_1(x_1,x_2,\cdots,x_n,y_1,y_2,\cdots,y_n)=0 \\ f_2(x_1,x_2,\cdots,x_n,y_1,y_2,\cdots,y_n)=0 \\ \cdots \\ f_n(x_1,x_2,\cdots,x_n,y_1,y_2,\cdots,y_n)=0 \end{cases}$$

如在普通混凝土配合比设计中,首先直接或间接测量出水泥、水、砂与碎石的密度或表观密度,并通过计算获得水泥与水的单位用量(kg/m³)。依据体积法设计原则,单位砂和碎石的用量可通过下式计算获得

$$\begin{cases} \dfrac{m_{c0}}{\rho_c}+\dfrac{m_{g0}}{\rho_g}+\dfrac{m_{s0}}{\rho_s}+\dfrac{m_{w0}}{\rho_w}+0.01\alpha=1 \\ \beta_s = \dfrac{m_{s0}}{m_{g0}+m_{s0}} \times 100\% \end{cases}$$

式中　　ρ——密度,kg/m³;

　　　　α——混凝土的含气量,%;

　　　　β_s——砂率,%;

　　　　m_{c0},m_{w0},m_{s0} 和 m_{g0}——混凝土中水泥、水、砂和碎石的单位用量,kg/m³。

5. 按测量值获得的状态分类

(1) 静态测量。

静态测量(static measurement)是指在测量过程中被测量量是不变的测量。目前,土木工程中的测量广泛采用静态测量法,主要采用静态测量数据作为评价参数。

(2) 动态测量。

动态测量(dynamic measurement)也称瞬态测量,是指在测量过程中测量量是变化的测量。如路面结构在使用中承受着来往车辆复杂的动荷载作用,动态测量可以提供一些与路面实际受力状态比较接近的动态参数。 目前先进的动态测量有:AMPT/SPT(simple performance tester)沥青混合料性能试验仪,可进行动态模量和流变次数动态指标试验;MTS(pavement testing system)动态路面材料试验系统,可以进

行单轴、三轴动态试验,获得材料的动态模量、弯曲劲度、回弹模量等动态指标;FWD(falling weight deflectometer)落锤式弯沉仪,可以测量路面的动态弯沉等,这些动态试验能够为沥青路面的研究与结构设计提供较为真实的参数。

2.2 试验误差

2.2.1 误差的概念

1. 误差

通过测量获得的量值称为测量值(或测量结果),在一定条件下,被测量的真值是一个客观存在的确定数值。但在测量中,由于各种原因使测量结果仅为被测量真值的近似值,与真值并不一致。这种测量结果对被测量的真值的偏差称为测量误差(error)。

误差自始至终存在于一切科学试验与测量过程中,测量结果都存在误差,这就是误差公理。

2. 真值

任何一个物理量在某一条件下都有一个客观存在的量值,称为真值(true value)。也就是说,真值是指某一时刻和某一状态下,某物理量客观存在的实际大小。

真值是一个理想的概念,一般来说,真值是不存在的,但误差普遍存在。在实际应用中,真值可以有以下几种存在方式:

(1) 理论真值。

理论真值也称为绝对真值(absolute true value),如平面三角形的内角和恒为 $180°$,圆心角为 $360°$。

(2) 约定真值。

约定真值(conventional true value)也称规定真值。一般真值无法获得,计算误差时必须找到真值的最佳估计值。所谓约定真值是指为了给定目的可代替真值的量值,一般称其为实际值。例如,在检定工作中,可以把标准器的示值作为约定真值;国际单位制定义了 7 个基本单位,作为计量单位制中的约定真值,见表 2.1。

表 2.1 国际单位制定义的 7 个基本单位

长度	质量	时间	电流	热力学温度	物质的量	发光强度
m(米)	kg(千克)	s(秒)	A(安培)	K(开尔文)	mol(摩尔)	cd(坎德拉)

(3) 相对真值。

高一级标准器(计量器)的误差是低一级或普通测量仪器误差的 $1/3 \sim 1/20$ 时,则可认为前者是后者的相对真值(relative true value)。

在科学实验(或试验)中,真值就是指在无系统误差的情况下,观测次数无限多时所求得的观测值的算术平均值。但实际情况,则往往采用有限次数所求得的观测值的算术平均值作为近似真值,即被观测量真值的最佳估计(也称为最可信赖值)。

2.2.2 误差的表示方法

表示测量误差的基本形式有绝对误差和相对误差,但也常用引用误差表示计量器具的误差。

1. 绝对误差

绝对误差(absolute error)等于测量结果减去被测量的真值,表示测量值偏离真值的程度。绝对误差(Δx)表示如下

$$\Delta x = x - x_0 \tag{2.1}$$

式中 Δx—— 绝对误差;
x—— 实测值;
x_0—— 被测量的真值。

式(2.1)中的测量结果可以是一次测得值,也可以是算术平均值。大多数情况下,由于测量中存在不可避免的误差,要确切地定出真值的大小是很困难的,所以,在一般测量中,我们并不知道真值,误差也无法计算。因而,在实际工作中,往往采取以下方法获得真值。

(1)根据需要选择约定真值来代替真值。

(2)采用相对真值。由于准确度高的仪器比准确度低的仪器测得值更接近真值,因此,在一般测量中,通常用高一级及以上的标准仪器测得的值代替真值。

(3)在实际测量中,通常以测量值的算术平均值($\bar{x}$)代替真值(x_0),计算得到的误差称为剩余误差(或残差)。可表达为

$$\Delta_i = x - \bar{x} \tag{2.2}$$

式中 Δ_i—— 剩余误差(或残差);
x—— 实测值;
$\bar{x}$—— 测量值的算术平均值。

一般地,由于真值难以获得,所以估计误差时总是考虑它的一个上界 ε,使得 $|\Delta x| = |x - x_0| \leqslant \varepsilon$,通常将 ε 称为误差限。

绝对误差是具有量纲的量,其单位与测量值相同。绝对误差是有符号的量,可用"±"表示测量值比实际值大还是小,"+"表示测量值比实际值大,"−"表示测量值比实际值小。在实际测量中,Δx 是以实际值作为参考讨论问题的。绝对误差可以说明测得值偏离实际值的程度,但不能很好地反映测量的准确程度。

2. 相对误差

评价一个测量结果的优劣,不仅要看绝对误差的大小,还要看被测量本身的大小。为此,引入了相对误差(relative error)的概念。相对误差有相对(真)误差和示值相对误差两种表达方式。

(1)相对(真)误差。

测量的绝对误差与测量的真值的比值百分比,称作相对真误差,简称相对误差。相对误差表示测量准确程度的高低,用 δ 表示。其表达式如下:

$$\delta = \frac{\Delta x}{x_0} \times 100\% \tag{2.3}$$

式中 δ——相对误差；

$\Delta x, x_0$——意义同上。

相对误差可以恰当地表征测量的准确程度。相对误差是只有大小和符号而没有量纲的量。

(2) 示值相对误差。

在一般工程测量中，真值也可以用测量得到的值代替，这时的相对误差称为示值相对误差。可表示为

$$\delta = \frac{\Delta x}{x} \times 100\% \tag{2.4}$$

式中 δ——这里指示值误差；

$\Delta x, x$——意义同上。

在实际测量中为计算方便，常用测量值 x（即实际值）代替真值计算相对误差。由于测量值也含有误差，所以示值相对误差只适用于误差较小，要求不太严格的场合，用作近似计算。

式(2.3)与式(2.4)的计算结果差值很小，可以忽略不计。

3. 引用误差

引用误差(fiducial error)是相对误差的简便实用形式，在多档或连续刻度的仪表中广泛应用。引用误差可以表示测量结果的准确度，却不能用来说明仪表本身的准确性能。由于仪表在其测量范围内，各刻度处的绝对误差相差不大，因此，相对误差将随着测量值的不同而不同。这样，相对误差在仪表的全量限上变化很大，因而用相对误差来表示仪表的准确度是不合适的。

引用误差的表达式为

$$\delta = \frac{\Delta x}{x_b} \times 100\% \tag{2.5}$$

式中 δ——这里指引用误差；

x_b——基准值或基值，也称为引用值。

基准值可以是仪表的量程，也可以是测量范围上限或其他值，这个值在仪表等产品标准或检定规程中给出。为减小误差计算的麻烦和方便划分仪表正确度等级，一律取仪表量程或范围上限值作为误差计算分母（即基准值），而分子一律取用仪表量程范围内可能出现的最大绝对误差值。

如某电工仪表的正确度等级为 R 级（即引用误差为 $R\%$），满刻度测量值（即最大量程）为 X，实际使用的测量值为 $x(x \leqslant X)$，则

$$测量值的绝对误差 \leqslant X \cdot R\%$$

$$测量值的相对误差 \leqslant \frac{X \cdot R\%}{x}$$

可见，x 据 X 越远，相对误差越大。因此，为减小仪表测量的误差，提高准确度，应该使仪表尽可能在靠近满刻度的区域内使用。一般选用和使用仪表时，尽可能在满刻度量

程的 2/3 以上区域内使用。

我国国家标准规定,引用误差用来表示测量仪表的基本误差。

4. 数字仪表误差表达方式

数字仪表的误差通常以相对误差、绝对误差或引用误差的组合来表达。一般有 3 种表达方式,其中,数字仪表误差表达的标准形式为

$$\Delta = \pm(aA_x + bA_m)\% \tag{2.6}$$

式中　Δ——数字仪表误差;

　　　a、b——常数;

　　　A_x——被测量的实际值;

　　　A_m——数字表的测量范围上限,参见本章 2.4.2 节内容。

2.2.3　误差的分类

1. 测量误差的来源

测量的目的在于求出被测量的真值,但是一切测量都包含有误差,即使采用最先进的测量手段仍然不可能测出真值,只是更接近于真值而已。误差在测量过程中和处理测量数据过程中均会产生。测量过程中产生的误差,归纳起来,通常有以下几种途径:

(1) 装置误差。

测量装置的基本误差,即在参比条件下产生的误差。它通常是误差的主要来源,这种误差是不可避免的。

(2) 仪器误差。

① 在参比条件下,被测量随时间的变化引起的误差。任何模拟式仪表,由于机械惯性等原因,其指示器的示值总是滞后于被测量的变化,即存在一定的响应时间;任何数字式仪表的示值都是时间不连续函数,具有固定的采样时间,在一个采样周期内,示值保持不变。因此,被测量随时间的变化都会引起误差。

② 仪表误差,是仪表本身结构不够准确而故有的误差。如标尺刻度不准、轴尖与轴承之间发生摩擦、内部磁场改变和安装不正确等原因,均会产生此类误差。

(3) 环境误差。

在非标准条件下,各种影响量引起的改变量。如当温度、湿度、外磁场、外电场、辅助电源电压、频率、波形等与环境有关的影响量,以及被测量的电压、电流分量及其频率、波形、功率因数及三相电量对称性等与被测量有关的影响量超出参比条件时引起的改变量,或称附加误差。

(4) 方法误差。

方法误差是由于所依据的测量原理不严密或所用的测量方法不完善引起的测量误差。如根据欧姆定律用电压电流法测量电阻值时,由于电压表或电流表内阻引起的误差。方法误差是原理性误差,与测量仪器的准确度无关。

(5) 主观误差。

主观误差是由工作人员的技术水平和主观因素引起的误差。如读取指针式仪表的示值时,由于读数习惯的不同,有人读的数偏高,有人读的数偏低。不同的人员读取仪表读

数的快慢也有所不同。也有人由于责任心不强，甚至发生错误的读数和记录等。

此外，在测量数据计算中常会进行许多近似处理，这种近似处理所求得结果与精确计算所得结果之间也存在一定的误差，这就是处理测量数据过程中产生的误差。

2. 测量误差的分类

根据测量误差的特点，可分为系统误差、随机误差和粗大误差 3 类。

（1）系统误差。

在同一被测量的多次测量过程中，保持恒定或以可预知方式变化的测量误差称为系统误差（systematic error）。按其变化规律可分为定值系统误差（即固定值系统误差）和变值系统误差（即随条件变化的系统误差）两类，也称为确定误差与不确定误差。定值系统误差恒定，如采用天平称重时标准砝码误差引起的误差分量、指示仪表定度失准引起的误差分量等均属于这类误差。测量值以确定的规律随某些测量条件变化的系统误差称为变值系统误差，如随温度周期变化引起的温度附加误差等。固定值的系统误差可以修正。

系统误差在一定条件下进行一系列观测后，观测误差存在一定的变化规律（如数值、符号等总保持常数）。由偏离测量规定的条件，或者测量方法不合适引起，它引起平均值对真值的偏差，决定测量结果的准确度。

产生的原因有：① 仪器仪表校准误差，如测力环校核不准，换算系数偏大或偏小；仪器仪表刻度不准或刻度零点发生变动等附加误差；② 试验条件，如仪器校验条件与试验时条件不同；③ 方法误差，如测量方法理论依据有缺点或引用了近似公式；④ 样品或试剂误差，如试验样品不符合要求或试验试剂中有干扰杂质等；⑤ 个人误差，由观测人员的习惯所致，如个人的分辨率、读数习惯等。

（2）随机误差。

随机误差（random error）也称偶然误差（accident error），主要由难以确定的随机因素所引起。在同一被测量的多次测量过程中，以不可预知方式变化的测量误差分量称为随机误差。由于随机误差没有规律性，它不为测量者所预知，也无法加以控制，所以，随机误差不能用试验方法加以修正。

若对系统误差进行修正之后，还出现观测值与真值之间的误差，则为偶然误差。它引起对同一被测量的测量列中各次测量结果之间的差异，常用极限误差或标准差表征。随机误差具有以下特点：

① 随机误差是多项随机影响量同时作用的结果，没有确定的规律，但当观测次数足够多时，随机误差完全遵守概率统计规律。

② 在一定试验条件下，随机误差的绝对值不会超过一定的限度，即可以确定每一次试验过程中的允许误差范围。这一性质称为随机误差的有界性。

随机误差的有界性表明，一定观测条件下，随机误差的绝对值不超过一定限值，这个限值称为极限误差。通常把等于 3 倍标准差的随机误差看作是极限误差。

③ 绝对值小的误差比绝对值大的误差出现得多。这一性质称为随机误差的单峰性。

④ 对同一被测量进行多次重复测量，其量值的平均值趋向稳定值，即多次测量随机

误差的算术平均值趋向于"0"。这一性质称为随机误差的抵偿性。

(3) 粗大误差。

粗大误差(gross error) 又称为疏忽误差或过失误差。指明显超出规定条件下预期的误差,是统计的异常值。这种误差主要由实验者粗心、不正确的操作或测量条件突然变化等所引起的。过失误差在试验中是不允许的,若测量结果中带有粗大误差,应按一定规律慎重地将它剔除,但不能盲目地舍弃主观认为的不理想数据。

2.2.4 几个重要的概念 —— 正确度、精密度、准确度和不确定度

1. 正确度

正确度(trueness) 表示测量结果中系统误差大小的程度,它反映了在测量过程中所有系统误差的综合。对已定系统误差可用修正值来更正,对未定系统误差常用极限误差或其方和根(即不确定度)表示。

2. 精密度

精密度(precision) 表示测量结果中随机误差大小的程度。即在一定条件下,进行多次重复测量时,所得测量结果彼此之间符合的程度,通常用随机不确定度表示。

3. 准确度

准确度(accuracy) 又称精确度,是测量结果中系统误差和随机误差的综合,表示测量结果与真值的一致程度。若系统误差已修正,则准确度由不确定度来表示。

正确度、精密度和准确度的含义各不相同,如图2.1所示。在研究和处理测量误差时,要特别注意它们之间的区别和相互关系。

(a) 正确度低,精密度高

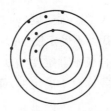
(b) 正确度、精密度均低

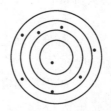
(c) 正确度高,精密度低

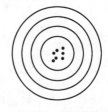
(d) 正确度、精密度均高

图2.1 正确度、精密度和准确度之间的区别和相互关系示意图

在许多规范与资料中经常提到"精度"这一术语。精度是正确度、精密度和准确度的泛称,是一个概括的词。精度高,则误差小;精度低,则误差大。由于精度不能明确是系统误差、随机误差,还是二者综合的大小程度,因此应慎用。

4. 不确定度

(1) 测量不确定度的概念。

测量的目的是得到被测量的真值,但由于一切测量都含有误差,因此,测量值一般只能接近于真值,也就是说测量结果带有不确定性。在试验中,人们通常用误差来评价测量结果的质量,但由于误差本身是不确定的,当有多个误差源时,因为没有统一的误差综合方法,常常出现对于同一测量结果或同一计量器具,不同的人员会有不同的评价。为此,国际上一些学者提出了不确定度的概念。为使国际上不确定度的概念与表示方法等统一

起见,国际计量局(BIPM)于1980年提出了用不确定度评定测量结果的建议,并将测量不确定度(uncertainty of measurement)定义为:表征被测量的真值所处量值范围的评定,即真值以一定置信概率落在测量平均值附近的一个范围内。被测量值通常表示为 $x = \bar{x} \pm u$(置信概率 P),u 为测量不确定度,置信区间为 $(\bar{x} - u, \bar{x} + u)$。

表达式 $x = \bar{x} \pm u$(置信概率 P)的含义是被测量值的真值以概率 P 落在区间 $(\bar{x} - u, \bar{x} + u)$ 之内,可见,不确定度是由于测量误差的存在而对被测量值不能肯定的程度。不确定度越小,被测量值与真值越靠近,测量质量越高;反之,越远离真值,测量质量越低。因此,测量不确定度是评价测量结果质量水平的一个重要的定量指标。

我国于1999年1月批准发布了计量技术规范《测量不确定度评定与表达》(JJF 1059—1999),该规范规定了测量中评定与表述不确定度的一种通用规则,适用于各种精确度等级的科学研究、工程领域的测量及测量仪器的校准和检定等。

(2)测量不确定度的分类。

在土木工程实际测量过程中,存在多种影响测量结果的因素,因此,不确定度通常由多个分量组成,其中,有些分量具有统计特性,可采用测量结果的统计分布评定;有些分量据有非统计特性,只能靠经验或有关信息假定的概率分布来评定。

根据各个不确定度分量的统计性质,测量不确定度分为A类和B类评定方法。其中,A类不确定度按统计方法评定,又称为统计不确定度;B类不确定度按非统计方法评定,又称为非统计不确定度。不论测量不确定度是由系统误差还是随机误差引起,都对测量结果的分散性产生相应的影响,因此,所有测量不确定度均可用标准不确定度(即标准偏差)来表示,也可以采用扩展不确定度(即标准偏差的倍数)表示。

测量不确定度的分类概括如下

$$\text{不确定度}\begin{cases}\text{标准不确定度}\begin{cases}\text{A类不确定度}(u_A)\\ \text{B类不确定度}(u_B)\\ \text{合成不确定度}(u_c)\end{cases}\\ \text{扩展不确定度(或称总不确定度)}(U)\end{cases}$$

(3)标准不确定度的计算与评定。

① 标准不确定度的A类评定。进行标准不确定度的A类评定,首先需要计算A类不确定度。A类不确定度用统计方法计算,主要来源于随机误差。A类不确定度用标准差表征。

当被测量 N 取决于 n 个被测分量 $X, Y, Z, \cdots$ 时,N 的估计值的标准不确定度将取决于 $X, Y, Z, \cdots$ 的估计值的标准不确定度。

当直接测量各个被测分量时,设在重复性条件下,对各分量(例如 X)独立重复测量 n 次所得到的测量列为 $x_1, x_2, \cdots, x_n$,则通常用测量列的算术平均值 $\bar{x}$ 作为 X 的估计值,用测量列算术平均值的标准差 $s_{\bar{x}}$ 作为 X 的A类不确定度。

其中,测量列中的任意一次测量值 x_i 作为测量结果时,所对应的A类不确定度为测量值的试验标准差,按贝赛尔公式计算

$$s = \sqrt{\frac{\sum_{i=1}^{n}(x_i - \bar{x})^2}{n-1}} \tag{2.7}$$

X 的 A 类不确定度为平均值的试验标准差,按下式计算

$$u_A = s_{\bar{x}} = \frac{s}{\sqrt{n}} \tag{2.8}$$

按此方法,计算出各被测分量 $X,Y,Z,\cdots$ 的 A 类不确定度。由于标准不确定度的 A 类评定是按统计方法评定的,因此,A 类不确定度等同于等精度测量列的标准差。在实际测量中,只有当测量次数足够多时,才能使标准不确定度的 A 类评定可靠,故一般应取 $n=6\sim12$(通常取 $n=10$)。当测量次数较少时,测量结果则偏离正态分布而服从 t 分布,应将 A 类不确定度各分量的试验标准差进行修正,即乘以系数 $t_P(n)$(t_P 因子与置信概率和测量次数有关,由表 2.2 查出),即

$$u_{A_i} = t_P(n) \cdot s_{\bar{x}} \tag{2.9}$$

例如,当测量次数为 5 次,计算试验标准差为 0.5 时,查表 2.2 得到置信概率为 68.27% 时的 t 分布临界值 $t_{0.68}(5)=1.14$,则试验标准差修正值为 $t_{0.68}(5)\times0.5=0.57$。

表 2.2 t_P 因子表

次数 n	2	3	4	5	6	7	8	9	10	20	30	∞
$P=0.68$	1.84	1.32	1.20	1.14	1.11	1.09	1.08	1.07	1.06	1.03	1.02	1.00
$P=0.95$	12.7	4.30	3.18	2.78	2.57	2.45	2.36	2.31	2.26	2.09	2.05	1.96

② 标准不确定度的 B 类评定。B 类不确定度是用非统计分析方法评定的不确定度。所谓非统计分析方法是指根据经验或资料,对测量值进行一定的分布假设,估计标准差来表征标准不确定度。B 类不确定度虽然不能称为系统不确定度,但系统误差中的不可掌握部分是它的主要来源,如测量仪器不准确、标准不准确等。因此,B 类不确定度评定的信息来源主要有:以前类似的测量数据所计算的不确定度;对有关资料、经验或仪器性能和特点的了解所估计的不确定度;所用测量设备的制造说明书、校准证书、检定证书及其他文件或手册中提供的参考不确定度等。

B 类各分量的测量不确定度用 u_B 表示,其计算公式如下

$$u_B = b_j / k_j \tag{2.10}$$

式中 u_B——B 类不确定度各分量标准差;

b_j——误差源的误差限,是以一定概率对误差源不确定度的估计值;

k_j——与误差源的误差分布和估计 b_j 值时的概率有关的置信因数(或称覆盖因子),可按表 2.3 选取。

表 2.3 概率分布情况估计

正态分布							
$P/\%$	50	68.27	90	95	95.45	99	99.73
k_P	0.676	1	1.645	1.960	2	2.576	3
其他分布					
分布类别	矩形(均匀)	三角	梯形 ($\beta=0.71$)	反正弦	两点
$P/\%$	100	100	100	100	100
k	$\sqrt{3}$	$\sqrt{6}$	2	$\sqrt{2}$	1

B 类不确定度评定,首先应根据实际情况分析,并提出一定的分布假设(如表 2.2 中给出的分布类型)。对于正态分布律的误差源,如果误差限 b_j 用极限误差来表示,则认为其置信概率为 99.73%,半宽 $a=3\sigma$,应取置信因数 $k_j=3$,此时,$u_B=3\sigma/3$;对于均匀分布律的误差源,误差限 b_j 为半宽 a(可用极限误差表示),取置信因数 $k_j=\sqrt{3}$,则 $u_B=a/\sqrt{3}$。

当误差源的分布密度函数不可知时,可按均匀分布律对待,但偏于保守,而按正态分布律计算,则比较冒险。均匀分布是测量领域中常用的分布之一,其主要特点是:误差在确定的范围内出现的概率相等。在 B 类不确定度评定中,当无法确定分布类型时,建议采用均匀分布。

例 2.1 某实验室有 3 台全自动沥青针入度测定仪,分别进行了 10 次重复性观测试验,按 A 类不确定度计算它们的重复性分别为:$s_1=3.71, s_2=2.20, s_3=3.16$,问是否可以用 3 台仪器标准差的平均值或其中某一台仪器的重复性标准差代替其他全自动沥青针入度测定仪的不确定度?

解 不可以。3 台全自动沥青针入度测定仪的重复性标准差的平均值为

$$\bar{s_i} = \frac{s_1+s_2+s_3}{3} = \frac{3.71+2.20+3.16}{3} = 3.02$$

由于影响测量结果的不确定度分量有多种来源,因此,不能用 3 台仪器重复性标准差的平均值来反映所有沥青针入度测定仪的不确定度,也不能用其中一台仪器的重复性标准差代替其他测定仪的不确定度。3 台仪器的重复性标准差只能说明 3 台仪器本身有差别,分别反映了仪器自身的不确定度。该试验的自由度为 $20-1=19$,一般来说,这 3 台仪器的标准差可认为充分可靠了,但不能混用。

该例题旨在强调,利用以前的信息(如已有的试验数据)计算 B 类不确定度时,首先应加以分析,确定是否可用于当前的测量结果,避免出现评定错误。

③ 合成不确定度。对于受多个误差源影响的直接测量,各不确定度分量彼此独立,其协方差为零,则测量的合成标准不确定度采用方和根计算,即

$$u_c = \sqrt{\sum_{i=1}^{n} u_i^2} \tag{2.11}$$

式中　u_c——合成不确定度;
　　　u_i——可以是被测分量的 A 类不确定度、B 类不确定度,或者二者都有。

在实际应用的大多数情况下,我们遇到的每一类不确定度通常只有一项,因此,合成不确定度的计算可简化为下式

$$u_c = \sqrt{u_A^2 + u_B^2} \tag{2.12}$$

在科学试验与生产实践中,大多数测量结果需要采用间接测量的方法取得,因此,就会产生误差传递。

在间接测量中,当被测量 N 与各输入量 $X,Y,Z,\cdots$ 的测量结果之间存在 $N=f(x,y,z,\cdots)$ 的函数关系时,$x,y,z,\cdots$ 是彼此相互独立的直接测量量,对其函数式求全微分,得

$$dN = \frac{\partial f}{\partial x}dx + \frac{\partial f}{\partial y}dy + \frac{\partial f}{\partial z}dz + \cdots \tag{2.13}$$

按照测量不确定度的传播定律,式中 $\frac{\partial f}{\partial x}(\frac{\partial f}{\partial y}$ 或 $\frac{\partial f}{\partial z})$ 称为传播系数(propagation coefficient),或称为灵敏系数,可按下列通式表达

$$C_i = \frac{\partial f}{\partial x_i} \tag{2.14}$$

如将 $dx,dy,dz,\cdots,dN$ 看成误差,则式(2.13)即为误差传递公式。分析公式(2.13)可以看出,一个量的测量误差(如 dx)对于总误差(dN)的贡献,不仅取决于其本身误差的大小,还取决于误差传递系数 $\frac{\partial f}{\partial x}$(或采用 $\frac{\partial \ln f}{\partial x}$)。因此,间接测量的合成不确定度按下式计算

$$u_c = \sqrt{\left(\frac{\partial f}{\partial x}u_x\right)^2 + \left(\frac{\partial f}{\partial y}u_y\right)^2 + \left(\frac{\partial f}{\partial z}u_z\right)^2 + \cdots} \tag{2.15}$$

为方便理解与计算 A 类、B 类不确定度以及合成不确定度,按照不确定度的传播定律,表 2.4 给出了几种比较简单且较为常见的函数关系的传播系数与不确定度的计算式。

表 2.4 几种常见函数关系的传播系数与不确定度的计算

函数关系	传播系数	标准不确定度
$y = Ax$	$c = A$	$u(y) = \|A\|u(x)$
$y = Ax_1 + Bx_2$	$c_1 = A, c_2 = B$	$u_c(y) = \sqrt{A^2 u^2(x_1) + B^2 u^2(x_2)}$
$y = Ax^{-1}$	$c = -Ax^{-2}$	$u_c(y) = -Ax^{-2}u(x)$
$y = x_1 x_2$	$c_1 = x_2, c_2 = x_1$	$u_c(y) = \sqrt{x_2^2 u^2(x_1) + x_1^2 u^2(x_2)}$
$y = x_1/(x_1 + x_2)$	$c_1 = x_2/(x_1+x_2)^2$ $c_2 = -x_1/(x_1+x_2)^2$	$u_c(y) = \sqrt{\left[\frac{x_2 u(x_1)}{(x_1+x_2)^2}\right]^2 + \left[\frac{x_1 u(x_2)}{(x_1+x_2)^2}\right]^2}$
$y = x/(A+x)$	$c = 1/(A+x)^2$	$u_c(y) = \frac{u(x)}{(A+x)^2}$
$y = x_1/x_2$	$c_1 = 1/x_2, c_2 = -x_1/x_2^2$	$u_c(y) = \sqrt{\frac{1}{x_2^2}u^2(x_1) + \left(\frac{x_1}{x_2^2}\right)^2 u^2(x_2)}$
$y = Ax^2$	$c = 2Ax$	$u_c(y) = 2Axu(x)$
$y = Ax^{1/2}$	$c = \frac{A}{2}x^{-1/2}$	$u_c(y) = \frac{Au(x)}{2x^{1/2}}$
$y = Ax^3$	$c = 3Ax^2$	$u_c(y) = 3Ax^2 u(x)$

④ 扩展不确定度。合成不确定度及其分布都是按照 1 倍标准差表示的,其置信概率为 68.27%,通常称之为标准不确定度。但在评价测量结果中,人们经常需要提高其置信概率,则必然导致置信区间的扩大。置信区间扩大后的不确定度应采用扩展不确定度(或称总不确定度)表示。

扩展不确定度由标准不确定度 u_c 乘以置信因数 k 得到,计作 U,可按下式计算

$$U = k \cdot u_c \tag{2.16}$$

式中 k——置信因数,与测量结果的统计分布及所选概率有关。

k 值通常可按以下两种方法获得：

测量结果按正态分布时，置信因数 k 值一般选 $2\sim3$。在对测定结果的实际评价中，通常规定了三个置信概率：0.68,0.95,0.99，三个 k 值分别对应于 1,2,3，其中，置信概率 95% 和 k 值 2 为优选值。

测量结果如服从 t 分布，则 $U=k_P \cdot u_c = t_P(df) \cdot u_c$，$t_P(df)$ 可由 t 分布表 2.2 获得，一般取 95% 的置信概率对应的概率系数 $t_{0.95}(df)$。有时由于缺乏资料，难以计算各分量的自由度，为了计算扩展不确定度，一般可取置信因数 $k=2\sim3$。

(4) 测量结果的表达形式。

① 采用标准合成不确定度表示测量结果。标准合成不确定度 u_c 表示绝对值，也可采用相对值 u_r 表示：$u_r = \dfrac{u_c}{\bar{x}} \times 100\%$。如果被测量为 Y，定值系统误差经修正后的测量结果为 y，则测量结果可表示为：$Y=y\pm u_c$，或者 $Y=y\pm u_r$。

② 采用扩展不确定度表示测量结果。扩展不确定度用绝对值给出时，设绝对扩展不确定度为 U，则测量结果用下列三种形式之一表达

$$Y=y\pm U \quad (P=0.68) \tag{2.17}$$

$$Y=y\pm U \tag{2.18}$$

$$Y=y\pm U \quad (P=0.99) \tag{2.19}$$

式中，当置信概率为 0.95 时，不在括号内标出。式(2.17)～(2.19)表明，被测量(真值)处于以测量结果 y 为中心，绝对偏差为 $\pm U$ 的区间内的概率是 P。

扩展不确定度用相对值给出时，设相对扩展不确定度为 Ur，则测量结果用下列 3 种形式之一表达

$$Y=y\pm Ur \quad (P=0.68) \tag{2.20}$$

$$Y=y\pm Ur \tag{2.21}$$

$$Y=y\pm Ur \quad (P=0.99) \tag{2.22}$$

式中，当置信概率为 0.95 时，不在括号内标出。式(2.20)～(2.22)表明，被测量(真值)处于以测量结果 y 为中心，相对偏差为 $\pm Ur$ 的区间内的概率是 P。

(5) 测量不确定度与测量误差的区别。

测量不确定度是误差理论发展所提出的概念，是指"误差可能数值的测度"，即由于有测量误差的存在而对被测量不能肯定的程度。

测量不确定度与测量误差是两个完全不同的概念。误差是以真值为中心，它说明测量结果与真值的差异，而不确定度则以测量结果为中心，用它估价测量结果与真值相符合的程度，即测量结果可能出现的区间。实际上相应于置信概率 $1-\alpha$ 时的置信区间 $(\bar{x}-\alpha, \bar{x}+\alpha)$。

测量不确定度与测量误差的概念不同，作用不同，不能相互代替。二者的主要区别见表 2.5。

表 2.5　测量不确定度与测量误差的区别

以下方面	误差	不确定度
定义	误差 = 测量结果 − 真值	分布(置信)区间的半宽
性质	客观存在,但往往不能准确得到	表示测量结果的分散性,可以定量确定
与测量结果的关系	针对某给定测量结果,结果不同,误差不同	不同测量结果,可有相同的不确定度
与测量条件的关系	与测量条件、方法、程序无关,只要测量结果不变,误差也不变	测量条件、方法、程序改变时,不论测量结果如何,测量不确定度必定改变
表达形式	差值,有"±"号	标准差、标准差的几倍、置信区间的半宽,恒为正值
置信概率	不存在	有,如需要可以给出
分量的划分	按出现规律分为随机误差和系统误差	按评定方法分为 A 类与 B 类,两类不确定度分量无本质区别
分量的合成	代数和	方差根,必要时引入协方差
与分布的关系	无关	有关,特别是 B 类分量确定与 U 的给出

我们已经知道,真值通常是未知的,因而误差本身就是不确定的,所以用不确定度来评价测量的质量是比较科学和切合实际的。

(6) 测量不确定度评定的步骤。

评定测量不确定度和表示测量结果的方法可归纳为以下几个步骤:

① 分析测量不确定度的来源,列出对测量结果影响显著的不确定度分量。

这是非常重要的第一步,为了正确给出测量结果的标准不确定度,首先应全面分析影响测量结果的各种因素,列出测量结果的所有不确定度来源,做到不遗漏,不重复。因为遗漏和重复可导致测量不确定度的减小和增大,均会影响不确定度的评定质量。

② 评定各标准不确定度分量,并计算其数值与自由度。

③ 分析所有不确定度分量的相关性,确定各相关系数。

④ 计算测量结果的合成不确定度 u_c。

⑤ 若需要,给出扩展不确定度,即将合成不确定度 u_c 乘以置信因数 k,得出扩展不确定度 $U = k u_c$。

⑥ 以规定的形式给出测量结果。

例 2.2　某实验室进行 AC−16 中粒式沥青混凝土马歇尔试验,按油石比一组制备了 6 块标准圆柱体马歇尔试件(试件编号为 1~6 号),现进行马歇尔试件的毛体积密度测定。实验室试验温度为 25 ℃,测量每块试件的高度、直径与质量,以 1 号试件为例,其各测量结果如下:测量高度 h 为 63.64、63.40、63.52、63.56(mm);直径 d 为 101.6 mm;空气中质量 m_a 为 1 167.9 g;水中质量 m_w 为 670.1 g;表干质量 m_f 为 1 170.3 g。试计算 1 号试件的毛体积密度 ρ_f 及其不确定度。

解 （1）分析测量方法，确定不确定度分量。

通过分析测量方法知，试验在标准条件下进行，由温度等环境因素带来的影响可忽略不计。因此，对试件毛体积密度测量不确定度的影响因素，主要有：

① 高度多次重复测量引起的不确定度分量。

② 游标卡尺测量高度、直径引入的不确定度分量。

③ 电子天平称量质量引入的不确定度分量。

（2）采用水中重法测定试件的毛体积密度。

① 计算1号试件各标准不确定度分量。

a. 计算试件的毛体积密度。依据题意，已知1号试件的空气中质量 $m_a=1\,167.9$ g，水中质量 $m_w=670.1$ g，表干质量 $m_f=1\,170.3$ g，25 ℃时水的密度 $\rho_w=0.997\,1$ g/cm³，则其毛体积密度为

$$\rho_f/(\text{g}\cdot\text{cm}^{-3}) = \frac{m_a}{m_f-m_w}\rho_w = \frac{1\,167.9}{1\,170.3-670.1}\times 0.997\,1 = 2.328$$

b. 评定各标准不确定度分量。质量 m 测量的不确定度：试验使用的电子天平量程为3 kg，感量为0.1 g。由天平合格证书查得该天平重复性为±0.02 g，取 $k=2$，则B类不确定度为

$$u_B(m_a)/\text{g} = u_B(m_w) = u_B(m_f) = 0.02/2 = 0.01$$

② 计算合成标准不确定度。试件的毛体积相对密度为：$\dfrac{\rho_f}{\rho_w}=\dfrac{m_a}{m_f-m_w}$，由此可得标准不确定度分量 $u_B(m_a)$、$u_B(m_w)$、$u_B(m_f)$ 的传播系数 c_{m_a}、c_{m_w}、c_{m_f} 分别为

$$c_{m_a} = \frac{\partial \rho_f}{\partial m_a} = \frac{1}{m_f-m_w} = \frac{1}{1\,170.3-670.1} = 0.002\,0$$

$$c_{m_w} = \frac{\partial \rho_f}{\partial m_w} = -\frac{m_a}{(m_f-m_w)^2} = -\frac{1\,167.9}{(1\,170.3-670.1)^2} = -0.004\,7$$

$$c_{m_f} = \frac{\partial \rho_f}{\partial m_f} = \frac{m_a}{(m_f-m_w)^2} = \frac{1\,167.9}{(1\,170.3-670.1)^2} = 0.004\,7$$

标准合成不确定度为

$$u_c(\rho_f/\rho_w) = \sqrt{[c_{m_a}u_B(m_a)]^2 + [c_{m_w}u_B(m_w)]^2 + [c_{m_f}u_B(m_f)]^2} =$$
$$\sqrt{[0.002\,0\times 0.01]^2 + [0.004\,7\times 0.01]^2 + [0.004\,7\times 0.01]^2} =$$
$$6.94\times 10^{-5}$$

$$u_c(\rho_f)/(\text{g}\cdot\text{cm}^{-3}) = u_c(\rho_f/\rho_w)\cdot\rho_w = 6.94\times 10^{-5}\times 0.997\,1 = 6.92\times 10^{-5}$$

③ 计算扩展不确定度。置信概率 $P=95\%$，取 $k=2$，则毛体积密度测量的扩展不确定度为：$2\times 6.92\times 10^{-5} = 1.38\times 10^{-4}$ (g/cm³)。

④ 给出测量结果。用标准不确定度评定1号试件的毛体积密度的不确定度，则测量结果为

$$\rho_f/(\text{g}\cdot\text{cm}^{-3}) = 2.328\pm 6.92\times 10^{-5}$$

用扩展不确定度评定1号试件的毛体积密度的不确定度，则测量结果为

$$\rho_f/(\text{g}\cdot\text{cm}^{-3}) = 2.328\pm 1.38\times 10^{-4}$$

按现行试验方法要求，试件的毛体积密度应取3位小数。按照有效数字的表达，本例

中毛体积密度的测量不准确度也应取 3 位小数,此时,不准确度为"0"。

(3) 采用计算法计算 1 号试件的毛体积密度。

① 计算 1 号试件各标准不确定度分量。

a. 计算试件的毛体积密度。依据题意,已知 1 号试件空气中质量 m_a 为 1 167.9 g,直径 d 为 101.6 mm,高度平均值为

$$\bar{h}/\mathrm{mm} = \frac{1}{4}\sum h_i = \frac{63.64 + 63.40 + 63.52 + 63.56}{4} = 63.53$$

则其毛体积密度为

$$\rho_f/(\mathrm{g \cdot cm^{-3}}) = \frac{m_a}{\frac{\pi d^2 h}{4}} = \frac{4 m_a}{\pi d^2 h} = \frac{4 \times 1\,167.9}{3.14 \times 101.6^2 \times 63.53 \times 10^{-3}} = 2.269$$

b. 评定各标准不确定度分量。

(a) 高度 h 测量的不确定度。

A 类不确定度。

$$s(h)/\mathrm{mm} = \sqrt{\frac{\sum_{i=1}^{n}(h_i - \bar{h})^2}{n-1}} = \sqrt{\frac{0.11^2 + 0.13^2 + 0.01^2 + 0.03^2}{4-1}} = 0.1$$

$$u_A(h)/\mathrm{mm} = s_{\bar{h}} = \frac{s(h)}{\sqrt{n}} = \frac{0.1}{\sqrt{4}} = 0.05$$

在高度重复测量中,通常沿直径垂直的两个方向测定 4 次高度,$n=4$,应进行 A 类标准不确定度修正。查附表 2.2 得,置信概率为 0.68 时的 t 分布临界值 $t_{0.68}(4)=1.20$,则高度 h 的试验标准差修正值为 $t_{0.68}(4) \times 0.05 = 0.06$。

B 类不确定度。采用游标卡尺测量试件的高度,其示值误差为 0.02 mm,按均匀分布,则

$$u_B(h)/\mathrm{mm} = 0.02/\sqrt{3} = 0.011\,5$$

合成不确定度为

$$u_c(h)/\mathrm{mm} = \sqrt{u_A(h)^2 + u_B(h)^2} = \sqrt{0.06^2 + 0.0115^2} = 0.061\,1$$

(b) 直径 d 测量的不确定度。

B 类不确定度:采用游标卡尺测量试件的直径,其不确定度与高度测量的不确定度计算方法相同,即

$$u_B(d)/\mathrm{mm} = 0.02/\sqrt{3} = 0.011\,5$$

(c) 质量 m_a 测量的不确定度。

试验使用电子天平的量程为 3 kg,感量为 0.1 g。由天平合格证书查得该天平重复性误差范围为 ± 0.02 g,取 $k=2$,则 B 类不确定度为

$$u_B(m_a)/\mathrm{g} = 0.02/2 = 0.01$$

② 计算合成标准不确定度。试件的毛体积相对密度为:$\rho_f = \frac{4 m_a}{\pi d^2 h}$,由此可得标准不确定度分量 $u_B(m_a)$、$u_B(d)$、$u_c(h)$ 的传播系数 c_{m_a}、c_d、c_h 分别为

$$c_{m_a} = \frac{\partial \rho_f}{\partial m_a} = \frac{4}{\pi d^2 h}$$

$$c_d = \frac{\partial \rho_f}{\partial d} = -2\frac{4m_a}{\pi d^3 h}$$

$$c_h = \frac{\partial \rho_f}{\partial h} = -\frac{4m_a}{\pi d^2 h^2}$$

标准合成不确定度为

$$\frac{u_c(\rho_f)}{\rho_f} = \frac{\sqrt{[c_{m_a} u_B(m_a)]^2 + [c_d u_B(d)]^2 + [c_h u_c(h)]^2}}{\rho_f} =$$

$$\sqrt{\left[\frac{u_B(m_a)}{m}\right]^2 + \left[\frac{2u_B(d)}{d}\right]^2 + \left[\frac{u_c(h)}{h}\right]^2} =$$

$$\sqrt{\left[\frac{0.01}{1\,167.9}\right]^2 + \left[\frac{2 \times 0.011\,5}{101.6}\right]^2 + \left[\frac{0.061\,1}{63.53}\right]^2} =$$

$$9.9 \times 10^{-4}$$

$$u_c(\rho_f)/(\text{g} \cdot \text{cm}^{-3}) = \rho_f \cdot \frac{u_c(\rho_f)}{\rho_f} = 2.269 \times 9.9 \times 10^{-4} = 0.002$$

③ 计算扩展不确定度。置信概率 $P=95\%$，$k=2$，则毛体积密度测量的扩展不确定度为：$2 \times 0.002 = 0.004$（g/cm³）。

④ 给出测量结果。用标准不确定度评定 1 号试件的毛体积密度的不确定度，则测量结果为

$$\rho_f/(\text{g} \cdot \text{cm}^{-3}) = 2.269 \pm 0.002$$

用扩展不确定度评定 1 号试件的毛体积密度的不确定度，则测量结果为

$$\rho_f/(\text{g} \cdot \text{cm}^{-3}) = 2.269 \pm 0.004$$

采用如上方法，可计算一组试件毛体积密度的测量不确定度。比较上例中两种试验方法可以看出，在选择试验方法时，要考虑影响不确定度的因素。产生不确定度的来源越多，试验过程中引入的不确定度分量则越多，计算得到的不确定度越大。因此，在测量过程中，应对各种试验方法仔细对比分析，尽量选择不确定度因素较少的试验方法。

2.3　试验误差的分析与消除

2.3.1　试验误差的分析

前面已经讨论过试验误差的分类，在测量过程中可能同时存在系统误差、随机误差和过失误差，而且在每种误差中还存在有多个误差（这些误差称为误差分量），这就要求首先找出哪种误差占优势，并进行适当地处理，以确保得到可靠的结果。因此，测量数据出来之后还要进行仔细地分析，确定其中含有什么误差，如何处理，这是试验数据处理的重要内容之一。

测量数据要经过处理才能求出未知参数（即被测量的量值）的数值和评定这个数值所含有的误差。当对某一被测量进行 n 次重复试验时，可以得到 n 个测量数据。一般地

说,这 n 个数据彼此是不相同的,因此,通常用这组数据的算术平均值 $\bar{x}$(即近似真值)来表示这组测量值的大小,用各种误差公式计算出这组数据的误差值来表示其离散性。最终的试验结果写成下列标准的表达形式

$$x = \bar{x} \pm E \tag{2.23}$$

式中　　x——最终测量结果;
　　　　$\bar{x}$——一组测量值(n 个)的算术平均值;
　　　　E——合成不确定度,一般保留一位有效数字。

标准式(2.23)中,近似真值、不确定度和单位这 3 个要素缺一不可,否则不能全面表达测量结果。

1. 过失误差的分析处理

过失误差属于 B 类不确定度,试验时必须想办法最大限度地消除或减少。如果一组观测值中,某个数值与其他值相差较大,则该值很可能含有过失误差,这样的值称为可疑值,或称为可疑数据(或坏值)。根据误差理论,测量中出现大误差的概率极小,但也不是没有。当然,可疑值不一定就含有过失误差,应经过判别后再决定取舍,否则将影响测量结果的准确性。

判别可疑值有很多种准则,最常用的方法有拉依达法、肖维纳特法、格拉布斯法、狄克逊法等,参见本章 2.5 节内容。

2. 系统误差的分析处理

系统误差也属于 B 类不确定度。根据定义,方差分析中组内允许差和组间允许差是对分析值的精密度而言的。但是,精密度符合要求,并不意味着准确度也符合要求。就分析方法本身来说,只有在不存在系统误差的情况下,精密度高才意味着准确度也高。因此,任何一项试验或具体的测量,首先都要想办法最大限度地消除或减少一切可能存在的系统误差。如果试验中已有过失误差,应先对试验数据进行处理。

当可疑数据被剔除,即过失误差消除之后,决定测量精度的只有系统误差和随机误差。系统误差影响测量的准确度,随机误差影响测量的精密度。下面讨论系统误差的分析与处理。

要完全消除系统误差比较困难,在测量过程中,即使采用了各种各样的方法消除系统误差,也不可能把系统误差完全消除干净,只能把它减弱到某种程度,使它对测量结果的影响小到可以略去不计,这时可以近似认为系统误差已经被消除了。那么,如何判断一种分析方法有无系统误差呢?人们经常采用理论分析法、试验对比法和统计分析法等 3 种方法。

(1) 理论分析法。

理论分析法就是观测者凭借所掌握的试验理论、试验方法和试验经验等,分析试验所用方法的理论依据是否严密,试验所用的理论公式及使用仪器要求的条件是否满足,进而分析试验方法是否完善,从中找出产生系统误差的某些主要根源。理论分析法是发现与确定系统误差的最基本的方法。

(2) 试验对比法。

试验对比法是改变测量方法或试验条件,改变试验中某些参量的数值或测量步骤,调

换测量仪器或操作人员进行对比,分析测量结果是否一致。通常可以用几台仪器对同一试样的同一物理量进行测量,比较其测量结果;或用标准样品、被校准的样品进行测量,检查仪器的工作状况是否正常,然后对被测样品的测量值加以修正。

① 采用剩余误差判定。根据误差理论,误差 $x-x_0$ 是测量不到的,只能测得剩余误差。用剩余误差观察法可以检查出变值系统误差。如果剩余误差大体是正负相同,而且无明显变化规律时,则不考虑有系统误差。如果剩余误差有规律地变化时,则可认为有变值系统误差。

② 采用标准差判定。用标准差也可以判断是否存在系统误差。一组被测量不存在明显系统误差的判据定义为

$$\bar{x}_i - \bar{x}_j \leqslant 2\sqrt{\frac{\sigma_i^2}{n_i} - \frac{\sigma_j^2}{n_j}} \tag{2.24}$$

式中　$\bar{x}$ ——被测物理量的算术平均值;

　　　n ——测量次数;

　　　σ ——测量标准差(对有限次等精度重复测量,可采用 s 代替 σ);

　　　i、j ——表示第 i 组和第 j 组测量。

当式(2.24)不成立时,则表示第 i 和第 j 组测量结果之间存在系统误差。

(3) 统计分析法。

① t 检验法(平均值检验法)。统计理论已经证明,在有限次测量(即 n 较小)时,误差一般遵守 t 分布。t 检验法是用服从 t 分布的统计量检验正态总体均值的方法。为了判断试验或一组测量中是否存在系统误差,即一种分析方法、一种分析仪器、一种试剂、某实验室或某人的操作是否可靠,可以将所得的样本平均值 $\bar{x}$ 与标准值 μ_0 做比较,进行 t 检验。

其具体方法是,预先选取一个或几个成分合适的标准样(或纯基准物质),按所选用的分析方法对标样独立地进行 n 次分析。如果该分析方法没有系统偏差,则所得 n 个分析结果的平均值 $\bar{x}$ 与 μ(标样的标准值)之差 $\bar{x} - \mu$ 与平均值的标准偏差 $s_{\bar{x}}$ 之比来衡量时就不应太大。据此,提出下式作为检验某一分析方法有无系统偏差的统计量

$$t = \frac{\bar{x} - \mu_0}{s_{\bar{x}}} \tag{2.25}$$

式中　t ——判定有无系统偏差的统计量;

　　　μ_0 ——标准样的标准值;

　　　$\bar{x}$ ——测量样本的算术平均值;

　　　$s_{\bar{x}}$ ——样本平均值的标准偏差。

当计算的 $|t|$ 值小于附表3中相应于自由度 $df = n-1$ 的 $t_\alpha(n-1)$(通常 $\alpha=0.05$)值时,就认为该分析方法无系统偏差;反之则认为该分析方法有系统偏差。

采用以上方法,具体分析产生系统误差的原因,以消除或限制它的产生。

例2.3　已知水泥标准试样中所含 SiO_2 的标准值 $\mu_0 = 21.53\%$。现采用氟硅酸钾容量法测定水泥标样中的 SiO_2,试验结果见表2.6,试采用 t 检验法检验该分析方法有无系统误差。

表 2.6 水泥中 SiO_2 的测定结果(氟硅酸钾容量法)(%)

试验次数	1	2	3	4	5	6	7	8	9	10	11	12
试验结果	21.48	21.60	21.48	21.61	21.53	21.50	21.50	21.51	21.58	21.59	21.53	21.59

解 计算由氟硅酸钾容量法所得试验结果的基本参数。

样本容量:$n=12$。

平均值:$\bar{x}=\sum x_i/n=21.54\%$。

标准偏差:$s=\sqrt{\dfrac{1}{n-1}\sum_{i=1}^{n}(x_i-\bar{x})^2}=\sqrt{\dfrac{0.0266}{12-1}}=0.05\%$。

已知水泥标样中 SiO_2 的标准值 $\mu_0=21.53\%$。按公式(2.25)计算检验氟硅酸钾容量法有无系统偏差的统计量。

$$t=\dfrac{\bar{x}-\mu_0}{s_{\bar{x}}}=\dfrac{21.54\%-21.53\%}{0.05\%/\sqrt{12}}=0.69$$

计算自由度 $df=12-1=11$,由附表3查得 $t_{0.05}(11)=2.201$。因为 $0.69<2.201$,所以应认为该分析方法无系统偏差。

② F 检验法。将同一欲测试样用标准方法(或可靠的经典分析方法)和所提出的新方法分别进行多次对比测定。

设用标准方法测得结果的平均值为 $\bar{x}_1$,标准偏差为 s_1,测定次数 n_1;用所提出的新方法测得结果的平均值为 $\bar{x}_2$,标准偏差为 s_2,测定次数 n_2。

先用 F 检验法检验两组测定数据间的精密度有无显著性差异。如无显著差异,再用 t 检验法检验两组数据的平均值 $\bar{x}_1$ 与 $\bar{x}_2$ 有无显著性差异。如无显著性差异,则说明提出的新方法可以采用,否则该法不能直接采用。

F 检验法的具体步骤如下。

a. 按下式计算 $F_{计算}$ 值

$$F_{计算}=\dfrac{s_{大}^2}{s_{小}^2} \tag{2.26}$$

式中 $s_{大}^2$——s_1、s_2 中较大者,其相应的测定次数$(n-1)$为其自由度 $df_{大}$;

$s_{小}^2$——s_1、s_2 中较小者,其相应的测定次数$(n-1)$为其自由度 $df_{小}$。

b. 根据自由度 $df_{大}$、$df_{小}$,从附表5中,查出 $df_1=df_{大}$、$df_2=df_{小}$ 的临界值(一般 $\alpha=0.05$),得到 $F_{临界}$ 值。

c. 比较 $F_{计算}$ 值与 $F_{临界}$ 值。若 $F_{计算}<F_{临界}$,则两组测量数据的标准偏差 s_1 与 s_2 之间的差异不显著,可继续进行 t 检验,以确定两组测量数据的平均值 $\bar{x}_1$ 与 $\bar{x}_2$ 之间的差异是否显著;若 $F_{计算}>F_{临界}$,说明 s_1 与 s_2 之间的差异显著,所提出的新方法不能采用。

d. 若 $F_{计算}<F_{临界}$,继续进行 t 检验,方法如下。

按下式计算 $t_{计算}$ 值

$$t_{计算}=\dfrac{|\bar{x}_1-\bar{x}_2|}{\sqrt{\dfrac{(n_1-1)s_1^2+(n_2-1)s_2^2}{n_1+n_2-2}}}\cdot\sqrt{\dfrac{n_1 n_2}{n_1+n_2}} \tag{2.27}$$

根据自由度 $df = n_1 + n_2 - 2$ 和选择的显著性水平 α，从附表 3 中查出 $t_{临界}$ 值。

若 $t_{计算} < t_{临界}$，则 $\bar{x}_1$ 与 $\bar{x}_2$ 之间无显著性差异，则新方法可以采用。

例 2.4 核子密度仪是快速检测路面压实度的新技术，为确定该方法的可靠性，往往与标准灌砂法进行比对。现就某高速公路土路基同路段，对两种方法进行比较。在相同测点各进行了 12 次试验，试验结果见表 2.7。若取显著性水平 $\alpha = 0.05$，两种检验方法的精密度之间有无显著性差异？

表 2.7 核子密度仪与灌砂法现场检测路基压实度结果(%)

试验次数 n / 试验结果	1	2	3	4	5	6	7	8	9	10	11	12	平均值	标准差
灌砂法	94.9	95.3	95.8	96.2	95.2	95.7	96.0	93.8	94.6	95.8	95.2	95.7	$\bar{x}_1 = 95.35$	$s_1 = 0.675$
核子密度仪	95.2	95.7	94.4	95.1	96.2	93.7	95.3	94.8	96.0	95.2	94.6	95.1	$\bar{x}_2 = 95.11$	$s_2 = 0.689$

解 计算两种检测方法的平均值与标准差，列于表 2.7 中。

按式(2.26)计算 $F_{计算}$ 值

$$F_{计算} = \frac{s_{大}^2}{s_{小}^2} = \frac{s_2^2}{s_1^2} = \frac{0.689^2}{0.675^2} = 1.04$$

两种检测方法的自由度均为 $df_1 = df_2 = 12 - 1 = 11$，选择显著性水平 $\alpha = 0.05$，从附表 5 中查出 $F_{临界}$ 值 $= 2.84$。

因 $F_{计算} = 1.04 < 2.84(F_{临界})$，故此两种检测方法的测定精密度 s_1 与 s_2 之间无显著性差异，可继续进行 t 检验。

$$t_{计算} = \frac{|\bar{x}_1 - \bar{x}_2|}{\sqrt{\dfrac{(n_1-1)s_1^2 + (n_2-1)s_2^2}{n_1+n_2-2}}} \sqrt{\dfrac{n_1 n_2}{n_1+n_2}} =$$

$$\frac{|95.35 - 95.11|}{\sqrt{\dfrac{(12-1) \times 0.675^2 + (12-1) \times 0.689^2}{12+12-2}}} \times \sqrt{\dfrac{12^2}{12+12}} = 0.86$$

选择显著性水平 $\alpha = 0.05$。已知 $df = n_1 + n_2 - 2 = 12 + 12 - 2 = 22$，查附表 3 得 $t_{临界} = 2.074$。

因 $t_{计算} = 0.86 < 2.074(t_{临界})$，故这两种检测方法所得平均值 $\bar{x}_1$ 与 $\bar{x}_2$ 之间无显著性差异，可用两种方法测定路面压实度。

此处所用到的假设检验的原理可参阅第 3 章。

3. 随机误差的分析处理

随机误差属于 A 类不确定度。随机误差是不可能消除的，因此，在计算试验结果之前对其进行分析处理是十分重要的。

(1) 系统误差对随机误差的影响。

根据对系统误差的掌握程度，可以将它分为确定(定值)系统误差和不确定(变值)系统误差。确定系统误差是指其误差的大小和方向均已确切掌握的误差，这种误差不会引起随机误差分布曲线形状的改变,只引起误差分布曲线的平移。不确定系统误差是指其误差的大小和方向不能确切掌握,而只能或只需估计出误差区间的系统误差,这种误差不但使随机误差分布曲线发生位移,也使分布曲线的形状发生改变。因此,处理随机误差要以无系统误差(尤其是变值系统误差)为前提。

(2) 重复测量次数对随机误差的影响。

随机误差只有在重复测量次数很多的情况下才遵守一定的统计分布规律,如果测量的次数较少,它将偏离正态分布,在这种情况下计算出来的误差值本身就有较大的误差。

2.3.2 减少试验误差的措施

对于任何一种实际测量或分析方法而言,有没有较大的系统误差,其精密度如何,都是在该方法的形成之初就客观存在了的。要使分析结果准确,首先要选择适当的测量方法。假如所选用的分析方法精密度符合要求,通过重复多次分析,可以使偶然误差减小到一定程度以下,因此,有效地检验并消除系统误差是提高分析结果准确度的重要途径。但是,要发现与完全消除系统误差是非常困难的。在实际测量中,为减小试验误差,通常采取以下措施:

1. 系统误差的减小与消除

(1) 在测量结果中进行修正。

对于已知的恒定系统误差,可以用修正值对测量结果进行修正。对于变值系统误差,设法找出误差的变化规律,采用修正公式或修正曲线对测量结果进行修正。对于未知系统误差,则按随机误差进行处理。

(2) 校准仪器。

要完全消除系统误差比较困难,但降低系统误差则是可能的。降低系统误差的首选方法是用标准件校准仪器,做出校正曲线。标准的方法是请计量部门或仪器制造厂家校准仪器,其次是试验时正确地使用仪器,如调准仪器的零点、选择适当的量程、正确地进行操作等。

在要求高准确度或为进行某些特殊需要的分析时,应根据情况对容量器皿(如容量瓶、移液管、滴定管或天平砝码等)进行校正,以消除或减小由于所用仪器不合乎规格所产生的系统误差。

(3) 用标准样品进行比对分析。

利用标准样品来检查和校正分析结果以消除系统误差的方法,在实际工作中应用较为普遍。通常,应取与分析样品的组成比较接近的样品作为标准样品进行对比分析。

对比分析应在相同的试验条件下进行,因此,比较标准样品的测得数据和标准数据,可以很容易看出所选用的分析方法的系统误差有多大。如果在允许误差的范围之内,一般可不予校正。假如存在的系统误差比较大,对分析结果的准确度有显著影响时,则须根据所得的分析结果,用如下计算公式进行校正

$$被测组分在试样中的含量 = \frac{标样的标准结果}{标样的分析结果} \times 试样的分析结果 \quad (2.28)$$

式中标样的标准结果/标样的分析结果为校正系统。

例 2.5 某试验员进行水泥试样的细度试验,采用负压筛析法测得该水泥试样的细度为 2.7%。用同一负压筛分析标样(标准石粉)的细度为 2.4%,给定该标样的细度为 2.6%。试计算负压筛的校正系数,并进行试验结果的修正。

解 计算校正系数,其比值为

$$\frac{标样的标准结果}{标样的分析结果} = \frac{2.6\%}{2.4\%} = 1.08$$

修正后,水泥试样的细度为

$$1.08 \times 2.7\% = 2.9\%$$

(4) 用标准方法进行对比分析。

在生产控制中,有时采用简易的快速分析方法。为检验所用方法是否准确,除应用标准样品作对比外,也常用国家标准方法或公认的准确度高的经典方法来分析同一个试样。若简易方法所得分析结果与标准方法所得分析结果之差符合允许误差的要求,则说明简易方法可行。在新方法的研究中,常常采用标准方法或经典方法来进行对比分析。

例如,土的含水率试验,常用标准烘干法与快速酒精燃烧法比对分析;检测路面现场压实度,常采用惯用的灌砂法与核子密度仪精密无损检测技术进行比对;路面弯沉的检测,可采用传统的贝克曼梁法与先进的落锤式弯沉仪(FWD)检测方法进行比对。通过比对分析,确定以上快速检测方法或新检测技术的可靠性。

(5) 进行空白试验。

进行空白试验的目的,是为了消除因所用化学试剂和蒸馏水中含有的某些杂质给分析结果带来的系统误差。对准确度要求高的分析,往往需要进行空白试验。

空白试验,就是在不加试样的情况下,按试样分析的方法进行平行试验,根据所得的空白值对分析结果进行校正。但是,空白试验并不是在所有情况下都适用,像一些化学反应较迟钝,试验不能得到明确终点的情况,进行空白试验就不能得到正确的结果。

一般,空白值都很小。如果所得空白值很大,必然还有其他原因,用这样的空白值来校正分析结果,必然会引起很大的误差。

2. 增加平行试验次数,减小随机误差

在消除系统误差的前提下,平行测定次数越多,随机误差越小,平均值越接近真值。在产品验收等重要分析中,通常要求平行测定 2~4 次,以求得准确的试验结果。

从平均值的标准偏差公式 $\sigma_{\bar{x}} = \sigma/\sqrt{n}$ 中可以看出,增加测量次数 n,会使标准偏差 $\sigma_{\bar{x}}$ 减小,但增加测量次数的效果是有限的。如图 1.27 显示,当 $n > 10$ 时,$\sigma_{\bar{x}}$ 随 n 的变化已不再显著,因此,在重复性测定中通常规定 $n = 10$(或 $n = 12$)已足够了。

3. 减小过失误差的措施

消除过失误差的最好办法是提高测量人员对试验的认识,要细心操作,认真读记试验数据,试验完成后,要认真检查数据,发现问题,及时纠正。

过失误差一旦出现,可采用一些数据取舍规则进行消除。但国内外的一些标准中对测量结果的处理有具体的规定,如果剔除的数据过多,达不到标准规定的试验数据个数的要求,要另选一组试样再做测定。还应注意,试验选择的试样必须具有代表性,不应因此产生过失误差。

2.4 数值修约规则与有效数字

2.4.1 数值修约规则

通常,对测量或计算所得数据要进行舍入处理,以使它具有所需的位数,这个处理工作称作数值修约(rounding off of numberical values)。数值修约通过省略原数值的最后若干位数字,调整保留的末位数字,使最后所得到的值最接近原数值的过程。经数字修约后的数值称为(原数值的)修约值。

数值修约规则执行《数值修约规则与极限数值的表示和判定》(GB/T8170—2008)。

1. 数值修约的意义

数值修约是出于准确表达测量结果的需要。采用直接测量,有时在提供测量程序要求的但高于实际测量精度的测量结果时,需要进行合理的数值修约。通常,测量结果大都是通过间接测量得到的,在计算中其组成数字往往较多,但具体测量的精度是确定的,所以应将多余的数字进行取舍,得到合理反映测量精度的测量结果。

在进行具体的数值计算前,对参加计算的数值进行修约,可简化计算,降低出错机会。如 2.108 0+1.893 0,测量精密度为 0.01 g。

值得注意的是,测量结果的数据处理是测量过程的最后环节,最容易出现的错误有:测量结果(包括计算结果)位数越多则表示测量精度越高;测量结果太少,则会损失测量的准确度。

由于测量结果含有测量误差,测量结果必须修约到适宜的位数。

2. 数值修约规则

(1) 确定修约间隔。

修约间隔(rounding interval)是指修约值的最小数值单位。修约间隔的数值一经确定,修约值即为该数值的整数倍。例如,指定修约间隔为 0.1,修约值即应在 0.1 的整数倍中选取,相当于将数值修约到一位小数。如指定修约间隔为 100,修约值即应在 100 的整数倍中选取,相当于将数值修约到"百"数位。

确定修约间隔,有指定修约间隔为 10^{-n}(n 为正整数),或指明将数值修约到 n 位小数;指定修约间隔为 1,或指明将数值修约到"个"数位;指定修约的间隔为 10^n(n 为正整数),或指明将数值修约到 10^n 数位,或指明将数值修约到"十""百""千"……数位。

(2) 进舍规则。

① 拟舍弃数字的最左一位数字小于 5,则舍去,保留其余各位数字不变。

例如,将 12.149 8 修约到个数位,得 12;将 12.149 8 修约到一位小数,得 12.1。

② 拟舍弃数字的最左一位数字大于 5,则进 1,即保留的末位数字加 1。

例如,将 1 268 修约到"百"数位,得 13×10^2(特定场合可写为 1 300)。

③ 拟舍弃数字的最左一位数字为 5,且其后有非 0 数字时进 1,即保留数字的末位数字加 1。

例如,将 10.500 2 修约到个位数,得 11。

④ 拟舍弃数字的最左一位数字为 5,且其后无数字或皆为 0 时,若所保留的末位数字为奇数(1,3,5,7,9)则进 1,即保留数字的末位数字加 1;若所保留的末位数字为偶数(2,4,6,8,0)则舍弃。

例如,修约间隔为 0.1(或 10^{-1})。

拟修约数值	修约值
1.050	10×10^{-1}(特定场合可写为 1.0)

例如,修约间隔为 1 000(或 10^3)。

拟修约数值	修约值
3 500	4×10^3(特定场合可写为 4 000)

⑤ 负数修约时,先将它的绝对值按上述规定进行修约,然后在修约值前面加上负号。

例如,将下列数字修约到"十"数位。

拟修约数值	修约值
-355	-36×10(特定场合可写为 -360)

例如,将下列数字修约成三位小数,即修约间隔为 10^{-3}。

拟修约数值	修约值
$-0.036\,5$	-36×10^{-3}(特定场合可写为 -0.036)

(3) 不允许连续修约。

① 拟修约数字应在确定修约间隔或指定修约数位后一次修约获得结果,而不得多次按上述规则连续修约。

例如,修约 97.46,修约间隔为 1。

正确的做法:97.46 → 97;错误的做法:97.46 → 97.5 → 98。

② 在具体实施中,有时测试与计算部门先将获得数值按指定的修约数位多一位或几位报出,而后由其他部门判定。为避免产生连续修约的错误,应按下述步骤进行:

a. 报出数值最右的非零数字为 5 时,应在数值右上角加"+"或加"−"或不加符号,分别表明已进行过舍或进或未舍未进。

例如,16.50^+ 表示实际值大于 16.50,经修约舍弃成为 16.50;16.50^- 表示实际值小于 16.50,经修约进 1 成为 16.50。

b. 如对报出值需要进行修约,当拟舍弃数字的最左一位数字为 5,且其后无数字或皆为零时,数值右上角有"+"者进 1,数值右上角有"−"者舍去,其他仍按上述规则进行。

例如,将下列数字修约到个数位(报出值多留 1 位,至 1 位小数)。

实测值	报出值	修约值
15.454 6	15.5^-	15
16.520 3	16.5^+	17
$-17.500\,0$	-17.5	-18

(4) 0.5 单位修约与 0.2 单位修约。

① 0.5 单位修约(半个单位修约)。修约方法:将拟修约数值 X 乘以 2,按指定修约间隔对 $2X$ 按前述规定修约,所得数值($2X$ 修约值)再除以 2。

例如,将下列数字修约到"个"数位的 0.5 单位修约。

拟修约数值 X →　　$2X$　　→　　$2X$ 修约值　→　X 修约值
　　60.38　　　　120.76　　　　121　　　　　60.5
　－60.75　　　－121.50　　　－122　　　　－61.0

② 0.2 单位修约。修约方法:将拟修约数值 X 乘以 5,按指定修约间隔对 $5X$ 按规定修约,所得数值($5X$ 修约值)再除以 5。

例如,将下列数字修约到"百"数位的 0.2 单位修约。

拟修约数值 X →　　$5X$　　→　　$5X$ 修约值　→　X 修约值
　　842　　　　　4 210　　　　4 200　　　　　840
　－930　　　　－4 650　　　－4 600　　　　－920

2.4.2　极限数值的表示和判定

1. 书写极限数值的一般原则

标准(或其他技术规范)中规定考核的以数量形式给出的指标或参数等应当规定极限数值。极限数值(numerical value limit)表示符合该标准要求的数值范围的界限值,它通过给出最小极限值和(或)最大极限值,或给出基本数值与极限偏差值等方式表达。

标准中极限数值的表示形式及书写位数应适当,其有效数字应全部写出。书写位数表示的精确程度,应能保证产品或其他标准化对象应有的性能和质量。

2. 表示极限数值的用语

(1)基本用语。

表达极限数值的基本用语及符号见表 2.8。

表 2.8　表达极限数值的基本用语及符号

基本用语	符号	特定情形下的基本用语			注
大于 A	$>A$		多于 A	高于 A	测定或计算值恰好为 A 时不符合要求
小于 A	$<A$		少于 A	低于 A	测定或计算值恰好为 A 时不符合要求
大于或等于 A	$\geqslant A$	不小于 A	不少于 A	不低于 A	测定或计算值恰好为 A 时符合要求
小于或等于 A	$\leqslant A$	不大于 A	不多于 A	不高于 A	测定或计算值恰好为 A 时符合要求

基本用语可以组合使用,表示极限值范围,见表 2.9。

表 2.9　对待定的考核指标 X,允许采用的表达极限数值的组合用语及符号

组合基本用语	组合允许用语	符号		
		表达方式 Ⅰ	表达方式 Ⅱ	表达方式 Ⅲ
大于或等于 A 且小于或等于 B	从 A 到 B	$A \leqslant X \leqslant B$	$A \leqslant \vdots \leqslant B$	$A \sim B$
大于 A 且小于或等于 B	超过 A 到 B	$A < X \leqslant B$	$A < \vdots \leqslant B$	$>A \sim B$
大于或等于 A 且小于 B	至少 A 不足 B	$A \leqslant X < B$	$A \leqslant \vdots < B$	$A \sim < B$
大于 A 且小于 B	超过 A 不足 B	$A < X < B$	$A < \vdots < B$	

(2) 带有极限偏差的数值。

$A_{-b_2}^{+b_1}$ 表示基本数值 A 带有绝对极限上偏差值 $+b_1$ 和绝对极限下偏差值 $-b_2$,指从 $A-b_2$ 到 $A+b_1$ 符合要求。当 $b_1=b_2=b$ 时,$A_{-b_2}^{+b_1}$ 可简记为 $A \pm b$,例如,80_{-1}^{+2} mm 是指从 79 mm 到 82 mm 符合要求。

$A_{-b_2}^{+b_1}\%$ 表示基本数值 A 带有相对极限上偏差值 $+b_1\%$ 和相对极限下偏差值 $-b_2\%$,指实测值或计算值 R 对于 A 的相对偏差值 $[(R-A)/A]$ 从 $-b_2\%$ 到 $+b_1\%$ 符合要求。当 $b_1=b_2=b$ 时,$A_{-b_2}^{+b_1}\%$ 可记为 $A(1 \pm b\%)$,例如,510 Ω$(1 \pm 5\%)$,指实测值或其计算值 $R(\Omega)$ 对于 510 Ω 的相对偏差 $[(R-510)/510]$ 从 -5% 到 $+5\%$ 符合要求。

表示基本数值 A,若极限上偏差值 $+b_1$ 和(或)极限下偏差值 $-b_2$,使得 $A+b_1$ 和(或)$A-b_2$ 不符合要求,则应附加括号,写成:$A_{-b_2}^{+b_1}$(不含 b_1 和 b_2)或 $A_{-b_2}^{+b_1}$(不含 b_1)、$A_{-b_2}^{+b_1}$(不含 b_2)。例如,80_{-1}^{+2}(不含 2) mm,指从 79 mm 到接近但不足 82 mm 符合要求;510 Ω$(1 \pm 5\%)$(不含 5%),指实测值或其计算值 $R(\Omega)$ 对于 510 Ω 的相对偏差 $[(R-510)/510]$ 从 -5% 到接近但不足 $+5\%$ 符合要求。

3. 测定值或其计算值与标准规定的极限数值做比较的方法

在判定测定值或其计算值是否符合标准时,可采取全数值比较法和修约值比较法两种比较方法。

(1) 全数值比较法。

全数值比较法是测定值或计算值不经修约处理(或经修约但标明经舍、进或未进未舍而得),与规定极限数值作比较,超出范围则判为不符合要求。全数值比较法为主要方法。

(2) 修约值比较法。

修约值比较法是将测定值或计算值进行修约处理,修约数位应与规定的极限数值数位一致。当测试或计算精度允许时,应先将获得的数值按指定的修约数位多一位或几位报出,然后按数值修约规则修约至规定的数位,最后再进行判定。

全数值比较法为主要方法,有特殊规定可使用修约值比较法。表 2.10 为全数值比较法和修约值比较法的示例与比较。

表 2.10　全数值比较法和修约值比较法的示例与比较

项目	极限数值	测定值或其计算值	按全数值比较是否符合要求	修约值	按修约值比较是否符合要求
中碳钢抗拉强度 / MPa	≥ 14×100	1 349 1 351 1 400 1 402	不符合 不符合 符合 符合	13×100 14×100 14×100 14×100	不符合 符合 符合 符合
NaOH 的质量分数 /%	≥ 97.0	97.01 97.00 96.96 96.94	符合 符合 不符合 不符合	97.0 97.0 97.0 96.9	符合 符合 符合 不符合
中碳钢的硅的质量分数 /%	≤ 0.5	0.452 0.500 0.549 0.551	符合 符合 不符合 不符合	0.5 0.5 0.5 0.6	符合 符合 符合 不符合
中碳钢的锰的质量分数 /%	1.2～1.6	1.151 1.200 1.649 1.651	不符合 符合 不符合 不符合	1.2 1.2 1.6 1.7	符合 符合 符合 不符合
盘条直径 /mm	10.0±0.1	9.89 9.85 10.10 10.16	不符合 不符合 符合 不符合	9.9 9.8 10.1 10.2	符合 不符合 符合 不符合
盘条直径 /mm	10.0±0.1 (不含 0.1)	9.94 9.96 10.06 10.05	符合 符合 符合 符合	9.9 10.0 10.1 10.0	不符合 符合 不符合 符合
盘条直径 /mm	10.0±0.1 (不含 +0.1)	9.94 9.86 10.06 10.05	符合 不符合 符合 符合	9.9 9.9 10.1 10.0	符合 符合 不符合 符合
盘条直径 /mm	10.0±0.1 (不含 −0.1)	9.94 9.86 10.06 10.05	符合 不符合 符合 符合	9.9 9.9 10.1 10.0	不符合 不符合 符合 符合

注：表中的例并不表明这类极限数值都应采用全数值比较法或修约值比较法

两种判定方法比较得出如下结论:同样的极限数值,全数值比较法比修约值比较法判定相对严格。

2.4.3　有效数字的运算规则

一个具体的测量过程是由多个测量环节组成的,其中每个测量环节都有具体的测量数据。例如,测定砂的表观密度:首先需要称量试样的质量、容量瓶与水的总质量、容量瓶与水和试样的总质量,测量水温,然后计算砂的表观密度,并进行温度修订。

这些测量所得的数据,在参与测量结果计算过程中,为了不致因运算而引进误差或损失有效数字,影响测量结果的精确度,并尽可能地简化运算过程,因此,规定了有效数字的运算规则。

1. 有效数字的概念

(1) 有效数字。

任何一个物理量,其测量结果必然存在误差。因此,表示一个物理量测量结果的数字取值是有限的。我们把测量结果中可靠的几位数字,加上可疑的一位数字,统称为测量结果的有效数字(significant figure)。例如,2.78 的有效数字是三位,"2.7"是从测具或仪器上直接读出的,称为可靠数字;尾位"8"是目测或从测具(或仪器)上估计的,称为可疑数字。可靠数字与可疑数字都是实际测量的客观反映,因此都是有效的。

有效数字的末位是估读数字,存在不确定性。一般情况下,不确定度的有效数字只取一位,其数位即是测量结果的存疑数字的位置;有时不确定度需要取两位数字,其最后一个数位才与测量结果的存疑数字的位置对应。由于有效数字的最后一位是不确定度所在的位置,因此,有效数字在一定程度上反映了测量值的不确定度(或误差限)。测量值的有效数字位数越多,测量的相对不确定度越小;反之,相对不确定度就越大。可见,有效数字可以粗略反映测量结果的不确定度。

(2) 确定测量结果有效数字的基本方法。

① 仪器的正确测读。仪器正确测读的原则是:读出有效数字中可靠数部分是由被测量的大小与所用仪器的最小分度来决定。可疑数字由介于两个最小分度之间的数值进行估读,估读取数一位(这一位是有误差的)。例如,采用钢直尺(分度值为 1 mm) 测量一物体

图 2.2　钢直尺测量物体的长度示意图

的长度 L,测量结果如图 2.2 所示,计作 $L=41.5$ mm。其中,"41"是可靠数字,尾数"5"是可疑数字,有效数字为 3 位。同样测量该物体的长度,如果采用游标卡尺(分度值为 0.02 mm),则读数为 41.48 mm,有效数字为 4 位。

可见,有效数字位数的多少与所测量仪器的准确程度有关,同时还与被测量的大小有关。

② 对于标明误差的仪器,应根据仪器的误差来确定测量值中可疑数字的位置。

例如,一级电压表的最大指示误差为 $\Delta V=\dfrac{1}{100}V_\mathrm{m}$,$V_\mathrm{m}$ 为最大量程,若 $V_\mathrm{m}=15$ V,则 $\Delta V=0.15$ V,即电压值只需读到小数点后第一位(图 2.3)。如某测量值为 11.5 V,若读

出 11.52 V,则尾数"2"无意义,因为它前面一位"5"本身就是可疑数字。

③测量结果的有效数字由误差确定。不论是直接测量还是间接测量,其结果的误差一般只取一位。测量结果有效数字的最后一位与误差所在的一位对齐。如正确表示为

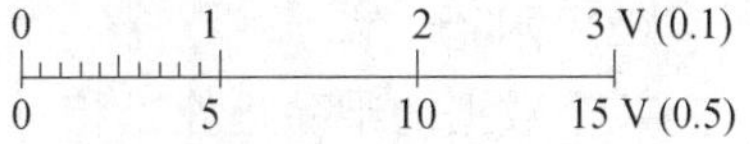

$$L = (72.83 \pm 0.02)\text{cm}$$

图 2.3　电压表示值示意图

错误表示为

$$L = (72.834 \pm 0.02)\text{cm} \text{ 或 } L = (72.8 \pm 0.02)\text{cm}$$

测量结果不能任意取舍,它应反映出测量量的准确程度。注意,数字和一个物理量的数值意义不同。例如,物理量 0.420 m ≠ 42.00 cm,其量值相等但有效数字不同,前者有效数字为 3 位,而后者有效数字为 4 位。以上两种表示方法,表示了两种不同的精密度。有效数字的位数多少是实际测量的客观反映,因此,在试验记录中,不能随意增减有效数字。

(3) 数值表示的标准形式。

数值表示的标准形式是用 10 的方幂来表示其数量级,即科学记数法。前面的数字是测得的有效数字,并只保留一位数在小数点的前面。如 3.3×10^5 m,8.25×10^{-3} kg。对数字很小或很大的情况,一般要用科学记数法表示,但应注意,如在十进制中进行单位换算时不能增减有效数字的位数。如 5.42 cm $= 5.42 \times 10^4$ μm $= 5.42 \times 10^{-2}$ m $= 5.42 \times 10^{-5}$ km,而 5.42 cm $\neq 54\ 200$ μm。

(4) 关于"0"的问题。

有效数字的位数与十进制的单位变换无关。末位"0"和数字中间的"0"均属于有效数字,如 23.20 cm、10.2 V 等,其中出现的"0"都是有效数字。小数点前面出现的"0"和它之后紧接着的"0"都不是有效数字,如 0.25 cm、0.045 kg 中的"0"只起定位作用,都不是有效数字,这两个数值都只有两位有效数字。

2. 有效数字的运算规则

(1) 加减运算。

几个数相加减的结果,经修约后保留有效数字的位数,取决于绝对误差最大的数值,计算结果应以绝对误差最大(即小数点后位数最少)的数据为基准,来决定计算结果数据的位数。

在实际运算过程中,首先统一单位,各数值保留的位数应比各数值中小数点后位数最少者多保留一位小数,而计算结果的最后一位应取到与参加运算各项中最后一位靠前的一项的位置对齐。有效数字的位数应与有效数字最少的位数相同,即运算结果只保留一位存疑数字。

例如,$29.\underline{2}+36.58\underline{2}-3.02\underline{81} \approx 29.\underline{2}+36.5\underline{8}-3.0\underline{3}=62.7\underline{5}$,最后计算结果保留一位小数,为 $62.\underline{8}$。

注:算式中,下面画横线的数字为存疑数字。

当采用计算程序运算时,则按正常加减运算进行,计算结果修约同前。

例如,计算 $29.\underline{2}+36.58\underline{2}-3.02\underline{81}=62.\underline{8}$。

需要注意，计算 $12.43\underline{} + 5.765\underline{} + 132.812\underline{} = 151.00\underline{}$，用计数器计算后，屏幕上显示的是 151，但不能直接记录，否则会影响以后的修约，应在数值后补齐"0"。

(2) 乘除运算。

几个数据的乘除运算以相对误差最大（即有效数字位数最少）的数值为基准来决定计算结果的位数。在实际运算中，先将各数值修约至比有效数字位数最少者多保留一位有效数字运算，计算结果的有效数字的位数与原数值中有效数字位数最少的相同，而与小数点位置无关。

例如，$0.235\,438 \times 28.6 \times 61.891\,1 \approx 0.235\,4 \times 28.6 \times 61.89 = 414.670\,711\,6$，最终计算结果取用 3 位有效数字，表示为 415 或 4.15×10^2。

(3) 乘方和开方。

乘方或开方时，原数值的底有几位有效数字，计算结果就可以保留几位有效数字。若计算结果还要参与运算，则乘方或开方所得结果可比原数值多保留一位有效数字。

例如，$3.58^2 = 12.861\,4$，运算结果保留 3 位有效数字，为 12.9，若原结果还要参与进一步运算，则先保留为 12.86；$\sqrt{6.28} = 2.505\,992\,8$，运算结果保留 3 位有效数字，为 2.51，若原结果还要参与进一步运算，则先保留为 2.506。

(4) 函数运算有效数字取位。

① 对数运算。在进行对数计算时，计算结果中尾数的有效数字（小数点后的位数）应与真数的有效数字位数相同。

例如：$\lg(100.44) = \lg(1.004\,4 \times 10^2) = \overline{2}.001\,906\,7\cdots$（算式中的 $\overline{2}$ 表示整数部分）。最后计算结果应为 2.001 91，结果尾数的有效数字位数是 5 位（小数点后位数），不计首数，因整数部分只说明该数的 10 的方次。

② 指数函数。指数函数运算后，结果中有效数字的位数与指数小数点后的有效数字位数相同。例如，$10^{1.025} = 10.592\,5$，修约值为 11。

③ 三角函数。三角函数的有效数字位数与角度有效数字的位数相同。例如，$\sin 30° = 0.5$，修约值为 0.50。三角函数的有效数字位数主要以仪器的准确度来确定。

(5) 平均值。

计算几个数值的平均值时，先将计算结果修约至比要求的位数多一位，再按数值修约规则处理。多次重复测量的数据，其平均值应与单次测量数据的有效数字的位数一样。

例如，$\bar{x} = \dfrac{6.32 + 6.41 + 6.37 + 6.40 + 6.35 + 6.34}{6} = 6.365$，修约后平均值计算结果为 6.36。其中，$\dfrac{1}{6}$ 是纯数字数，不影响有效数字的位数。

(6) 方差和标准偏差。

方差和标准偏差在运算过程中对中间结果不做修约，只将最后结果修约至要求的位数。应注意，在所有计算式中，常数（π、e 等）以及非检测所得的计算因子（如自然数、倍数或分数等）的有效数字位数，可视为无限，需要几位就取几位。一般，与各测量结果位数最多的相同或再多取一位。使用计算器（或电脑）进行计算时，一般不对中间每一步骤的计算结果进行修约，仅对最后的计算结果按已确定的位数进行修约。

2.5 可疑数据的取舍方法

在一组条件完全相同的重复试验中,个别的测量值可能会出现异常。如测量值过大或过小,这些过大或过小的测量数据是不正常的,或称为可疑数据(suspect data)。对于这些可疑数据应该用数理统计的方法判别其真伪,并决定取舍。常用可疑数据的取舍方法有拉依达(Pauta)准则、肖维纳特(Chavenet)准则、格拉布斯(Grubbs)准则、狄克逊(Dixon)准则等。

1. 拉依达准则

拉依达准则是美国混凝土标准中所采用的方法,由于该方法是以3倍标准偏差作为判别标准,故也称为3倍标准偏差法(简称$3s$法)。

当试验次数较多时,可简单地用3倍标准偏差($3s$)作为确定可疑数据取舍的标准。当某一测量数据(x_i)与其测量结果的算术平均值($\bar{x}$)之差大于3倍标准偏差时,用公式表示为

$$|x_i - \bar{x}| > 3s \tag{2.29}$$

则该测量数据判定为异常值(outlier/exceptional data),应舍弃。

采取$3s$作为判定数据取舍标准的理由是:根据随机变量的正态分布规律,在多次试验中,测量值落在$\bar{x}-3s$与$\bar{x}+3s$之间的概率为99.73%(如图1.20),出现在此范围之外的概率仅为0.27%,也就是在近400次试验中才能遇到一次,这种事件为小概率事件,出现的可能性很小,几乎是不可能。因而在实际试验中一旦出现,就认为该测量数据是不可靠的,应将其舍弃。

另外,当测量值与平均值之差大于2倍标准偏差(即$|x_i - \bar{x}| > 2s$)时,则该测量值应保留,但需存疑。如发现生产、施工或试验过程中有可疑的变异时,该测量值则应予舍弃。

例2.6 某试验室内进行同一配合比的混凝土强度试验,其试验结果为($n=10$):23.0、24.5、26.0、25.0、24.8、27.0、25.5、31.0、25.4、25.8(MPa),试用$3s$法对该组试验数据进行取舍。

解 分析上述10个测量数据,$x_{\min}=23.0$ MPa、$x_{\max}=31.0$ MPa最可疑,故应首先判别$x_{\min}$和$x_{\max}$。

经计算:$\bar{x}=25.8$ MPa,$s=2.10$ MPa,$3s=6.3$ MPa,由于

$$|x_{\max}-\bar{x}|=|31.0-25.8|=5.2 \text{ MPa} < 6.3 \text{ MPa}$$
$$|x_{\min}-\bar{x}|=|23.0-25.8|=2.82 \text{ MPa} < 6.3 \text{ MPa}$$

故上述测量数据均需保留。

拉依达法简单方便,但要求较宽,当试验(或检测)次数较多或要求不高时可以应用。值得注意的是,当试验(或检测)次数较少时(如$n<10$),在一组测量值中即使混有异常值也无法舍弃。

2. 肖维纳特准则

肖维纳特指出,当进行n次试验,其测量值服从正态分布时,以概率$1/(2n)$设定一判

别范围$(-k_n \cdot s, +k_n \cdot s)$。当偏差(测量值$x_i$与其算术平均值$\bar{x}$之差)超出该范围时,就意味着该测量值$x_i$是异常的,应予舍弃。

其判别范围由下式确定:

$$\frac{1}{2n} = 1 - \int_{-k_n}^{k_n} \frac{1}{\sqrt{2\pi}} e^{-\frac{t^2}{2}} dt \tag{2.30}$$

式中 k_n——肖维纳特系数,与试验次数n有关,可由正态分布系数表查得,见表2.11。

表 2.11 肖维纳特系数

n	k_n	n	k_n	n	k_n	n	k_n	n	k_n	n	k_n
3	1.38	8	1.86	13	2.07	18	2.20	23	2.30	50	2.58
4	1.53	9	1.92	14	2.10	19	2.22	24	2.31	75	2.71
5	1.65	10	1.96	15	2.13	20	2.24	25	2.33	100	2.81
6	1.73	11	2.00	16	2.15	21	2.26	30	2.39	200	3.02
7	1.80	12	2.03	17	2.17	22	2.28	40	2.49	500	3.20

遵照肖维纳特判定法则,可疑数据舍弃的标准为

$$\frac{|x_i - \bar{x}|}{s} \geq k_n \tag{2.31}$$

例 2.7 试验结果同例 2.6,试用肖维纳特法进行可疑数据的取舍判别。

解 查表 2.11,当 $n=10$ 时,$k_n=1.96$。对于可疑数据 $x_{\max}=31.0$,则有

$$\frac{|x_i - \bar{x}|}{s} = \frac{|31.0 - 25.8|}{2.1} = 2.48 > 1.96$$

说明测量数据 31.0 是异常的值,应予舍弃。这一结论与用拉依达法的结果不一致。

肖维纳特法改善了拉依达法,但从理论上分析,当 $n \to \infty$,$k_n \to \infty$,此时,所有异常值都无法舍弃。此外,肖维纳特系数与置信水平之间无明确联系。

3. 格拉布斯准则

格拉布斯准则,即假定测量结果服从正态分布,根据顺序统计量来确定可疑数据的取舍。

若进行 n 次重复试验,试验结果为 $x_1, x_2, \cdots, x_i, \cdots, x_n$,而且 x_i 服从正态分布。为了检验 $x_i (i=1,2,\cdots,n)$ 中是否有可疑值,可将测定值 x_i 按由小到大的顺序重新排列,得

$$x_{(1)} \leq x_{(2)} \leq \cdots \leq x_{(n)}$$

根据顺序统计原则,给出标准化顺序统计量 g——

当最小值 $x_{(1)}$ 可疑时,则

$$g = \frac{\bar{x} - x_{(1)}}{s} \tag{2.32}$$

当最大值 $x_{(n)}$ 可疑时,则

$$g = \frac{x_{(n)} - \bar{x}}{s} \tag{2.33}$$

根据格拉布斯统计量的分布,在指定的显著性水平 α(一般 $\alpha=0.05$)下,求得判别可疑值的临界值 $g_0(\alpha,n)$,格拉布斯法的判别标准为

$$g \geqslant g_0(\alpha, n) \tag{2.34}$$

此时，测量值 x_i 是异常的，应予舍去。

格拉布斯临界值 $g_0(\alpha, n)$ 列于表 2.12。

表 2.12 格拉布斯检验临界值 $g_0(\alpha, n)$

n \ α	0.01	0.05	n \ α	0.01	0.05	n \ α	0.01	0.05
3	1.15	1.15	13	2.61	2.33	23	2.96	2.62
4	1.49	1.46	14	2.66	2.37	24	2.99	2.64
5	1.75	1.67	15	2.70	2.41	25	3.01	2.66
6	1.94	1.82	16	2.74	2.44	30	3.10	2.74
7	2.10	1.94	17	2.78	2.47	35	3.18	2.81
8	2.22	2.03	18	2.82	2.50	40	3.24	2.87
9	2.32	2.11	19	2.85	2.53	50	3.34	2.96
10	2.41	2.18	20	2.88	2.56	100	3.59	3.17
11	2.48	2.24	21	2.91	2.58			
12	2.55	2.29	22	2.94	2.60			

利用格拉布斯法每次只能舍弃一个可疑值，若有两个以上的可疑数据，应该一个一个数据地舍弃，舍弃第一个数据后，试验次数由 n 变为 $n-1$，以此为基础再判别第二个可疑数据。

例 2.8 试用格拉布斯法判别例 2.6 中测量数据的取舍。

解 (1) 将测量数据按从小到大的次序排列为：23.0、24.5、24.8、25.0、25.4、25.5、25.8、26.0、27.0、31.0。

(2) 计算数据特征量：$\bar{x} = 25.8$ MPa，$s = 2.10$ MPa。

(3) 计算统计量：

$$g_{(1)} = \frac{\bar{x} - x_{(1)}}{s} = \frac{25.8 - 23.0}{2.10} = 1.33$$

$$g_{(10)} = \frac{x_{(10)} - \bar{x}}{s} = \frac{31.0 - 25.8}{2.10} = 2.48$$

(4) 选定显著性水平 $\alpha = 0.05$，并根据 $\alpha = 0.05$ 和 $n = 10$，由表 2.12 查得 $g_0(0.05, 10) = 2.18$。

(5) 判别：由于 $g_{(10)} > g_{(1)}$，首先判别 $x_{(10)} = 31.0$。

$g_{(10)} = 2.48 > 2.18$，所以 $x_{(10)} = 31.0$ 为异常值，应予舍弃。这一结论与肖维纳特法结论是一致的。仿照上述方法继续对余下的 9 个数据进行判别，经计算没有异常值。

4. 狄克逊准则

狄克逊准则是应用极差比的方法得到简化而严密的结果。为了使判断的效率高，不同的计量次数应用不同的极差比计算。在 n 次计量中按数值大小排列为

$$x_{(1)} \leqslant x_{(2)} \leqslant \cdots\cdots \leqslant x_{(n)}$$

则可计算狄克逊统计量 f_0 值，并利用 Dixon 系数 $f(\alpha, n)$ 进行可疑数据取舍判定。判

别式如下:

$$f_0 > f(\alpha, n) \tag{2.35}$$

若上式成立,则应剔除 $x_{(1)}$ 或 $x_{(n)}$。

Dixon 系数 $f(\alpha,n)$ 与统计量 f_0 计算公式列于表 2.13。

表 2.13 Dixon 系数 $f(\alpha,n)$ 与 f_0 计算公式表

n \ α	$f(\alpha,n)$		f_0 计算公式	
	$\alpha=0.01$	$\alpha=0.05$	$x_{(1)}$ 可疑时	$x_{(n)}$ 可疑时
3	0.988	0.941		
4	0.889	0.765		
5	0.780	0.642	$\dfrac{x_{(2)}-x_{(1)}}{x_{(n)}-x_{(1)}}$	$\dfrac{x_{(n)}-x_{(n-1)}}{x_{(n)}-x_{(1)}}$
6	0.698	0.560		
7	0.637	0.507		
8	0.683	0.554		
9	0.635	0.512	$\dfrac{x_{(2)}-x_{(1)}}{x_{(n-1)}-x_{(1)}}$	$\dfrac{x_{(n)}-x_{(n-1)}}{x_{(n)}-x_{(2)}}$
10	0.597	0.477		
11	0.679	0.576		
12	0.642	0.546	$\dfrac{x_{(3)}-x_{(1)}}{x_{(n-1)}-x_{(1)}}$	$\dfrac{x_{(n)}-x_{(n-2)}}{x_{(n)}-x_{(2)}}$
13	0.615	0.521		
14	0.641	0.546		
15	0.616	0.525		
16	0.595	0.507		
17	0.577	0.490		
18	0.561	0.475		
19	0.547	0.462	$\dfrac{x_{(3)}-x_{(1)}}{x_{(n-2)}-x_{(1)}}$	$\dfrac{x_{(n)}-x_{(n-2)}}{x_{(n)}-x_{(3)}}$
20	0.535	0.450		
21	0.524	0.440		
22	0.514	0.430		
23	0.505	0.421		
24	0.497	0.413		
25	0.489	0.406		

例 2.9 试用上述狄克逊检验法判别例 2.6 中测量数据的取舍。

解 (1) 将测量数据按从小到大的次序排列为:23.0、24.5、24.8、25.0、25.4、25.5、25.8、26.0、27.0、31.0。

(2) 计算数据特征量:$\bar{x}=25.8$ MPa,$s=2.10$ MPa。

(3) 计算狄克逊统计量 f_0:

$$f_{0(1)} = \frac{x_{(2)} - x_{(1)}}{x_{(9)} - x_{(1)}} = \frac{24.5 - 23.0}{27.0 - 23.0} = 0.375$$

$$f_{0(10)} = \frac{x_{(10)} - x_{(9)}}{x_{(10)} - x_{(2)}} = \frac{31.0 - 27.0}{31.0 - 24.5} = 0.615$$

(4) 判别。

查 Dixon 系数表，当 $n = 5$ 和显著性水平 $\alpha = 0.05$，$f(0.05, 10) = 0.477$。$f_{0(10)} > f(0.05, 10)$，表明 $x_{(10)} = 31.0$ 为异常值，应予舍弃，而 $x_{(1)} = 23.0$ 应保留。继续对余下的 9 个数据进行判别，经计算没有异常值。这一结论与用格拉布斯法检验的结论是一致的。

用狄克逊法检验的优点是方法简便，概率意义明确，但当计量次数少时，如 3～5 次，本检验法拒绝接受只是偏差很大的计量值。狄克逊检验法将非异常值误判为异常值的概率是很小的，即在统计上犯第一类错误（把原假设为真判为不真）的可能性是很小的。而犯第二类错误（把原假设本为不真判为真）的可能性增大了。换言之，把本来的异常值误判为非异常值的可能性较大。

应用上述判断准则时应注意以下几点：

(1) 剔除可疑数据时，首先应对样本观测值中的最大值和最小值进行判断，因为这两个值很有可能是可疑数据。

(2) 可疑数据每次只能剔除一个，然后按剩下的样本观测值重新计算，再做第二次判断。如此逐个地剔除，直至剩下的数据中无可疑数据。不允许一次同时剔除多个样本观测值。

(3) 对同一组数据中的可疑值用不同的方法进行检验，得到的结论不一定相同，因此，国家标准 GB 4883-85 推荐：如检验一个可疑值，以格拉布斯准则为准；检验一个以上可疑值，以狄克逊准则为准。

(4) 显著性水平应尽量选得稍小一些，以使数据不被轻易剔除。如显著性水平 α 在 0.01 和 0.05 两数中任选其一，则常常选取 0.01。

2.6 试验结果的表示方法

通过试验检测获得一系列数据，经过误差分析与数据处理之后，就可以进行试验结果的表达了。试验结果的表达不是简单地罗列原始测量数据，而是需要科学地表述，即表述要清晰、简洁，推理要合理，结论要正确。那么，如何对这些数据进行深入的分析，以便得到各参数之间的关系，甚至用数学解析的方法，导出各参数之间的函数关系呢？这是数据处理的任务之一，也是试验结果表达的主要内容。

试验结果（或测量数据）的表示方法通常有列表法、图示法和经验公式法等 3 种形式。

1. 列表法

用表格来表示函数的方法，在自然科学和工程技术上用得特别多。在科学试验中一系列测量数据都是首先列成表格，然后再进行其他的处理。列表法的具体做法是：将已知数据、直接测量数据及间接测量计算得出的数据,按主要变量 x 与应变量 y 的关系一一列入表中。这种表达方法的优点是:数据一目了然,便于查阅和理解;数据集中,便于对不同条件下的试验数据进行比较与校核。列表法虽然简单方便,但要进行深入分析,表格就不能胜任了。首先,尽管测量次数相当多,但它不能给出所有的函数关系;其次,从表格中不易看出自变量变化时函数的变化规律,而只能大致估计出函数是递增的、递减的或是周期性变化的等。列成表格是为了表示出测量结果,或是为了以后的计算方便,同时也是图示法和经验公式法的基础。

表格有两种:一种是试验检测数据记录表,另一种是试验检测结果表。

试验检测数据记录表是该项试验检测的原始记录表,它包括的内容应有试验检测目的、内容摘要、试验日期、环境条件、检测仪器设备、原始数据、测量数据、结果分析以及参加人员和负责人等。试验检测结果表只反映试验检测结果的最后结论,一般只有几个变量之间的对应关系。试验检测结果表应力求简明扼要,能说明问题。

制作表格时,需要注意以下问题:

(1) 表格的设计。表格的设计形式要规范,排列要科学,重点要突出。每一表格均应有一完全而又简明的名称。一般表格由若干行和若干列组成,表中每一变量应占表格中的一行或一列。

(2) 表格中的单位与符号。单位与符号应表达在表格中,每一行的第一列(或每一列的第一行)是变量的名称及量纲,使用的物理量单位和符号要标准化、通用化。

(3) 表格中的数据处理。同一项目所记录的数据,应注意与其有效数字的位数尽量一致,并将小数点对齐,以便查对数据。

(4) 表格中不应留有空格,失误或漏做的内容要以"/"记号划去。

2. 图示法

在自然科学和工程技术中用图形来表示测量数据是最普遍的一种方法。图示法就是利用试验测得的原始数据,通过正确的作图方法画出合适的直线或曲线,以图的形式表达试验结果。图示法的最大优点就是直观,即从图形中可非常清晰地看出函数的变化规律,如递增性或递减性,最大值或最小值,是否具有周期性变化规律等。而且从图中容易找出所需的数据,有时还可以用作图外推法或内插法求出试验难以直接获得的量。但是,作图存在误差,所得试验结果不太精确。尤其是从图形上只能得到函数变化关系而不能进行数学分析。

图示法的基本要点如下:

(1) 在直角坐标系中绘制测量数据的图形时,应以横坐标为自变量,纵坐标为对应的函数量。有时为了方便处理非线性变化规律的数据,也采用半对数或对数坐标。

(2) 坐标纸的大小与分度的选择应与测量数据的精度相适应。分度过粗时,影响原始数据的有效数字,绘图精度将低于试验中参数测量的精度;分度过细时会高于原始数据的精度。坐标分度值不一定自零起,可用低于试验数据的某一数值作起点和高于试验数据的某一数值作终点,曲线以基本占满全幅坐标纸为宜。

(3) 坐标轴应注明分度值的有效数字和名称、单位,必要时还应标明试验条件,坐标的文字书写方向应与该坐标轴平行,在同一图上表示不同数据时应该用不同的符号加以区别。

(4) 曲线平滑方法。测量数据往往是分散的,如果用短线连接各点得到的就不是光滑的曲线,而是折线。由于每一个测点总存在误差,按带有误差的各数据所描的点不一定是真实值的正确位置。根据足够多的测量数据,完全有可能做出一光滑曲线。决定曲线的走向应考虑曲线应尽可能通过或接近所有的点,但曲线不必强求通过所有的点,尤其是两端的点。当不可能时,则应移动曲线尺,顾及到所绘制的曲线与实测值之间的误差的平方和最小,此时曲线两边的点数接近于相等。

应当指出,描绘曲线时需要有足够的数据点,点数太少不能说明参数的变化趋势与对应关系。对于一条直线,一般要求至少有 4 点,一条曲线通常应用 6 点以上才能绘制。当数值变化较大时,该曲线将出现突折点,在这种情况下,曲线拐点处标出的数据点应当多一点以使曲线弯曲自然,平滑过渡。

3. 经验公式法

测量数据不仅可用图形表示出函数之间的关系,而且可用与图形对应的一个公式来表示所有的测量数据,当然这个公式不可能完全准确地表达全部数据。因此,常把与曲线对应的公式称为经验公式,在回归分析中也称之为回归方程。

把全部测量数据用一个公式来代替,不仅有紧凑扼要的优点,而且可以对公式进行必要的数学运算,以研究各自变量与函数之间的关系。所建立的公式能正确表达测量数据的函数关系,往往不是一件容易的事情,在很大程度上取决于试验人员的经验和判断能力,而且建立公式的过程比较繁琐,有时还要多次反复才能得到与测量数据更接近的公式。

根据一系列测量数据,如何建立公式,建立什么形式的公式,这是首先需要解决的问题。下面将如何建立公式的步骤大致进行了归纳:

(1) 描绘曲线。以自变量为横坐标,函数量为纵坐标,将测量数据描绘在坐标纸上,并把数据点描绘成测量曲线,如图示法。

(2) 对所描绘的曲线进行分析,确定公式的基本形式。如果数据点描绘的基本上是直线,则可用一元线性回归方法确定直线方程。如果数据点描绘的是曲线,则要根据曲线的特点判断曲线属于何种类型。判断时可参考现有的数学曲线形状加以选择,对选择的曲线按一元非线性回归方法处理。如果测量曲线很难判断属何种类型,则可按多项式回归处理。

(3) 曲线化直。如果测量数据描绘的曲线被确定为某种类型的曲线,则可先将该曲线方程变换为直线方程,然后按一元线性回归方法处理。例如,双曲线 $\frac{1}{y}=a+b\frac{1}{x}$,坐标变换时令 $y'=\frac{1}{y}$,$x'=\frac{1}{x}$,即取 y' 为纵坐标,x' 为横坐标,双曲线就变成直线了,所得线性方程为 $y'=a+bx'$。其他形式的曲线也可按类似的方法化为直线。

(4) 确定公式中的常量。代表测量数据的直线方程或经曲线化直后的直线方程表达式为 $y=a+bx$,可根据一系列测量数据确定方程中的常量 a 和 b。其方法一般有图解法、端值法、平均法和最小二乘法等。

(5) 检验所确定的公式的准确性。即用测量数据中自变量值代入公式计算出函数值,看它与实际测量值是否一致,如果差别很大,说明所确定的公式基本形式可能有错误,则应建立另外形式的公式。

用函数形式表达试验结果,不仅给微分、积分、外推或内插等运算带来极大的方便,而且便于进行科学讨论、科技交流与工程实践应用。随着计算机的普及,用函数形式来表达试验结果将得到更加广泛的应用。

第 3 章 假设检验

在实际生产过程中,如果欲考察改变影响产品质量的某个非随机因素(如生产原料、机械设备、技术方法和生产工艺等),能否显著提高产品质量,则需要借助于参数假设检验的手段。假设检验属于统计推断的范畴,统计推断是采用子样观测值推论母体的参数特征,包括参数估计与统计检验两个方面内容。假设检验在土木工程技术革新和质量管理过程中是一种十分有用的统计工具。

所谓假设检验(hypothesis test)是指在总体上做出某项假设,从总体中随机地抽取一个样本,用它来检验此项假设是否成立。对总体的假设可以分为两类:一是总体的分布类型已知,对总体分布中的特征参数(分布中心 μ 和标准偏差 σ)做某项假设,用总体中的样本检验此项假设是否成立,这类检验称为参数假设检验;二是总体的分布类型未知,对总体分布类型做某种假设(例如是否是正态分布),用总体中的样本检验此项假设是否成立,这类检验称为分布类型假设检验。

在对大量数据进行统计处理时,往往是基于该组数据服从正态分布,假设检验也是如此。因此,对原始独立测定的一组数据进行正态分布检验是十分必要的。下面首先介绍两种统计数据是否服从正态分布的检验方法。

3.1 正态分布的检验方法

3.1.1 正态概率纸检验

概率纸是一种特殊构造的坐标纸,横坐标为试验数据,纵坐标按正态分布函数关系比例绘出,为试验数据的累计频率。当一批试验数据绘制在概率纸上,并将各点用线连接后,即可看出试验结果是否符合正态分布,当连线为直线(或近似直线)时属正态分布,如各点的连线有明显的弯曲或数据点分散,就表明数据分布偏倚。

正态概率纸检验是检验一组测量数据的正态性的最简单的一种检验方法。该方法的关键在于如何判定各数据点偏离直线的差异程度,对此目前还没有一个通用准则。

1. 正态概率纸的绘制

正态概率纸的基本原理是:设有一组子样容量为 n 的观测数据 $x_1, x_2, \cdots, x_n$,如果该组数据是遵守正态分布规律的,其均值为 $\bar{x}$,标准差为 σ,则其概率为

$$F(x) = \int_{-\infty}^{x} \frac{1}{\sqrt{2\pi}\sigma} e^{-\frac{(x-\bar{x})^2}{2\sigma^2}} dx$$

$$F(X \leqslant x) = P\left\{\frac{X-\bar{x}}{\sigma} \leqslant \frac{x-\bar{x}}{\sigma}\right\} = \Phi\left\{\frac{x-\bar{x}}{\sigma}\right\} =$$

$$\int_{-\infty}^{\frac{x-\bar{x}}{\sigma}} \frac{1}{\sqrt{2\pi}} e^{-\frac{u^2}{2}} du = \Phi(u) \tag{3.1}$$

当给定一个 $z=\dfrac{x-\bar{x}}{\sigma}$（或 $u=\dfrac{x-\bar{x}}{\sigma}$）值后，就有相应的 $F(x)=1-\Phi(u)$ 与之对应。如表 3.1，计算某些特定的 u 与相应的概率值 $F(x)$。

表 3.1　绘制正态概率纸计算的 z 与概率值 $F(x)$ 对应表

$z=\dfrac{x-\bar{x}}{\sigma}$	-3	-2.33	-2	-1	0	1	2	2.33	3
$F(x)=1-\Phi(u)$	0.001	0.010	0.023	0.159	0.5	0.841	0.977	0.99	0.999

依据表 3.1 做直角坐标，横坐标为 x，纵坐标为 u（u 为等刻度划分），在纵轴上对应于 u 值刻度处标注上相应的 $F(x)=1-\Phi(u)$ 值。这样，以 $F(x)$ 为纵坐标，x 为横坐标的坐标纸就称为正态概率纸，如图 3.1 所示。

2. 正态概率纸的结构

如图 3.1，正态概率纸的横坐标是均匀刻度，纵坐标取正态分布概率的 0.01% ~ 99.99%（相当于 $\mu\pm4\sigma$ 范围，因实际中 $\pm\infty$ 是无法实现的）是非均匀刻度。由于正态分布的对称性，正态概率纸的纵坐标刻度，以 50% 刻度为对称轴，上、下部分的非均匀刻度是对称的。

3. 正态概率纸的应用

如果随机变量 X 是正态分布，则在正态概率纸上点出的点 $[x,F(x)]$ 的连线是一条直线。如果图形与直线相差太大，就可以否定随机变量 X 的正态性。

用正态概率纸进行正态性检验的具体步骤如下：

(1) 把子样数据按大小顺序排列：$x_1<x_2<\cdots<x_n$。

(2) 计算概率 $F(x_i)=1-\Phi(u_i)$，可按 $F(x_i)=\dfrac{i-0.3}{n+0.4}$ 近似计算。

(3) 在正态概率纸上，点出各点 $[x_i,F(x_i)]$。

(4) 根据上述点的图形是否为直线加以判断，如果与直线差异太大，则可否定数据的正态性。用直线拟合上述各点 $[x_i,F(x_i)]$ 时，应注意以中间的点为主，适当照顾两端的点。

此外，利用正态概率纸还可以简便地估计随机变量的平均值 $\bar{x}$ 和标准差 σ。具体做法是：在概率纸上所画得的直线与纵坐标 50% 的交点向下作垂线，与横坐标相交点为数据平均值的近似值；由直线与纵坐标 15.9% 的交点向下作垂线，与横坐标相交，它与平均值点之差的绝对值为标准差的近似值。即 $F(x_i)=50\%$ 时，$x_{50\%}=\bar{x}$；$F(x_i)=15.9\%$ 时，$\sigma=\bar{x}-x_{15.9\%}$。

例 3.1　某商品混凝土拌和站生产 C30 普通混凝土，表 3.2 列出了该批混凝土 20 组立方体试块 28 天的抗压强度试验结果（按照由小到大的顺序排列），试采用正态概率纸检验该组数据是否来自正态总体。

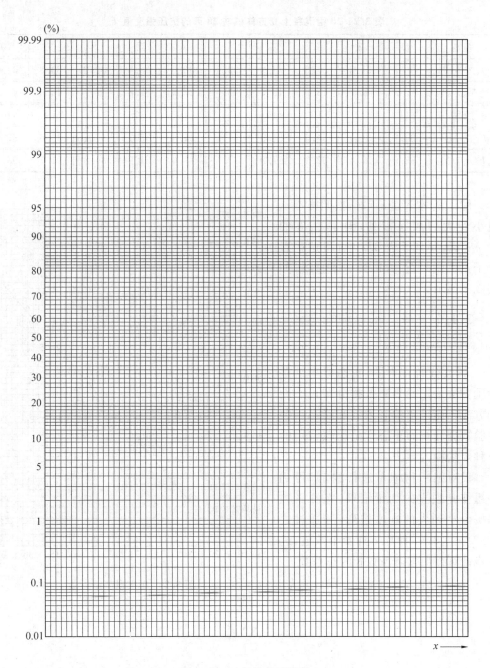

图 3.1 正态概率纸图样

表 3.2 20 组混凝土立方体试块 28 天的抗压强度值 $f_{cu,i}$

组别	1	2	3	4	5	6	7	8	9	10
$f_{cu,i}$/MPa	30.3	31.3	31.6	32.2	32.4	32.6	32.8	33.2	33.8	34.0
$F(x_i)$/%	3.4	8.3	13.2	18.1	23.0	27.9	32.8	37.7	42.6	47.5
组别	11	12	13	14	15	16	17	18	19	20
$f_{cu,i}$/MPa	34.2	34.4	34.6	34.9	35.0	35.4	35.7	36.1	36.6	37.0
$F(x_i)$/%	52.5	57.4	62.3	67.2	72.1	77.0	81.9	86.8	91.7	96.6

解 样本容量 $n=20$,按照样本 x_i 由小到大的顺序排列,计算相应的 $F(x_i)$ 值,并列于表 3.2 中;将这些点绘于正态概率之上,得到一条直线,如图 3.2 所示。

3.1.2 偏态系数和峰态系数的正态检验

频数分布直方图、正态概率纸等检验方法是定性判断数据分布正态性的方法。而采用偏态系数和峰态系数检验数据分布的正态性是比较常用的一种定量检验方法。

设对某一物理量进行测定,得到一组彼此独立的测量结果,将测量数据按由小到大的顺序排列,并通过式 (3.2)~(3.5) 计算下列 4 个数值,进一步计算得出偏态系数和峰态系数。

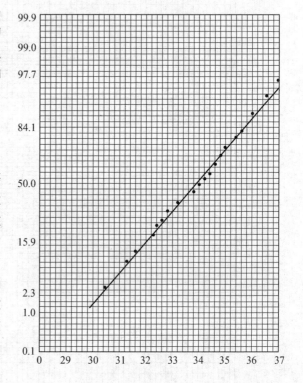

图 3.2 正态概率纸检验

$$\bar{x} = \frac{1}{n}\sum_{i=1}^{n} x_i \tag{3.2}$$

$$m_2 = \frac{1}{n}\sum_{i=1}^{n}(x_i - \bar{x})^2 \tag{3.3}$$

$$m_3 = \frac{1}{n}\sum_{i=1}^{n}(x_i - \bar{x})^3 \tag{3.4}$$

$$m_4 = \frac{1}{n}\sum_{i=1}^{n}(x_i - \bar{x})^4 \tag{3.5}$$

$$A = |m_3|/\sqrt{(m_2)^3} \tag{3.6}$$

$$B = m_4/(m_2)^2 \tag{3.7}$$

将 A 称为偏态系数,用于检验分布的不对称性;B 称为峰态系数,用于检验分布的峰态。

对于服从正态分布的测量数据，A 和 B 应分别小于相应的临界值 A_1 和落入区间 $B_1 \sim B'_1$ 中。A_1 值和 $B_1 \sim B'_1$ 区间见表 3.3 和表 3.4，其值与要求的置信概率 P 和测量次数 n 有关。

表 3.3 不对称性检验的临界值 A_1

n	P		n	P	
	0.95	0.99		0.95	0.99
8	0.99	1.42	400	0.20	0.28
9	0.97	1.41	450	0.19	0.27
10	0.95	1.39	500	0.18	0.26
12	0.91	1.34	550	0.17	0.24
15	0.85	1.26	600	0.16	0.23
20	0.77	1.15	650	0.16	0.22
25	0.71	1.06	700	0.15	0.22
30	0.66	0.98	750	0.15	0.21
35	0.62	0.92	800	0.14	0.20
40	0.59	0.87	850	0.14	0.20
45	0.56	0.82	900	0.13	0.19
50	0.53	0.79	950	0.13	0.18
60	0.49	0.72	1 000	0.13	0.18
70	0.46	0.67	1 200	0.12	0.16
80	0.43	0.63	1 400	0.11	0.15
90	0.41	0.60	1 600	0.10	0.14
100	0.39	0.57	1 800	0.10	0.13
125	0.35	0.51	2 000	0.09	0.13
150	0.32	0.46	2 500	0.08	0.11
175	0.30	0.43	3 000	0.07	0.10
200	0.28	0.40	3 500	0.07	0.10
250	0.25	0.36	4 000	0.06	0.09
300	0.23	0.33	4 500	0.06	0.08
350	0.21	0.30	5 000	0.06	0.08

表 3.4 峰态检验的临界值(区间)$B_1 \sim B'_1$

n	P		n	P	
	0.95	0.99		0.95	0.99
7	1.41～3.55	1.25～4.23	25	1.91～4.16	1.72～5.30
8	1.46～3.70	1.31～4.53	30	1.98～4.11	1.79～5.21
9	1.53～3.86	1.35～4.82	35	2.03～4.10	1.84～5.13
10	1.56～3.95	1.39～5.00	40	2.07～4.06	1.89～5.04
12	1.64～4.05	1.46～5.20	45	2.11～4.00	1.93～4.94
15	1.72～4.13	1.55～5.30	50	2.15～3.99	1.9～4.88
20	1.82～4.17	1.65～5.36	75	2.27～3.87	2.08～4.59
100	2.35～3.77	2.18～4.39	550	2.69～3.35	2.58～3.57
125	2.40～3.71	2.24～4.24	600	2.70～3.34	2.60～3.54
150	2.45～3.65	2.29～4.13	650	2.71～3.33	2.61～3.52
200	2.51～3.57	2.37～3.98	700	2.72～3.31	2.62～3.50
250	2.55～3.52	2.42～3.87	750	2.73～3.30	2.64～3.48
300	2.59～3.47	2.46～3.79	800	2.74～3.29	2.65～3.46
350	2.62～3.44	2.50～3.72	850	2.74～3.28	2.66～3.45
400	2.64～3.41	2.52～3.67	900	2.75～3.28	2.66～3.43
450	2.66～3.49	2.55～3.63	950	2.76～3.27	2.67～3.42
500	2.67～3.37	2.57～3.60	1 000	2.76～3.26	2.68～3.41

例 3.2 某工地现场铺筑水泥稳定碎石路面基层,经确定施工配合比水泥剂量为 5.5%。为保证施工质量,实验室在施工期间随机抽取了 12 个试样,采用 EDTA 滴定法进行了现场水泥剂量的检测。检测结果见表 3.5,试检验该组数据的正态性。

表 3.5 水泥剂量的检测结果

n	1	2	3	4	5	6	7	8	9	10	11	12
水泥剂量/%	5.5	5.7	5.4	5.6	6.0	5.5	5.8	5.7	5.8	5.6	5.9	5.7

解 按由小到大的顺序排列试验结果:5.4、5.5、5.5、5.6、5.6、5.7、5.7、5.7、5.8、5.8、5.9、6.0。

经格拉布斯检验法检验,无异常值。计算如下:$n=12, \bar{x}=5.7\%, s=0.17\%; m_2=0.028\ 1, m_3=0.000\ 7, m_4=0.001\ 8$,则

偏态系数:$A=|m_3|/\sqrt{(m_2)^3}=0.000\ 7/\sqrt{0.028\ 1^3}=0.16$;

峰态系数:$B=m_4/(m_2)^2=0.001\ 8/0.028\ 1^2=2.27$。

选择置信概率 $P=0.95, n=12$,查表 3.3 得 $A_1=0.91$,区间 $B_1 \sim B'_1 = 1.64 \sim 4.05$。

因为 $A=0.16<0.91$，$B=2.27$ 在区间 $1.64\sim 4.05$ 内，故此组数据服从正态分布。

3.2 假设检验的基本原理

3.2.1 假设检验的依据

某沥青混合料拌和站，长期连续抽样得到所生产的 AC-16 中粒式沥青混合料马歇尔试件的稳定度服从正态分布 $N(12.7,2.32^2)$，即 $\mu_0=12.7$ kN，$\sigma=2.32$ kN。现调整了生产配合比，在同一工艺条件下抽检了 20 组试样，测得马歇尔稳定度的平均值 $\bar{x}=13.0$ kN，标准差 $s=2.13$ kN。若方差不变，则其正态总体分布为 $N(\mu,2.32^2)$。

如果想判定调整生产配合比是否对沥青混合料马歇尔试件的稳定度有显著影响，需要采用假设检验的方法。如假设调整生产配合比对沥青混合料马歇尔试件的稳定度无显著影响，则这两个马歇尔稳定度总体的分布应该相同。但抽样结果显示，调整生产配合比后沥青混合料马歇尔试件的稳定度 $\bar{x}$ 比原配合比时的稳定度 μ 高 0.3 kN，能否由此断定有显著影响，还需提出一个假设，通过统计推断，才能科学地做出合理判断。

假设"调整生产配合比对沥青混合料马歇尔试件的稳定度无显著影响"。如果此假设正确，那么 $|\bar{x}-\mu_0|$ 不会很大。如果 $|\bar{x}-\mu_0|$ 相当大，大于某一 k 值，则有理由认为，原来提出的假设是错误的，应该拒绝。反之，如果 $|\bar{x}-\mu_0|<k$，则可以认为原来提出的假设是正确的，应予以接受。那么，k 值如何确定呢？

上述假设可能会出现这种情形，即原来的假设实际上是正确的，但由于做出判断时的依据仅来自一次抽样的样本结果，因样本具有随机性而拒绝了原来提出的正确假设，出现了错误的判断。如果希望把这种错误判断的概率 $\alpha(0<\alpha<1)$ 控制在一定限度以内，则要求在假设正确的前提下出现 $|\bar{x}-\mu_0|>k$ 的概率满足：

$$P(|\bar{x}-\mu_0|>k)=\alpha \tag{3.8}$$

因

$$P(|\bar{x}-\mu_0|>k)=P\left(\frac{|\bar{x}-\mu_0|}{\sigma/\sqrt{n}}>\frac{k}{\sigma/\sqrt{n}}\right)=\alpha \tag{3.9}$$

令 $z=\dfrac{|\bar{x}-\mu_0|}{\sigma/\sqrt{n}}$，即将 $\bar{x}-\mu_0$ 进行标准化，则 $z\sim N(0,1)$。

按照双侧检验，对于给定的 α 值，有

$$P\left(\frac{|\bar{x}-\mu_0|}{\sigma/\sqrt{n}}>z_{\alpha/2}\right)=\alpha \tag{3.10}$$

由式(3.9)和(3.10)得出

$$z_{\alpha/2}=\frac{k}{\sigma/\sqrt{n}} \tag{3.11}$$

$$k=z_{\alpha/2}\frac{\sigma}{\sqrt{n}} \tag{3.12}$$

将式(3.12)代入式(3.8)，经变化，得到如下判断规则：

当$|\bar{x}-\mu_0|<k$，即从调整生产配合比后的沥青混合料中抽样得到马歇尔稳定度的样本平均值$\bar{x}$只要落在区间$(\mu_0-z_{\alpha/2}\frac{\sigma}{\sqrt{n}},\mu_0+z_{\alpha/2}\frac{\sigma}{\sqrt{n}})$内时，则认为原来提出的假设是正确的，应予以接受，并称上述区间为均值μ的接受域(acceptable region)，如图3.3所示。

当$|\bar{x}-\mu_0|>k$，即从调整生产配合比后的沥青混合料中抽样得到马歇尔稳定度的样本平均值$\bar{x}$一旦落在区间$(-\infty,\mu_0-z_{\alpha/2}\frac{\sigma}{\sqrt{n}})$或$(\mu_0+z_{\alpha/2}\frac{\sigma}{\sqrt{n}},+\infty)$内时，则认为原来提出的假设是错误的，应予以拒绝，并称上述区间为均值μ的拒绝域(rejection region)。

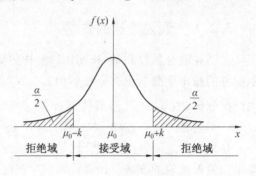

图 3.3　接受域和拒绝域示意图

就一次抽样的样本平均值$\bar{x}$是落在$(\mu_0-z_{\alpha/2}\frac{\sigma}{\sqrt{n}},\mu_0+z_{\alpha/2}\frac{\sigma}{\sqrt{n}})$的内部还是外部，对原来提出的假设的正确性做出判断的依据是小概率原理。那么，一个事件的概率α小到什么程度才算是小概率事件呢？一般由事件的性质及重要程度来确定。在土木工程试验、研究与质量控制中，通常取$\alpha=0.01$、0.05、0.10等，最常使用的显著性水平$\alpha=0.05$。

3.2.2　双侧假设检验与单侧假设检验

1. 双侧检验

双侧检验(two-tailed test)在总体上做出的原假设(null hypothesis)H_0的形式为：$\mu=\mu_0$，$\sigma^2=\sigma_0^2$，$\mu_1=\mu_2$，$\sigma_1^2=\sigma_2^2$；与其相对立的情形成为备择假设(alternative hypothesis)，记为H_1（即H_1与H_0相对应的假设形式为：$\mu\neq\mu_0$，$\sigma^2\neq\sigma_0^2$，$\mu_1\neq\mu_2$，$\sigma_1^2\neq\sigma_2^2$），表示H_1成立的参数区域在表示H_0的参数区域的两侧。

如果要了解被检验的特征参数（均值及标准偏差）彼此之间是否有显著性差异，应该采用双侧检验。

双侧检验左侧与右侧共有两个拒绝域（图3.3），概率各为$\alpha/2$，且左右两侧各有一个临界值(critical value)。如图1.10(b)和图1.14(b)所示，对于u检验和t检验，右侧临界值为$u_{\alpha/2}$和$t_{\alpha/2}$，左侧临界值为$-u_{\alpha/2}$和$-t_{\alpha/2}$，左右两侧临界值互相对称。对于χ^2检验和F检验，也有两个临界值，一个是右侧拒绝域与接受域的临界点$\chi_{\alpha/2}^2$和$F_{\alpha/2}$；另一个是左侧拒绝域与接受域的临界点$\chi_{1-\alpha/2}^2$和$F_{1-\alpha/2}$，如图1.16(b)和图1.19(b)所示。

当所计算出的统计量（如u，t，χ^2，F）小于右侧临界值$(u_{\alpha/2},t_{\alpha/2},\chi_{\alpha/2}^2,F_{\alpha/2})$而大于左侧临界值$(-u_{\alpha/2},-t_{\alpha/2},\chi_{1-\alpha/2}^2,F_{1-\alpha/2})$时，统计量落入接受域，即可推断所检验的参数之间无显著性差异，应接受假设。当所计算出的统计量大于右侧临界值，或小于左侧临界值时，则认为所检验的参数之间有显著性差异，应拒绝原假设。

2. 单侧检验

在实际问题中如果关心的是某种新工艺、新材料、新技术、新设备的应用是否会提高产品质量或技术参数,即总体分布的均值或方差是否更优于原来的状况,则原假设 H_0 的形式为: $\mu \leqslant \mu_0, \mu \geqslant \mu_0, \sigma^2 \leqslant \sigma_0^2, \mu_1 \leqslant \mu_2, \sigma_1^2 \leqslant \sigma_2^2$ 等情况,其备择假设为 H_1。由 H_0 与其相对应的 H_1 构成一对假设,称为单侧假设。如某工地沥青路面的初压温度的平均值为 135 ℃,改用了温拌新材料,沥青路面的初压温度明显下降。可做出假设 $H_0: \mu \geqslant 135$,备择假设 $H_1: \mu < 135$;检验使用温拌新材料后平均压实度有无显著提高,可在使用温拌新材料前后随机地记录若干天的路面压实度。如果把使用温拌新材料前路面压实度看成第一总体,使用温拌新材料后的路面压实度看成第二总体,则可假设 $H_0: \mu_1 \geqslant \mu_2$,备择假设 $H_1: \mu_1 < \mu_2$。在这些假设检验中,表示原假设 H_0 的参数区域总是在表示备择假设 H_1 的参数区域的某一侧,因此称这种检验为单侧检验(one-tailed test)。如图 1.10(a) 和图 1.14(a)、图 1.16(a)、图 1.19(a) 所示。

单侧检验又分为右侧检验和左侧检验(或称为上端检验和下端检验)。单侧检验中只设 α 一个拒绝域,查表时要注意与双侧检验的区别。

3.2.3　假设检验的两类错误

由于对总体分布的客观实际情况是未知的,而且抽样是随机的,所以接收或者否定原假设时,就有可能犯以下两类错误:

第 Ⅰ 类错误(error type Ⅰ)是指原假设是真的,而我们却否定了它,称为"弃真";

第 Ⅱ 类错误(error type Ⅱ)是指原假设不真,而我们却接收了它,称为"取伪"。

如果所计算的统计量为 T,并由选定的显著性水平 α 确定了接受域和否定域,则两类错误可表示为:

原假设 H_0 成立,而统计量 T 却落入拒绝域,则犯了第 Ⅰ 类错误(弃真)。犯第 Ⅰ 类错误的概率称为弃真概率,其数值大小等于显著性水平 α。因此,显著性水平 α 又称为风险度。

原假设 H_0 不成立,而统计量 T 却落入了接受域,则犯了第 Ⅱ 类错误(取伪)。犯第 Ⅱ 类错误的概率称为取伪概率,其数值大小记为 β。

当样本容量 n 固定时,减小犯"弃真"错误的概率 α,就会增大犯"取伪"错误的概率 β,反之亦然。在实际工作中多数情况是控制犯"弃真"错误的概率而对犯"取伪"错误的概率不予考虑,此时的检验称为显著性检验(significance testing)。在进行显著性检验时,显著性水平 α 如取得小,就能保证当 H_0 为真时,拒绝 H_0 的可能性很小。这就意味着 H_0 是受到人为保护的。

在土木工程生产过程控制或质量检测等假设检验中,对显著性水平 α 的选取要适当,过大或过小都将导致不良后果。如果 α 值选取得过大(如取 0.10,甚至取 0.20),相当于扩大了拒绝域的面积,则犯"弃真"错误的可能性将增大,就会把一些是由于偶然因素造成的并不显著的差异误判为生产条件发生了重大变化而导致了显著性差异,对原假设(H_0:无显著差异)予以否定。如果是质量检验,则会将本来合格的产品(或参数)误判为不合格产品(或参数),因而造成经济损失。如果 α 值选取得过小(如取 0.01,甚至取 0.001),相当于缩小了拒绝域的面积,扩大了接受域的面积,则犯"取伪"错误的可能性将增大,即会把一些本来是生产条件发生了重大变化或存在系统误差造成的显著差异误判为生产条件未发生重大变化,或试验中不存在系统误差,未产生显著差异,因而对原假设

(H_0:无显著差异)予以肯定。对于质量检验,则会将本来不合格的产品(或参数)误判为合格产品(或参数),同样也会给生产造成损失或不利影响。

因此,在假设检验中对显著性水平α的选取一定要适当。在土木工程生产控制或质量检验中,多数情况下选取显著性水平$\alpha=0.05$。如果对产品质量或检验方法要求十分严格,显著性水平应取值稍大(如取 0.10)以减少发生"取伪"错误的概率。

此外,为防止发生上述两类错误,还要适当增大样本的容量 n,以使采取的样本能更好地代表总体的情况。样本容量过小,代表性不强,也容易导致错误的结论。

3.2.4 假设检验的主要步骤

1. 设置原假设 H_0 和备择假设 H_1

所谓原假设 H_0 是一个特定的统计假设,假设检验的最终结果是对其做出接受还是否定的结论;异于原假设的备择假设 H_1,是当原假设被否定后,备择假设就成为可能采用的统计假设。

如果在两类错误中,没有一类错误的后果更为严重需要避免时,习惯上在确定原假设时,总是取"维持现状"的情形。例如,在技术革新或改变生产工艺后,检验某参数有无显著变大时,原假设 H_0 一般取不变大;检验某参数有无显著变小时,原假设 H_0 一般取不变小。总体来说,一般提出原假设 H_0 为"无效益""无改进""无价值"等。

有时在一对对立的假设中,选取哪一个作为 H_0 是需要十分小心的。例如,检验某种水泥混凝土质量是否合格,存在着犯两种错误的可能:一是将合格产品误作为不合格产品,则会给企业造成经济损失;二是将不合格产品误作为合格产品,则会给土木工程带来隐患。第二种错误造成的后果比第一种更为严重。这时应提出原假设 H_0:水泥混凝土质量不合格,然后进行检验。

2. 选择并计算统计量

根据原假设 H_0 的内容选择适宜的统计量,通过随机抽取一个样本容量为 n 的样本,计算用于判断的统计量,如 u、t、χ^2、F 等。

3. 设置显著性水平 α

根据被检验对象的重要程度设置适宜的显著性水平 α。通常取 $\alpha=0.01$、0.05、0.10 等,其中 $\alpha=0.05$ 称为小概率事件,运用较多。

4. 确定拒绝域

首先由原假设 H_0 的内容确定拒绝域的形式(即双侧检验或者单侧检验),再由给定的显著性水平 α 查有关数表求出判断的临界值,即拒绝域和接受域的临界点(表 3.6),确定拒绝域。

5. 做出判断

由将实测样本所计算的统计量数值与临界值进行比较,按照判断规则,若统计量的计算值落入拒绝域,则拒绝原假设 H_0,否则接受原假设 H_0。

6. 结论

做出显著性判断的结论。应注意所给出的结论,一定要说明是在一定显著性水平 α 下得到的。有些情况下,所设置的显著性水平不同,可能会得到不同的结论。

表 3.6 假设检验的选择及应用

检验类型	名称		原假设 H_0	备择假设 H_1	统计量计算公式	双侧拒绝域状况	拒绝(H_0,i)
检验分布中心 μ (σ 已知)	u_1 检验	双侧	$\mu = \mu_0$	$\mu \ne \mu_0$	$z = \dfrac{\bar{x} - \mu_0}{\sigma_0/\sqrt{n}}$	双侧拒绝域图（$\pm z_{\alpha/2}$）	$\lvert z \rvert \ge z_{\alpha/2}$
		单侧	$\mu \ge \mu_0$	$\mu < \mu_0$			$z \le -z_\alpha$
		单侧	$\mu \le \mu_0$	$\mu > \mu_0$			$z \ge z_\alpha$
(σ 已知)	u_2 检验	双侧	$\mu_1 = \mu_2$	$\mu_1 \ne \mu_2$	$z = \dfrac{\bar{x}_1 - \bar{x}_2}{\sigma_0 \sqrt{\dfrac{1}{n_1} + \dfrac{1}{n_2}}}$		$\lvert z \rvert \ge z_{\alpha/2}$
		单侧	$\mu_1 \ge \mu_2$	$\mu_1 < \mu_2$			$z \le -z_\alpha$
		单侧	$\mu_1 \le \mu_2$	$\mu_1 > \mu_2$			$z \ge z_\alpha$
(σ 未知)	t_1 检验	双侧	$\mu = \mu_0$	$\mu \ne \mu_0$	$t = \dfrac{\bar{x} - \mu_0}{s/\sqrt{n}}$	双侧拒绝域图（$\pm t_{\alpha/2}$）	$\lvert t \rvert \ge t_{\alpha/2}$
		单侧	$\mu \ge \mu_0$	$\mu < \mu_0$			$t \le -t_\alpha$
		单侧	$\mu \le \mu_0$	$\mu > \mu_0$			$t \ge t_\alpha$
(σ 未知)	t_2 检验	双侧	$\mu_1 = \mu_2$	$\mu_1 \ne \mu_2$	$t = \dfrac{\bar{x}_1 - \bar{x}_2}{\sqrt{\dfrac{(n_1-1)s_1^2 + (n_2-1)s_2^2}{n_1 + n_2 - 2}}} \cdot \sqrt{\dfrac{1}{n_1} + \dfrac{1}{n_2}}$		$\lvert t \rvert \ge t_{\alpha/2}$
		单侧	$\mu_1 \ge \mu_2$	$\mu_1 < \mu_2$			$t \le -t_\alpha$
		单侧	$\mu_1 \le \mu_2$	$\mu_1 > \mu_2$			$t \ge t_\alpha$
检验方差 σ (σ 已知)	χ^2 检验	双侧	$\sigma^2 = \sigma_0^2$	$\sigma^2 \ne \sigma_0^2$	$\chi^2 = \dfrac{(n-1)s^2}{\sigma_0^2}$	χ^2 分布双侧拒绝域	$\chi^2 \ge \chi_{\alpha/2}^2$ 或 $\chi^2 \le \chi_{1-\alpha/2}^2$
		单侧	$\sigma^2 \ge \sigma_0^2$	$\sigma^2 < \sigma_0^2$			$\chi^2 \le \chi_{1-\alpha}^2$
		单侧	$\sigma^2 \le \sigma_0^2$	$\sigma^2 > \sigma_0^2$			$\chi^2 \ge \chi_\alpha^2$
(σ 未知)	F 检验	双侧	$\sigma_1^2 = \sigma_2^2$	$\sigma_1^2 \ne \sigma_2^2$	$F = \dfrac{s_{\bar{x}}^2}{s_{\bar{y}}^2}$	F 分布双侧拒绝域	$F \ge F_{\alpha/2}^2$ 或 $F \le F_{1-\alpha/2}^2$
		单侧	$\sigma_1^2 \ge \sigma_2^2$	$\sigma_1^2 < \sigma_2^2$			$F \le F_{1-\alpha}$
		单侧	$\sigma_1^2 \le \sigma_2^2$	$\sigma_1^2 > \sigma_2^2$			$F \ge F_\alpha$

3.3 正态分布总体分布中心 μ 的假设检验

3.3.1 z 检验——总体标准偏差 σ 已知

总体正态分布的标准偏差 σ 已知时,采用 z 检验方法,可用来比较样本与总体分布中心之间的差异是否显著,也可用来比较两个总体分布中心之间的差异是否显著。在生产工序比较稳定的情况下,只检验分布中心就可判断工序生产是否正常,这时可用 z 检验。

1. 一个正态总体的情形

设总体 X 服从正态分布 $N(\mu_0,\sigma^2)$,$x_1,x_2,\cdots,x_n$ 是从总体中抽取的样本。检验步骤如下。

提出原假设:$H_0:\mu=\mu_0$,μ_0 是已知的。

选择统计量:由样本值按第 1 章式(1.20)计算统计量 u 的值。

$$z=\frac{\bar{x}-\mu_0}{\sigma/\sqrt{n}},\ z\sim N(0,1)$$

式中 n——从总体中抽取的样本容量;
$\bar{x}$——样本平均值。

给定显著性水平:取 α,在正态分布表上查出临界值 $\mu_{\alpha/2}$。

判断规则:

双侧检验,当 $|z|>z_{\alpha/2}$ 时,拒绝 H_0;当 $|z|\leqslant z_{\alpha/2}$,接受 H_0。

单侧检验,当 $z\leqslant -z_\alpha$ 时,拒绝 $H_0:\mu\geqslant \mu_0$;当 $z\geqslant z_\alpha$ 时,拒绝 $H_0:\mu\leqslant \mu_0$。

例 3.3 某石灰窑生产的石灰中 CaO 和 MgO 含量,在正常情况下为正态分布 $N(84.6,0.36^2)$,即 $\mu_0=84.6\%$,$\sigma=0.36\%$。经调整,提高烧成温度后测定石灰中 CaO 和 MgO 含量,检测数据(%)为:84.8、85.4、85.2、85.4、84.6、85.4、85.7、85.3、85.9、85.1、85.7、85.6、85.8、84.9、85.3、85.7、85.2、85.4、85.2、85.1。

试检验提高烧成温度后,石灰中 CaO 和 MgO 含量是否发生了显著变化。

解 (1)提出原假设 $H_0:\mu=\mu_0$。

μ_0 为提高烧成温度前石灰中 CaO 和 MgO 含量的平均值,$\mu_0=84.6\%$;

$\bar{x}$ 为提高烧成温度后石灰中 CaO 和 MgO 的平均含量:$\bar{x}=(84.8+85.4+\cdots+85.2+85.1)/20=85.3(\%)$,且经格拉布斯法检验,无异常值。

(2)选择统计量。

经计算,提高烧成温度后 $\bar{x}$ 含量的标准偏差 $s=0.34\%$,与提高烧成温度前的标准偏差 $\sigma=0.36\%$ 十分接近,可认为提高烧成温度前后的离散性无显著差异,故只需检验分布中心有无显著差异即可。因此,按下式计算统计量 z:

$$z=\frac{\bar{x}-\mu_0}{\sigma/\sqrt{n}}=\frac{85.3-84.6}{0.36/\sqrt{20}}=8.70$$

(3)给定显著性水平 $\alpha=0.05$,在正态分布表上查出临界值。

由于调整石灰的烧成工艺后,石灰中 CaO 和 MgO 含量会发生偏高或偏低的变化而偏离最佳值，虽然石灰中 CaO 和 MgO 含量越高石灰质量越好，但是，烧成温度过高也会造成过火石灰的出现。因此，应进行双侧检验。查附表 2，当 $\alpha=0.05$ 时，临界值 $z_{0.025}=1.96$。

(4) 比较统计量 z 和临界值。

$z=8.70>1.96$，z 值落入拒绝域内，拒绝原假设，由此得出结论：提高烧成温度后石灰中 CaO 和 MgO 含量显著地提高了。

可见，应分析调整石灰烧成工艺对石灰中 CaO 和 MgO 含量的其他影响因素，如是否存在过量的过火石灰，原工艺石灰中 CaO 和 MgO 含量偏低可能由于存在欠火石灰造成。如提高烧成温度后，虽然石灰中 CaO 和 MgO 含量显著提高，但确实存在过量的过火石灰，则应对烧成工艺采取措施，使之恢复到较理想的最佳值状态。

例 3.4 采用负压筛法检测某水泥厂的水泥细度，在正常情况下为正态分布 $N(3.8,0.18^2)$。现改变球磨机配球方案，对新磨制的水泥连续取了 16 个试样，测定的水泥细度平均值为 $\bar{x}=3.5\%$，标准偏差 $s=0.17\%$。试检验改变磨制方案后，出磨水泥细度是否显著变细。

解 改变磨制方案后，水泥样本标准偏差 $s=0.17\%$，与原方案总体的标准偏差 $\sigma=0.18\%$，无显著性差异。

(1) 提出原假设：$H_0:\mu\geq\mu_0$，即改变磨制方案后水泥细度无显著变化。备择假设 $H_1:\mu<\mu_0$。μ_0 为原细度。

(2) 计算统计量：$z=\dfrac{\bar{x}-\mu_0}{\sigma/\sqrt{n}}=\dfrac{3.5-3.8}{0.18/\sqrt{16}}=-6.67$。

(3) 给定显著性水平：$\alpha=0.05$。由于在一定条件下，水泥细度越低质量越好，故采用单侧检验。从附表 1 中查出临界值 $-z_{0.05}=-1.645$。

(4) 统计推断：由于 $-z=-6.67<-1.645$，统计量落入拒绝域，拒绝原假设 $H_0:\mu\geq\mu_0$，接受备择假设 $H_1:\mu<\mu_0$，即改变磨制方案后水泥细度显著变细。

2. 两个正态总体的情形

设总体 X 服从正态分布 $N(\mu_1,\sigma_1^2)$，总体 Y 服从正态分布 $N(\mu_2,\sigma_2^2)$。$x_1,x_2,\cdots,x_n$ 是从总体 X 中抽取的样本，$y_1,y_2,\cdots,y_n$ 是从总体 Y 中抽取的样本，并且这两个样本相互独立。

总体标准偏差 σ_1 和 σ_2 已知，检验步骤如下：

(1) 提出原假设：$H_0:\mu_1=\mu_2$。

(2) 选择统计量：由样本值计算统计量 z

$$z=\frac{\bar{x}-\bar{y}}{\sqrt{\sigma_1^2/n_1+\sigma_2^2/n_2}}, \quad z\sim N(0,1) \tag{3.13}$$

式中　　n_1——从总体 X 中抽取的样本容量；

　　　　n_2——从总体 Y 中抽取的样本容量；

　　　　$\bar{x}$——从总体 X 中抽取的样本平均值；

　　　　$\bar{y}$——从总体 Y 中抽取的样本平均值；

(3) 给定显著性水平 α，在正态分布表上查出临界值 $z_{\alpha/2}$。

(4) 判断规则。

双侧检验,当 $|z|>z_{a/2}$ 时,拒绝 H_0;当 $|z|\leqslant z_{a/2}$ 时,接受 H_0。

单侧检验,当 $z\leqslant -z_a$ 时,拒绝 $H_0:\mu_1\geqslant\mu_2$;当 $z\geqslant z_a$ 时,拒绝 $H_0:\mu_1\leqslant\mu_2$。

例 3.5 甲、乙两座混凝土搅拌站生产同配合比的 C35 混凝土。现从甲搅拌站随机抽取30组试件,测得平均抗压强度 $\bar{x}=38.7$ MPa;从乙搅拌站随机抽取30组试件,测得平均抗压强度 $\bar{x}=36.4$ MPa。两拌和站的混凝土抗压强度标准偏差都比较稳定地控制在 3.7 MPa。请检验两座混凝土搅拌站生产的混凝土的平均抗压强度是否相同。

解 假设检验步骤如下:

(1) 提出原假设 $H_0:\mu_1=\mu_2$。

(2) 选择并计算统计量。

依据题意,已知 $\sigma_1=\sigma_2=3.7$ MPa, $n_1=30$, $\bar{x}=38.7$ MPa; $n_2=30$, $\bar{y}=36.4$ MPa。则统计量 z 的计算值为

$$z=\frac{\bar{x}-\bar{y}}{\sqrt{\sigma_1^2/n_1+\sigma_2^2/n_2}}=\frac{38.7-36.4}{3.7\times\sqrt{1/30+1/30}}=2.41$$

(3) 取显著性水平 $\alpha=0.05$。

在混凝土生产中,其抗压强度偏高或偏低,质量均不稳定,因此选择双侧检验。查附表 2, $z_{0.05/2}=1.96$。

(4) 由于 $|z|=2.41>1.96$,因此,拒绝 H_0,即两座混凝土搅拌站生产的混凝土强度有显著差异。

土木工程中选用商品混凝土时,应特别注意不同商品混凝土搅拌站生产的混凝土强度之间的差异,以免带来工程质量问题。

3.3.2 t 检验——总体标准偏差 σ 未知

在土木工程日常检验中,多数情况下是不具备 z 检验的条件,即总体方差 σ^2 未知。这时需要根据样本的标准偏差 s 作为总体标准偏差 σ 的无偏估计量,采用 t 检验。

1. 样本均值与总体均值的比较

在土木工程生产和科学试验中经常会遇到这样的问题,如两种不同的生产工艺、检验方法、仪器设备及两批产品之间准确度的检验,实验室对实验人员检验技术水平的考核,工程生产质量的控制与评定等,都属于样本均值与总体均值进行比较的 t 检验。

设从一个服从正态分布的总体 $N(\mu_0,\sigma^2)$ 中抽取一个样本,其平均值为 $\bar{x}$,标准差为 s。用样本平均值 $\bar{x}$ 来检验总体均值是否等于一个给定值(如理论值、标准值或真实值)。

检验步骤如下:

(1) 提出原假设: $H_0:\mu=\mu_0$。

(2) 选择并计算统计量 t:根据样本值按式(1.21)计算

$$t=\frac{\bar{x}-\mu_0}{s/\sqrt{n}}$$

(3) 选定显著性水平 α: α 一般取 0.05。根据 $df=n-1$,由附表 3 查出临界值 $t_{a/2}$ 或 t_a。

(4) 统计推断。

双侧检验:若$|t|\leqslant t_{\alpha/2}$,接受$H_0$,即总体均值与给定值无显著性差异;若$|t|>t_{\alpha/2}$,拒绝$H_0$,即总体均值与给定值存在显著性差异。

单侧检验:若$t\leqslant -t_\alpha$,拒绝$H_0:\mu\geqslant\mu_0$;若$t>t_\alpha$,拒绝$H_0:\mu\leqslant\mu_0$。

例3.6 现行水泥质量管理规程规定:袋装水泥每20包的总质量应不小于1 000 kg,单包净含量不小于49 kg,合格率100%。对某水泥厂随机抽取20袋水泥,其质量平均值$\bar{x}=50.20$ kg,标准差$s=0.52$ kg。试检验水泥厂袋装水泥的包装情况与标准设定值50.00 kg有无显著性差异。

解 已知袋装水泥质量服从正态分布。总体标准偏差σ未知,样本平均值$\bar{x}=50.20$ kg,规定值$\mu_0=50.00$ kg。采用t检验的步骤如下:

(1) 提出原假设$H_0:\mu=\mu_0$,即水泥厂袋装水泥的包装情况与标准设定值50.00 kg无显著性差异。

(2) 计算统计量:$\bar{x}=50.40, s=0.52, n=20$,则
$$t=\frac{50.20-50.00}{0.52/\sqrt{20}}=1.72$$

(3) 选定显著性水平$\alpha=0.05$。

在袋装水泥包装质量控制中,若总体均值显著偏离标准值过高或过低都不符合要求,故应采用双侧检验。从附表3查得双侧检验临界值。当自由度$n-1=19$时,临界值$t_{\alpha/2}(19)=t_{0.025}(19)=2.093$。

(4) 因为$|t|=1.72<2.093$,统计量t落入接受域内,接受原假设H_0,即袋装水泥包装情况与标准设定值无显著差异,包装机工作情况正常。

2. 用两个样本均值比较两个总体均值

有两个方差相等的正态分布总体,从中分别抽取两个独立的样本,可以采用t检验法,用两个样本的平均值来检验两个总体的平均值是否相等。

采用t检验有两个前提条件:① 两个总体是互相独立的正态分布总体;② 这两个总体的方差无显著性差异。此时,公共方差可根据两个样本的方差进行估计。因此,在进行两个总体均值比较时,应先通过F检验确认两个总体的方差无显著性差异后,再进行t检验。

具体检验步骤如下:

(1) 提出原假设$H_0:\mu_1=\mu_2$。

(2) 选择并计算统计量:依据样本值按式(1.23)计算
$$t=\frac{\bar{x_1}-\bar{x_2}}{\sqrt{\frac{(n_1-1)s_1^2+(n_2-1)s_2^2}{n_1+n_2-2}}\sqrt{\frac{1}{n_1}+\frac{1}{n_2}}}$$

式中　$\bar{x_1},\bar{x_2}$——两个样本的平均值;

n_1, n_2——两个样本的容量;

s_1, s_2——两个样本的标准偏差。

(3) 选择显著性水平α:α一般取0.05。根据自由度$df=n_1+n_2-2$,由附表3查出临

界值 $t_{\alpha/2}$ 或 t_α。

(4) 统计推断。

双侧检验:若 $|t| \leqslant t_{\alpha/2}$,接受 H_0,即两个总体均值无显著性差异;若 $|t| > t_{\alpha/2}$,拒绝 H_0,即两个总体均值存在显著性差异。

单侧检验:若 $t \leqslant -t_\alpha$,拒绝 $H_0 : \mu_1 \geqslant \mu_2$;若 $t \geqslant t_\alpha$,拒绝 $H_0 : \mu_1 \leqslant \mu_2$。

例 3.7 某沥青混合料拌和站,连续抽取了 8 个试样检测某热拌沥青混合料的毛体积密度,测定结果平均值 $\overline{x_1} = 2.354\ \text{g/cm}^3$,标准差 $s_1 = 1.25\ \text{g/cm}^3$。调整了生产配合比后,在同一工艺条件下抽检了 10 组试样,其毛体积密度的平均值 $\overline{x_2} = 2.358\ \text{g/cm}^3$,标准差 $s_2 = 1.10\ \text{g/cm}^3$。试检验调整了生产配合比后,沥青混合料的毛体积密度是否显著提高。

解 调整生产配合比前,沥青混合料毛体积密度平均值 $\overline{x_1} = 2.354\ \text{g/cm}^3$,标准差 $s_1 = 1.25\ \text{g/cm}^3$,$n_1 = 8$;调整了生产配合比后,其平均值 $\overline{x_2} = 2.358\ \text{g/cm}^3$,标准差 $s_2 = 1.10\ \text{g/cm}^3$,$n_2 = 10$。

首先采用 F 检验法,检验两个样本方差有无显著性差异。方法如下。

统计量 F 计算值为:$F_{\text{计算值}} = \dfrac{s_1^2}{s_2^2} = \dfrac{1.25^2}{1.10^2} = 1.29$;

取 $\alpha = 0.05$,自由度 $df_1 = 8 - 1 = 7$,$df_2 = 10 - 1 = 9$,查附表 5 得 $F_{0.025} = 4.20$,$F_{0.975} = 0.21$,因 $F_{0.975} < F_{\text{计算值}} < F_{0.025}$,所以两个样本方差无显著性差异,可进行 t 检验。

(1) 提出原假设:$H_0 : \mu_1 \geqslant \mu_2$,即调整了生产配合比后,沥青混合料的毛体积密度无显著提高。备择假设 $H_1 : \mu_1 < \mu_2$。

(2) 计算统计量:

$$t = \dfrac{\overline{x_1} - \overline{x_2}}{\sqrt{\dfrac{(n_1-1)s_1^2 + (n_2-1)s_2^2}{n_1 + n_2 - 2}} \sqrt{\dfrac{1}{n_1} + \dfrac{1}{n_2}}} =$$

$$\dfrac{2.354 - 2.358}{\sqrt{\dfrac{7 \times 1.25^2 + 9 \times 1.10^2}{8 + 10 - 2}} \times \sqrt{\dfrac{1}{8} + \dfrac{1}{10}}} = -0.007$$

(3) 给定显著性水平:$\alpha = 0.05$。

由于在一定条件下,热拌沥青混合料的毛体积密度越大,路面压实质量控制越好,故采用单侧检验。自由度 $df = 8 + 10 - 2 = 16$,从附表 3 中查出临界值 $-t_{0.05}(16) = -2.120$。

(4) 统计推断:由于 $t = -0.007 > -2.120$,统计量落入接受域,接受原假设 $H_0 : \mu_1 \geqslant \mu_2$,即调整了生产配合比后,沥青混合料的毛体积密度无显著提高。

3.4 正态分布总体方差 σ^2 的假设检验

上一节中,进行两个正态分布总体的分布中心 $\mu_1 = \mu_2$ 的假设检验时,其前提条件是两个正态分布总体的方差已知或者未知但相等。事实上,当两个正态分布总体方差未知时,应先进行两个总体方差是否相等的检验。只有在标准偏差相同时再检验均值,所得结论才有意义。

3.4.1 一个正态总体的情形——χ^2 检验

对于一个正态总体标准偏差的假设检验可采用 χ^2 检验法。检验总体分布的标准偏差有无显著变化非常重要。因为标准偏差是反映生产过程中样本质量波动程度的特征值,是生产质量控制中判断生产状态是否稳定的重要标志。

设总体 X 服从正态分布 $N(\mu,\sigma^2)$,$x_1,x_2,\cdots,x_n$ 是从总体中抽取的样本。χ^2 检验的步骤如下:

(1) 提出原假设 $H_0:\sigma^2=\sigma_0^2$,σ_0^2 已知。

(2) 选择统计量:由样本值按式(1.27)计算统计量 χ^2 的值

$$\chi^2=\frac{(n-1)s^2}{\sigma_0^2},\chi^2\sim\chi^2(n-1)$$

式中 n——随机变量的一个样本的容量,$n-1$ 为自由度;

s^2——样本方差;

σ_0^2——总体的方差。

根据 χ^2 分布的性质知,统计量 $\chi^2=(n-1)s^2/\sigma_0^2$ 服从自由度为$(n-1)$的 χ^2 概率分布。如果比值$(n-1)s^2/\sigma_0^2$ 太大或太小都表明总体方差有改变,因此,以此比值作为 χ^2 检验方差的统计量。

(3) 给定显著性水平 α,在附表4上查出自由度 $df=n-1$ 时的临界值。

(4) 判断规则。

双侧检验:当 $\chi^2>\chi_{\alpha/2}^2$ 或 $\chi^2<\chi_{1-\alpha/2}^2$ 时,拒绝 H_0;当 $\chi_{1-\alpha/2}^2\leqslant\chi^2\leqslant\chi_{\alpha/2}^2$ 时,接受 H_0。

单侧检验:左侧检验,当 $\chi^2\leqslant\chi_{1-\alpha}^2$ 时,拒绝 $H_0:\sigma^2\geqslant\sigma_0^2$;右侧检验,当 $\chi^2\geqslant\chi_\alpha^2$ 时,拒绝 $H_0:\sigma^2\leqslant\sigma_0^2$。

例 3.8 某沥青混合料拌和站,长期连续抽样得到所生产的 AC-16 中粒式沥青混合料马歇尔试件的稳定度服从正态分布 $N(12.7,2.32^2)$,即 $\mu_0=12.7$ kN,$\sigma_0=2.32$ kN。现调整了生产配合比,在同一工艺条件下抽检了20组试样,测得马歇尔稳定度的平均值 $\bar{x}=13.0$ kN,标准差 $s=2.13$ kN。问调整了生产配合比后,沥青混合料马歇尔稳定度的稳定性是否有显著性变化?

解 (1) 提出原假设 $H_0:\sigma^2=\sigma_0^2$,即假设调整生产配合比后,稳定度的波动不大。

(2) 计算统计量:$\sigma_0=2.32$ kN,标准差 $s=2.13$ kN,$n=20$,则

$$\chi^2=\frac{(n-1)s^2}{\sigma_0^2}=\frac{19\times2.13^2}{2.32^2}=16.02$$

(3) 选显著性水平 $\alpha=0.05$,查 $\chi^2(n-1)$ 检验临界值表,确定临界值。

此例为双侧检验,自由度 $n-1=19$,查附表4得 $\chi_{0.025}^2(19)=32.852$,$\chi_{0.975}^2(19)=8.907$。

(5) 判断。因 $8.907<16.02<32.852$,统计量落在接受域内,故接受原假设,即认为稳定度波动不大。

2. 两个正态总体的情形——F 检验

检验两个总体的标准偏差有无显著性差异,采用 F 检验的方法。如两个总体的方差

σ_1^2 和 σ_2^2 相等，则它们的样本方差之比 s_1^2/s_2^2 应接近于 1，而当此比值与 1 有较大的偏差时，必须否定提出的假设，因此，选择统计量 F。

设总体 X 服从正态分布 $N(\mu, \sigma_1^2)$，$x_1, x_2, \cdots, x_n$ 是从总体 X 中抽取的样本；总体 Y 服从正态分布 $N(\mu, \sigma_2^2)$，$y_1, y_2, \cdots, y_n$ 是从总体 Y 中抽取的样本，并且这两个样本相互独立。

检验步骤如下：

(1) 提出原假设：$H_0 : \sigma_1^2 = \sigma_2^2$。

(2) 选择统计量：由样本值按式(1.29)计算统计量 F 的值：

$$F = \frac{s_1^2}{s_2^2}, \qquad F \sim F(df_1, df_2)$$

式中　　df_1, df_2 —— 自由度，$df_1 = n_1 - 1, df_2 = n_2 - 1$；

　　　　s_1^2 —— 从总体 X 中抽取的样本方差；

　　　　s_2^2 —— 从总体 Y 中抽取的样本方差。

(3) 给定显著性水平 α，在附表 5 上查出自由度 $df_1 = n_1 - 1, df_2 = n_2 - 1$ 时的 F 分布临界值。

(4) 判断规则。

双侧检验：当 $F_{1-\alpha/2} \leqslant F \leqslant F_{\alpha/2}$ 时，接受原假设 $H_0 : \sigma_1^2 = \sigma_2^2$；当 $F < F_{1-\alpha/2}$ 或 $F > F_{\alpha/2}$ 时，拒绝原假设 $H_0 : \sigma_1^2 = \sigma_2^2$。

单侧检验：当 $F \leqslant F_{1-\alpha}$ 时，拒绝原假设 $H_0 : \sigma_1^2 \geqslant \sigma_2^2$；当 $F \geqslant F_\alpha$ 时，拒绝原假设 $H_0 : \sigma_1^2 \leqslant \sigma_2^2$。

在例 3.7 中，应用了 F 检验的方法，检验了两个总体的标准偏差有无显著性差异。

第四章 方差分析与正交试验

4.1 方差分析

方差分析是对试验结果所得数据做分析的一种常用的数理统计方法,有着广泛的应用。它是试验设计中用到的重要分析方法。

在实际问题中,影响一事物的因素往往是很多的,人们总是要通过试验,观察各种因素的影响。例如,沥青路面施工中,有温度、厚度、时间、原材料、摊铺与压实工艺等因素,每一个因素的改变都有可能影响施工质量。有些因素影响较大,有些因素影响较小;有的因素可以控制,有的因素则不能控制。如何从多种可控因素中找出主要影响因素,通过对主要因素的控制调整,提高生产的质量或产品的产量是人们所希望的。用数理统计分析试验结果鉴别各因素对结果影响程度的方法称为方差分析(analysis of variance,ANOVA)。

在试验中,将要考察的指标称为试验指标(experimental index),影响试验指标并可以控制的条件称为因素(factor),因素所处的状态称为该因素的水平(level),一个因素可以采取多个水平。不同的因素、不同的水平可以看作是不同的总体。通过观测可以得到试验指标的数据,这些数据可以看成是从不同总体中得到的样本数据,利用这些数据可以分析不同因素、不同水平对试验指标影响的大小。如果试验仅考虑一个因素,则称为单因素试验,否则称为多因素试验。处理这些试验结果的统计方法就称为单因素方差分析和多因素方差分析。

本书主要讨论单因素方差分析(one factor analysis of variance)和双因素方差分析(two factor analysis of variance)。

4.1.1 单因素试验的方差分析

只考虑一个因素 A 对所关心的指标的影响,A 取几个水平,在每个水平上做若干个试验,试验过程中除 A 外,其他影响指标的因素都保持不变(只有随机因素存在),我们的任务是从试验结果推断,因素 A 对指标有无显著影响,即当 A 取不同水平时指标有无显著差别。

A 取某个水平下的指标视为随机变量,判断 A 取不同水平时指标有无显著差别,相当于检验若干总体的均值是否相等。

设 A 取 a 个水平 $A_1, A_2, \cdots, A_a$,在水平 A_i 下总体 X_i 服从正态分布 $N(\mu_i, \sigma^2)$,$i=1,\cdots,a$,这里 μ_i, σ^2 未知,μ_i 可以互不相同,但假定 X_i 有相同的方差。又设在每个水平 A_i 下都作了 $n_i(n_i \geqslant 2)$ 次独立试验,即从中抽取容量为 n_i 的样本,记作 $x_{ij}, j=1,\cdots,n_i$,假定水平 A_i 下的样本来自正态总体 $N(\mu_i, \sigma^2)$,μ_i, σ^2 未知,且不同水平 A_i 下的样本独立,有

$x_{ij} \sim N(\mu_i, \sigma^2)$,$X_{ij}$ 相互独立 $i=1,\cdots,a; j=1,\cdots,n_i$

将试验指标的观测值列成表 4.1(单因素试验数据表)的形式。

表 4.1 单因素试验数据表

	水平			
	A_1	A_2	$\cdots$	A_a
1	x_{11}	x_{21}	$\cdots$	x_{a1}
2	x_{12}	x_{22}	$\cdots$	x_{a2}
$\vdots$	$\vdots$	$\vdots$	$\cdots$	$\vdots$
n_i	x_{1n_1}	x_{2n_2}	$\cdots$	x_{an_a}

判断 A 的 a 个水平对指标有无显著影响,相当于要做以下的假设检验:

$$H_0: \mu_1 = \mu_2 = \cdots = \mu_a; H_1: \mu_1, \mu_2, \cdots, \mu_a \text{ 不全相等} \tag{4.1}$$

当 H_0 不真时,表示不同水平下指标的均值有显著差异,此时称因素 A 是显著的,否则称因素 A 不显著。

由于 x_{ij} 的取值既受不同水平 A_i 的影响,又受 A_i 固定下随机因素的影响,所以将它分解为

$$x_{ij} = \mu_i + \varepsilon_{ij}, i=1,\cdots,a, j=1,\cdots,n_i \tag{4.2}$$

式中 ε_{ij} —— 随机误差。假设 $\varepsilon_{ij} \sim N(0, \sigma^2)$,且相互独立。

为了定量分析因素 A 的不同水平对指标值的影响,将上式变成

$$x_{ij} = \mu + \alpha_i + \varepsilon_{ij}, i=1,\cdots,a; j=1,\cdots,n_i \tag{4.3}$$

其中,$\mu = \frac{1}{n}\sum_{i=1}^{a} n_i \mu_i$ 称为总平均(grand mean)。$\alpha_i = \mu_i - \mu$,称 α_i 为水平 A_i 的效应(effects),满足

$$\sum_{i=1}^{a} n_i \alpha_i = 0 \tag{4.4}$$

数学模型可表达为

$$\begin{cases} x_{ij} = \mu + \alpha_i + \varepsilon_{ij} \\ \sum_{i=1}^{a} n_i \alpha_i = 0 \\ \varepsilon_{ij} \sim N(0, \sigma^2), \ i=1,\cdots,a, \ j=1,\cdots,n_i \end{cases} \tag{4.5}$$

现在原假设 $H_0: \mu_1 = \mu_2 = \cdots = \mu_a; H_1: \mu_1, \mu_2, \cdots, \mu_a$ 不全相等,等价于

$$H_0: \alpha_1 = \alpha_2 = \cdots = \alpha_a = 0; H_1: \alpha_1, \alpha_2, \cdots, \alpha_a \text{ 不全为零} \tag{4.6}$$

检验这种假设的适当程序就是方差分析。

解决这种模型的具体步骤如下。

1. 总离差平方和的分解

记在水平 A_i 下的样本均值为

$$\bar{x}_{i\cdot} = \frac{1}{n_i}\sum_{j=1}^{n_i} X_{ij}, \quad i=1,\cdots,a \tag{4.7}$$

样本数据的总平均值为

$$\overline{x} = \frac{1}{n} \sum_{i=1}^{a} \sum_{j=1}^{n_i} x_{ij}, n = \sum_{i=1}^{a} n_i \tag{4.8}$$

则总离差平方和为

$$S_T = \sum_{i=1}^{a} \sum_{j=1}^{n_i} (x_{ij} - \overline{x})^2 \tag{4.9}$$

将 S_T 整理并分解可得

$$S_T = \sum_{i=1}^{a} \sum_{j=1}^{n_i} (\overline{x}_{i\cdot} - \overline{x})^2 + \sum_{i=1}^{a} \sum_{j=1}^{n_i} (x_{ij} - \overline{x}_{i\cdot})^2 \tag{4.10}$$

若记

$$S_A = \sum_{i=1}^{a} \sum_{j=1}^{n_i} (\overline{x}_{i\cdot} - \overline{x})^2 \tag{4.11}$$

$$S_E = \sum_{i=1}^{a} \sum_{j=1}^{n_i} (x_{ij} - \overline{x}_{i\cdot})^2 \tag{4.12}$$

则有

$$S_T = S_A + S_E \tag{4.13}$$

这里 S_T 表示全部试验数据与总平均值之间的差异,又称总变差(total variation)。S_A 是各水平下的样本均值与总平均值之间的差异,称作因素 A 的效应平方和,又称组间差(among groups variation),可以用下式计算:

$$S_A = \sum_{i=1}^{a} \sum_{j=1}^{n_i} (\overline{x}_{i\cdot} - \overline{x})^2 = \sum_{i=1}^{a} n_i (\overline{x}_{i\cdot} - \overline{x})^2 = \sum_{i=1}^{a} n_i \overline{x}_{i\cdot}^2 - n\overline{x}^2 \tag{4.14}$$

S_E 是各水平下的样本均值与样本值之间的差异,它是由随机误差引起的,称作误差平方和(error sum of squares)。即 S_A 反映因素 A 不同水平间的差异,S_E 则表示在同一水平下随机误差的大小。

2. 统计分析

对 S_E 和 S_A 做进一步分析可得:

定理 4.1　(1)S_E 与 S_A 相互独立。

(2) $\frac{1}{\sigma^2} S_E \sim \chi^2(n-a)$,$S_E$ 的自由度 $df_E = n - a$,S_E 的数学期望 $ES_E = (n-a)\sigma^2$。

(3) 当 H_0 为真时,$\frac{1}{\sigma^2} S_A \sim \chi^2(a-1)$,$S_A$ 的自由度为 $df_A = a - 1$,S_A 的数学期望 $ES_A = (a-1)\sigma^2$。

记

$$MS_A = \frac{S_A}{a-1} \tag{4.15}$$

$$MS_E = \frac{S_E}{n-a} \tag{4.16}$$

并分别称之为 S_A、S_E 的均方。由定理 1 可知,MS_E 是 σ^2 的无偏估计,当 H_0 为真时,MS_A 也是 σ^2 的无偏估计。

为了检验 $H_0: \alpha_1 = \alpha_2 = \cdots = \alpha_a = 0$，取

$$F = \frac{\frac{S_A}{\sigma^2}/(a-1)}{\frac{S_E}{\sigma^2}/(n-a)} = \frac{MS_A}{MS_E} \tag{4.17}$$

当 H_0 成立时，由定理1，$F \sim F(a-1, n-a)$。

直观上，当 H_0 为真时，由因素水平的不同引起的偏差相对于随机误差而言可以忽略不计，即 F 的值应较小；反之，若 F 值较大，自然认为 H_0 不真。

为检验 H_0，给定显著性水平 α，查出 F 分布的 α 分位点为 $F_\alpha(a-1, n-a)$。

由于

$$P\{F \geqslant F_\alpha(a-1, n-a)\} = \alpha \tag{4.18}$$

检验规则为：在显著性水平 α 下 H_0 的拒绝域

$$F \geqslant F_\alpha(a-1, n-a) \tag{4.19}$$

方差分析一般用的显著性水平是：取 $\alpha=0.01$，拒绝 H_0，称因素 A 的影响（或 A 各水平的差异）特别显著，用两个 * 号表示；取 $\alpha=0.01$，不拒绝 H_0，但取 $\alpha=0.05$，拒绝 H_0，称因素 A 的影响显著，用一个 * 号表示；取 $\alpha=0.05$，不拒绝 H_0，称因素 A 无显著影响，不用 * 号表示。

将试验数据按上述分析、计算的结果排成表4.2的形式，称为单因素试验方差分析表。

表4.2 单因素试验方差分析表

方差来源	离差平方和 S	自由度 df	平均离差平方和 MS	F 值	临界值	显著性
因素 A	S_A	$a-1$	$\dfrac{S_A}{a-1}$	$\dfrac{MS_A}{MS_E}$	$F_\alpha(df_A, df_E)$	
误差 E	S_E	$n-a$	$\dfrac{S_E}{n-a}$			
总和 T	S_T	$n-1$				

例4.1 某实验室进行 AC-20 沥青混凝土配合比设计。现制备了3个不同沥青用量的马歇尔试件，每组不同沥青用量重复制备5个标准圆柱体试件。测量每个试件的高度，结果见表4.3，试分析不同沥青用量试件高度有无显著差异。

表4.3 不同沥青用量的试件高度数据表

水平 试验次数	$A_1(3.8\%)$	$A_2(4.3\%)$	$A_3(4.8\%)$
1	62.9	63.1	63.8
2	63.2	62.8	63.6
3	63.4	63.5	64.1
4	62.8	64.1	64.5
5	62.6	63.7	64.7

解 这里 $a=3, n_1=n_2=n_3=5, n=15$,

$$\overline{x}_{1.} = \frac{1}{n_1}\sum_{j=1}^{n_1} x_{1j} = \frac{1}{5}(62.9+63.2+63.4+62.8+62.6) = 62.98$$

同理可计算

$$\overline{x}_{2.} = 63.44, \overline{x}_{3.} = 64.14$$

$$\overline{x} = \frac{1}{15}\sum_{i=1}^{3}\sum_{j=1}^{5} x_{ij} = 63.52$$

$$S_T = \sum_{i=1}^{3}\sum_{j=1}^{5} (x_{ij} - 63.52)^2 = 5.704$$

$$S_A = \sum_{i=1}^{3} n_i \overline{x}_{i.}^2 - 15\overline{x}^2 = 3.412$$

$$S_E = S_T - S_A = 5.704 - 3.412 = 2.292$$

$$MS_A = \frac{S_A}{a-1} = \frac{3.412}{2} = 1.706$$

$$MS_E = \frac{S_E}{n-a} = \frac{2.292}{12} = 0.191$$

表 4.4 沥青用量试验方差分析表

方差来源	离差平方和 S	自由度 df	平均离差平方和 MS	F 值	临界值	显著性
因素 A	3.412	2	1.706	8.932	$F_{0.01}(2,12)=6.93$	**
误差 E	2.292	12	0.191			
总和 T	5.704	14				

由表 4.4 分析可知,$F > F_{0.01}(2,12)$,说明 3 个沥青用量制备的试件存在特别显著的不同。

4.1.2 双因素无重复试验的方差分析

多因素试验中最简单的是双因素试验(two-factor test)。在双因素试验中,每个因素对试验都有各自单独的影响,同时还存在两者联合的影响,这种联合影响叫作交互作用(interactions)。如果在处理实际问题时,我们已经知道不存在交互作用,或已知交互作用对试验的指标影响很小,则可以不考虑交互作用,此时只对两个因素的效应进行分析。这种情况下,可以对于两个因素的每一组合水平只做一次试验。

设有两个因素 A、B 作用于试验的指标,因素 A 有 a 个水平 $A_1, A_2, \cdots, A_a$,因素 B 有 b 个水平 $B_1, B_2, \cdots, B_b$,在 A、B 的每对组合水平 (A_i, B_j),$i=1,2,\cdots,a$;$j=1,2,\cdots,b$ 上只做作 1 次试验,得到如下结果:

表 4.5 双因素无重复试验数据表

因素A \ 因素B	B_1	B_2	...	B_b
A_1	x_{11}	x_{12}	...	x_{1b}
A_2	x_{21}	x_{22}	...	x_{2b}
⋮	⋮	⋮		⋮
A_a	x_{a1}	x_{a2}	...	x_{ab}

设它们相互独立,假定 $x_{ij} \sim N(\mu_{ij}, \sigma^2), i=1,2,\cdots,a; j=1,2,\cdots,b$,其中 μ_{ij}、σ 均为未知参数,或写成

$$x_{ij} = \mu_{ij} + \varepsilon_{ij} \tag{4.20}$$

式中 ε_{ij}——随机误差,且 $\varepsilon_{ij} \sim N(0,\sigma^2), i=1,2\cdots,a; j=1,2\cdots,b$。

假定两因素 A、B 无交互作用,则可设

$$\mu_{ij} = \mu + \alpha_i + \beta_j \tag{4.21}$$

其中,$\mu = \frac{1}{ab}\sum_{i=1}^{a}\sum_{j=1}^{b}\mu_{ij}$,$\sum_{i=1}^{a}\alpha_i = 0$,$\sum_{j=1}^{b}\beta_j = 0$,称 μ 为总平均,α_i 为水平 A_i 的效应,β_j 为水平 B_j 的效应。

数学模型可表示为

$$\begin{cases} x_{ij} = \mu + \alpha_i + \beta_j + \varepsilon_{ij} \\ \sum_{i=1}^{a}\alpha_i = 0, \sum_{j=1}^{b}\beta_j = 0 \\ \varepsilon_{ij} \sim N(0,\sigma^2), \ i=1,\cdots,a, \ j=1,\cdots,b \end{cases} \tag{4.22}$$

原假设为

$$H_{A_0}: \alpha_1 = \alpha_2 = \cdots = \alpha_a = 0 \tag{4.23}$$

$$H_{B_0}: \beta_1 = \beta_2 = \cdots = \beta_b = 0 \tag{4.24}$$

相应的备择假设分别为

$$H_{A_1}: \alpha_1, \alpha_2, \cdots, \alpha_a \text{ 不全为零} \tag{4.25}$$

$$H_{B_1}: \beta_1, \beta_2, \cdots, \beta_b \text{ 不全为零} \tag{4.26}$$

如果 H_{A_0} 为真,表明因素 A 对指标值无显著影响,同样如果 H_{B_0} 为真,表明因素 B 对指标值无显著影响。

解决这种模型的具体步骤如下。

1. 总离差平方和的分解

记在水平 A_i 下的样本均值为

$$\bar{x}_{i\cdot} = \frac{1}{b}\sum_{j=1}^{b}x_{ij}, i=1,2,\cdots,a \tag{4.27}$$

在水平 B_j 下的样本均值为

$$\bar{x}_{\cdot j} = \frac{1}{a}\sum_{i=1}^{a}x_{ij}, j=1,2,\cdots,b \tag{4.28}$$

样本数据的总平均值为

$$\bar{x} = \frac{1}{ab}\sum_{j=1}^{b}\sum_{i=1}^{a} x_{ij} \tag{4.29}$$

则总离差平方和为

$$S_T = \sum_{j=1}^{b}\sum_{i=1}^{a}(x_{ij}-\bar{x})^2 \tag{4.30}$$

将 S_T 整理并分解可得

$$S_T = S_A + S_B + S_E \tag{4.31}$$

其中

$$S_A = b\sum_{i=1}^{a}(\bar{x}_{i\cdot}-\bar{x})^2 \tag{4.32}$$

$$S_B = a\sum_{j=1}^{b}(\bar{x}_{\cdot j}-\bar{x})^2 \tag{4.33}$$

$$S_E = \sum_{j=1}^{b}\sum_{i=1}^{a}(x_{ij}-\bar{x}_{i\cdot}-\bar{x}_{\cdot j}+\bar{x})^2 \tag{4.34}$$

S_A 称作因素 A 的效应平方和,S_B 称作因素 B 的效应平方和,S_E 称作误差平方和。从直观上看,S_A 反映 A 不同水平间的差异,S_B 反映 B 不同水平间的差异,S_E 则表示在同一水平下随机误差的大小。

2. 统计分析

对 S_E 和 S_A、S_B 做进一步分析可得:

定理 4.2 (1) S_E 与 S_A 相互独立,S_E 与 S_B 相互独立。

(2) $\frac{1}{\sigma^2}S_E \sim \chi^2((a-1)(b-1))$,$S_E$ 的自由度 $df_E=(a-1)(b-1)$,S_E 的数学期望 $ES_E=(a-1)(b-1)\sigma^2$。

(3) 当 H_{A_0} 为真时,$\frac{1}{\sigma^2}S_A \sim \chi^2(a-1)$,$S_A$ 的自由度 $df_A=a-1$,S_A 的数学期望 $ES_A=(a-1)\sigma^2$。

(4) 当 H_{B_0} 为真时,$\frac{1}{\sigma^2}S_B \sim \chi^2(b-1)$,$S_B$ 的自由度 $df_B=b-1$,S_B 的数学期望 $ES_B=(b-1)\sigma^2$。

记

$$MS_A = \frac{S_A}{a-1} \tag{4.35}$$

$$MS_B = \frac{S_B}{a-1} \tag{4.36}$$

$$MS_E = \frac{S_E}{(a-1)(b-1)} \tag{4.37}$$

并分别称之为 S_A、S_B、S_E 的均方。由定理 4.2 可知,MS_E 是 σ^2 的无偏估计。当 H_{A_0} 为真时,MS_A 是 σ^2 的无偏估计;H_{B_0} 为真时,MS_B 也是 σ^2 的无偏估计。

取检验统计量

$$F_A = \frac{\frac{S_A}{\sigma^2}/(a-1)}{\frac{S_E}{\sigma^2}/(a-1)(b-1)} = \frac{MS_A}{MS_E}$$

及

$$F_B = \frac{\frac{S_B}{\sigma^2}/(b-1)}{\frac{S_E}{\sigma^2}/(a-1)(b-1)} = \frac{MS_B}{MS_E}$$

由定理 4.2 知,在 H_{A_0} 成立时,有

$$F_A \sim F((a-1),(a-1)(b-1))$$

在 H_{B_0} 成立时,有

$$F_B \sim F((b-1),(a-1)(b-1))$$

从而对已给显著性水平 α, H_{A_0} 与 H_{B_0} 的拒绝域分别为

$$F_A \geqslant F_\alpha((a-1),(a-1)(b-1)) \tag{4.38}$$

$$F_B \geqslant F_\alpha((b-1),(a-1)(b-1)) \tag{4.39}$$

双因素无重复试验方差分析表见表 4.6。

表 4.6　双因素无重复试验方差分析表

方差来源	离差平方和 S	自由度 df	平均离差平方和 MS	F 值	临界值	显著性
因素 A	S_A	$a-1$	$\dfrac{S_A}{a-1}$	$F_A = \dfrac{MS_A}{MS_E}$	$F_\alpha(df_A, df_E)$	
因素 B	S_B	$b-1$	$\dfrac{S_B}{b-1}$	$F_B = \dfrac{MS_B}{MS_E}$	$F_\alpha(df_B, df_E)$	
误差 E	S_E	$(a-1)(b-1)$	$\dfrac{S_E}{(a-1)(b-1)}$			
总和 T	S_T	$ab-1$				

对具体的计算,可令

$$T.. = \sum_{i=1}^{a}\sum_{j=1}^{b} x_{ij} \tag{4.40}$$

$$T_{i.} = \sum_{j=1}^{b} x_{ij}, i=1,2,\cdots,a \tag{4.41}$$

$$T_{.j} = \sum_{i=1}^{a} x_{ij}, j=1,2,\cdots,b \tag{4.42}$$

则有

$$S_T = \sum_{i=1}^{a}\sum_{j=1}^{b} x_{ij}^2 - \frac{T_{..}^2}{ab} \tag{4.43}$$

$$S_A = \frac{1}{b}\sum_{i=1}^{a} T_{i.}^2 - \frac{T_{..}^2}{ab} \tag{4.44}$$

$$S_B = \frac{1}{a}\sum_{j=1}^{b} T_{.j}^2 - \frac{T_{..}^2}{ab} \tag{4.45}$$

$$S_E = S_T - S_A - S_B \tag{4.46}$$

例4.2 现有3个工人,两台压路机各搭配工作一天,测得压实度(%)见表4.7,试分析工人(A_i)与和压路机(B_j)对路面压实质量有无显著影响。

表 4.7 路面压实质量试验数据表

因素 A \ 因素 B	B_1	B_2	$T_{i\cdot}$
A_1	95.1	96.2	191.3
A_2	96.2	96.4	192.6
A_3	95.4	95.8	191.2
$T_{\cdot j}$	286.7	288.4	$T_{\cdot\cdot} = 575.1$

解 本案例是双因素试验,不考虑交互作用。

设路面压实度为
$$x_{ij} = \mu + \alpha_i + \beta_j + \varepsilon_{ij}, i=1,2,3; j=1,2$$

原假设
$$H_{A_0}: \alpha_1 = \alpha_2 = \alpha_3 = 0$$
$$H_{B_0}: \beta_1 = \beta_2 = 0$$

备择假设 $H_{A_1}: \alpha_1, \alpha_2, \alpha_3$ 不全为零;$H_{B_1}: \beta_1, \beta_2$ 不全为零。

这里,$a=3, b=2, ab=6$,则
$$S_T = \sum_{i=1}^{3}\sum_{j=1}^{2} x_{ij}^2 - \frac{T_{\cdot\cdot}^2}{6} = 95.1^2 + \cdots + 95.8^2 - \frac{575.1^2}{6} = 1.315$$

$$S_A = \frac{1}{2}\sum_{i=1}^{3} T_{i\cdot}^2 - \frac{T_{\cdot\cdot}^2}{6} = \frac{1}{2} \times (191.3^2 + 192.6^2 + 191.2^2) - \frac{575.1^2}{6} = 0.610$$

$$S_B = \frac{1}{3}\sum_{j=1}^{2} T_{\cdot j}^2 - \frac{T_{\cdot\cdot}^2}{6} = \frac{1}{3} \times (286.7^2 + 288.4^2) - \frac{575.1^2}{6} = 0.482$$

$$S_E = S_T - S_A - S_B = 1.315 - 0.610 - 0.482 = 0.223$$

$S_T、S_A、S_B、S_E$ 的自由度分别为11、3、2、6,列出路面压实质量试验方差分析表,见表4.8。

表 4.8 路面压实质量试验方差分析表

方差来源	离差平方和 S	自由度 df	平均离差平方和 MS	F 值	临界值	显著性
工人 A	0.610	2	0.305	2.748	$F_{0.05}(2,2) = 19.00$	
压路机 B	0.482	1	0.482	4.342	$F_{0.05}(1,2) = 18.51$	
误差 E	0.223	2	0.111			
总和 T	1.315	5				

因为 $F_A = 2.748 < 19.00, F_B = 4.342 < 18.51$,所以,可以认为不同的工人、不同的压路机对路面压实质量均无显著影响。

4.1.3 双因素等重复试验的方差分析

若在双因素试验中,要考虑两个因素的交互作用,那么为了检验交互作用的效应是否显著,对于两个因素的每一组合水平至少要做两次试验。

设有两个因素 A、B 作用于试验的指标,因素 A 有 a 个水平 $A_1, A_2, \cdots, A_a$,因素 B 有 b 个水平 $B_1, B_2, \cdots, B_b$,在 A、B 的每对组合水平 (A_i, B_j),$i=1,2,\cdots,a;j=1,2,\cdots,b$ 上做 $t(t \geqslant 2)$ 次重复试验,得到结果见表 4.9。

表 4.9　双因素等重复试验数据表

因素 A \ 因素 B	B_1	B_2	$\cdots$	B_b
A_1	$x_{111}, x_{112}, \cdots, x_{11t}$	$x_{121}, x_{122}, \cdots, x_{12t}$	$\cdots$	$x_{1b1}, x_{1b2}, \cdots, x_{1bt}$
A_2	$x_{211}, x_{212}, \cdots, x_{21t}$	$x_{221}, x_{222}, \cdots, x_{22t}$	$\cdots$	$x_{2b1}, x_{2b2}, \cdots, x_{2bt}$
$\vdots$	$\vdots$	$\vdots$		$\vdots$
A_a	$x_{a11}, x_{a12}, \cdots, x_{a1t}$	$x_{a21}, x_{a22}, \cdots, x_{a2t}$	$\cdots$	$x_{ab1}, x_{ab2}, \cdots, x_{abt}$

设它们相互独立,假定 $x_{ijk} \sim N(\mu_{ij}, \sigma^2)$,$i=1,2,\cdots,a;j=1,2,\cdots,b;k=1,2,\cdots,t$,其中 μ_{ij}, σ 均为未知参数,或写成

$$x_{ijk} = \mu_{ij} + \varepsilon_{ijk} \tag{4.47}$$

ε_{ijk} 为随机误差,各个相互独立,且 $\varepsilon_{ijk} \sim N(0, \sigma^2)$,$i=1,2,\cdots,a;j=1,2,\cdots,b;k=1,2,\cdots,t$。

引入记号

$$\mu = \frac{1}{ab} \sum_{i=1}^{a} \sum_{j=1}^{b} \mu_{ij} \tag{4.48}$$

$$\mu_{i\cdot} = \frac{1}{b} \sum_{j=1}^{b} \mu_{ij}, i=1,2,\cdots,a \tag{4.49}$$

$$\mu_{\cdot j} = \frac{1}{a} \sum_{i=1}^{a} \mu_{ij}, j=1,2,\cdots,b \tag{4.50}$$

$$\alpha_i = \mu_{i\cdot} - \mu \tag{4.51}$$

$$\beta_j = \mu_{\cdot j} - \mu \tag{4.52}$$

易知

$$\sum_{i=1}^{a} \alpha_i = 0, \sum_{j=1}^{b} \beta_j = 0$$

称 μ 为总平均,α_i 为水平 A_i 的效应,β_j 为水平 B_j 的效应。

令 $\gamma_{ij} = \mu_{ij} - \mu_{i\cdot} - \mu_{\cdot j} + \mu$,$i=1,2,\cdots,a;j=1,2,\cdots,b$,得到

$$\mu_{ij} = \mu + \alpha_i + \beta_j + \gamma_{ij} \tag{4.53}$$

γ_{ij} 称为水平 A_i 的和水平 B_j 的交互效应,这是由 A_i 和 B_j 搭配起来联合作用而引起的。

可以证明：
$$\sum_{i=1}^{a}\gamma_{ij}=0,\sum_{j=1}^{b}\gamma_{ij}=0$$

数学模型可表示为

$$\begin{cases} x_{ijk}=\mu+\alpha_i+\beta_j+\gamma_{ij}+\varepsilon_{ijk} \\ \sum_{i=1}^{a}\alpha_i=0,\sum_{j=1}^{b}\beta_j=0,\sum_{i=1}^{a}\gamma_{ij}=0,\sum_{j=1}^{b}\gamma_{ij}=0 \\ \varepsilon_{ijk}\sim N(0,\sigma^2), \ i=1,2,\cdots,a;\ j=1,2,\cdots,b;k=1,2,\cdots,t \end{cases} \quad (4.54)$$

原假设为

$$H_{A_0}:\alpha_1=\alpha_2=\cdots=\alpha_a=0 \tag{4.55}$$

$$H_{B_0}:\beta_1=\beta_2=\cdots=\beta_b=0 \tag{4.56}$$

$$H_{AB_0}:\gamma_{ij}=0,i=1,2,\cdots,a;j=1,2,\cdots,b \tag{4.57}$$

相应的备择假设分别为

$$H_{A_1}:\alpha_1,\alpha_2,\cdots,\alpha_a \text{ 不全为零} \tag{4.58}$$

$$H_{B_1}:\beta_1,\beta_2,\cdots,\beta_b \text{ 不全为零} \tag{4.59}$$

$$H_{AB_1}:\gamma_{ij} \text{ 不全为零},i=1,2,\cdots,a;j=1,2,\cdots,b \tag{4.60}$$

如果 H_{A_0} 为真，表明因素 A 对指标值无显著影响，同样如果 H_{B_0} 为真，这表明因素 B 对指标值无显著影响，如果 H_{AB_0} 为真，表明因素 A 与因素 B 对指标值无显著交互影响。

解决这种模型的具体步骤如下。

1. 总离差平方和的分解

记在水平 A_i 下的样本均值为

$$\bar{x}_{i..}=\frac{1}{bt}\sum_{j=1}^{b}\sum_{k=1}^{t}x_{ijk},i=1,2,\cdots,a \tag{4.61}$$

在水平 B_j 下的样本均值为

$$\bar{x}_{.j.}=\frac{1}{at}\sum_{i=1}^{a}\sum_{k=1}^{t}x_{ijk},j=1,2,\cdots,b \tag{4.62}$$

在水平组合 $A_i \times B_j$ 下的样本均值为

$$\bar{x}_{ij.}=\frac{1}{t}\sum_{k=1}^{t}x_{ijk},i=1,2,\cdots,a;j=1,2,\cdots,b \tag{4.63}$$

样本数据的总平均值为

$$\bar{x}=\frac{1}{abt}\sum_{i=1}^{a}\sum_{j=1}^{b}\sum_{k=1}^{t}x_{ijk} \tag{4.64}$$

则总离差平方和为

$$S_T=\sum_{i=1}^{a}\sum_{j=1}^{b}\sum_{k=1}^{t}(x_{ijk}-\bar{x})^2 \tag{4.65}$$

将 S_T 整理并分解可得

$$S_T=S_E+S_A+S_B+S_{A\times B} \tag{4.66}$$

其中

$$S_A = bt \sum_{i=1}^{a} (\overline{x}_{i..} - \overline{x})^2 \qquad (4.67)$$

$$S_B = at \sum_{j=1}^{b} (\overline{x}_{.j.} - \overline{x})^2 \qquad (4.68)$$

$$S_{A\times B} = t \sum_{i=1}^{a} \sum_{j=1}^{b} (\overline{x}_{ij.} - \overline{x}_{i..} - \overline{x}_{.j.} + \overline{x})^2 \qquad (4.69)$$

$$S_E = \sum_{i=1}^{a} \sum_{j=1}^{b} \sum_{k=1}^{t} (x_{ijk} - \overline{x}_{ij.})^2 \qquad (4.70)$$

S_A 称作因素 A 的效应平方和,S_B 称作因素 B 的效应平方和,$S_{A\times B}$ 称作因素 A、B 的交互效应平方和(interaction sum of squares),S_E 称作误差平方和。从直观上看,S_A 反映 A 不同水平间的差异,S_B 反映 B 不同水平间的差异,$S_{A\times B}$ 反映 A 与 B 交互作用的影响,S_E 则表示在同一水平下随机误差的大小。

2. 统计分析

对 S_E 和 S_A、S_B、$S_{A\times B}$ 做进一步分析可得:

定理 4.3 (1) S_E 与 S_A 相互独立,S_E 与 S_B 相互独立,S_E 与 $S_{A\times B}$ 也相互独立。

(2) $\frac{1}{\sigma^2}S_E \sim \chi^2(ab(t-1))$,$S_E$ 的自由度 $df_E = ab(t-1)$,S_E 的数学期望 $ES_E = ab(t-1)\sigma^2$。

(3) 当 H_{A_0} 为真时,$\frac{1}{\sigma^2}S_A \sim \chi^2(a-1)$,$S_A$ 的自由度 $df_A = a-1$,S_A 的数学期望 $ES_A = (a-1)\sigma^2$。

(4) 当 H_{B_0} 为真时,$\frac{1}{\sigma^2}S_B \sim \chi^2(b-1)$,$S_B$ 的自由度 $df_B = b-1$,S_B 的数学期望 $ES_B = (b-1)\sigma^2$。

(5) 当 H_{AB_0} 为真时,$\frac{1}{\sigma^2}S_{A\times B} \sim \chi^2((a-1)(b-1))$,$S_{A\times B}$ 的自由度 $df_{A\times B} = (a-1)(b-1)$,$S_{A\times B}$ 的数学期望 $ES_{A\times B} = ((a-1)(b-1))\sigma^2$。

记

$$MS_A = \frac{S_A}{a-1} \qquad (4.71)$$

$$MS_B = \frac{S_B}{b-1} \qquad (4.72)$$

$$MS_{A\times B} = \frac{S_{A\times B}}{(a-1)(b-1)} \qquad (4.73)$$

$$MS_E = \frac{S_E}{ab(t-1)} \qquad (4.74)$$

并分别称之为 S_A、S_B、$S_{A\times B}$、S_E 的均方。由定理 4.3 可知,当 H_{A_0} 为真时,MS_A 是 σ^2 的无偏估计,H_{B_0} 为真时,MS_B 是 σ^2 的无偏估计,H_{AB_0} 为真时,$MS_{A\times B}$ 也是 σ^2 的无偏估计。

取检验统计量:

及
$$F_A = \frac{\frac{S_A}{\sigma^2}/(a-1)}{\frac{S_E}{\sigma^2}/ab(t-1)} = \frac{MS_A}{MS_E}$$

$$F_B = \frac{\frac{S_B}{\sigma^2}/(b-1)}{\frac{S_E}{\sigma^2}/ab(t-1)} = \frac{MS_B}{MS_E}$$

及
$$F_{A\times B} = \frac{\frac{S_{A\times B}}{\sigma^2}/(a-1)(b-1)}{\frac{S_E}{\sigma^2}/ab(t-1)} = \frac{MS_{A\times B}}{MS_E}$$

由定理 4.3 知,在 H_{A_0} 成立时,有
$$F_A \sim F((a-1),ab(t-1))$$
在 H_{B_0} 成立时,有
$$F_B \sim F((b-1),ab(t-1))$$
在 H_{AB_0} 成立时,有
$$F_{A\times B} \sim F((a-1)(b-1),ab(t-1))$$
从而,对已给显著性水平 α、H_{A_0}、H_{B_0}、H_{AB_0} 的拒绝域分别为
$$F_A \geqslant F_\alpha((a-1),ab(t-1)) \tag{4.75}$$
$$F_B \geqslant F_\alpha((b-1),ab(t-1)) \tag{4.76}$$
及
$$F_{A\times B} \geqslant F_\alpha((a-1)(b-1),ab(t-1)) \tag{4.77}$$

双因素等重复试验方差分析表见表 4.10。

表 4.10 双因素等重复试验方差分析表

方差来源	平方和	自由度	均方	F 比
因素 A	S_A	$a-1$	$MS_A = \dfrac{S_A}{a-1}$	$F_A = \dfrac{MS_A}{MS_E}$
因素 B	S_B	$b-1$	$MS_B = \dfrac{S_B}{s-1}$	$F_B = \dfrac{MS_B}{MS_E}$
交互作用 $A\times B$	$S_{A\times B}$	$(a-1)(b-1)$	$MS_{A\times B} = \dfrac{S_{A\times B}}{(a-1)(b-1)}$	$F_{A\times B} = \dfrac{MS_{A\times B}}{MS_E}$
误差 E	S_E	$ab(t-1)$	$MS_E = \dfrac{S_E}{ab(t-1)}$	
总和 T	S_T	$abt-1$		

对具体的计算,可令
$$T... = \sum_{i=1}^{a}\sum_{j=1}^{b}\sum_{k=1}^{t} x_{ijk} \tag{4.78}$$

$$T_{ij.} = \sum_{k=1}^{t} X_{ijk}, i = 1, 2, \cdots, a; j = 1, 2, \cdots, b \tag{4.79}$$

$$T_{i..} = \sum_{j=1}^{b} \sum_{k=1}^{t} x_{ijk}, i = 1, 2, \cdots, a \tag{4.80}$$

$$T_{.j.} = \sum_{i=1}^{a} \sum_{k=1}^{t} x_{ijk}, j = 1, 2, \cdots, b \tag{4.81}$$

则有

$$S_T = \sum_{i=1}^{a} \sum_{j=1}^{b} \sum_{k=1}^{t} x_{ijk}^2 - \frac{T_{...}^2}{abt} \tag{4.82}$$

$$S_A = \frac{1}{bt} \sum_{i=1}^{a} T_{i..}^2 - \frac{T_{...}^2}{abt} \tag{4.83}$$

$$S_B = \frac{1}{at} \sum_{j=1}^{b} T_{.j.}^2 - \frac{T_{...}^2}{abt} \tag{4.84}$$

$$S_{A \times B} = \frac{1}{t} \sum_{i=1}^{a} \sum_{j=1}^{b} T_{ij.}^2 - \frac{T_{...}^2}{abt} - S_A - S_B \tag{4.85}$$

$$S_E = S_T - S_A - S_B - S_{A \times B} \tag{4.86}$$

例 4.3 若例 4.2 中 3 个工人,两台压路机各搭配工作一天,路面压实质量等重复试验数据表见表 4.11,试分析工人(A_i)与和压路机(B_j)以及其搭配组合($A_i \times B_j$)对路面压实质量有无显著影响。

表 4.11 路面压实质量等重复试验数据表

因素 B 因素 A	B_1	B_2	$T_{i..}$
A_1	95.1 94.7	96.2 95.8	381.8
A_2	96.2 95.8	96.4 96.9	385.3
A_3	95.4 95.9	95.8 95.3	382.4
$T_{.j.}$	573.1	576.4	$T_{...} = 1\ 149.5$

解 本案例为双因素,考虑交互作用的试验。

设路面压实度为

$$x_{ij} = \mu + \alpha_i + \beta_j + \gamma_{ij} + \varepsilon_{ijk}, i = 1, 2, 3; j = 1, 2; k = 1, 2$$

原假设:

$$H_{A_0}: \alpha_1 = \alpha_2 = \alpha_3 = 0$$
$$H_{B_0}: \beta_1 = \beta_2 = \beta_3 = 0$$
$$H_{AB_0}: \gamma_{ij} = 0, i = 1, 2, 3; j = 1, 2$$

备择假设:

$H_{A_1}: \alpha_1 、\alpha_2 、\alpha_3$ 不全为零;

$H_{B_1}: \beta_1 、\beta_2 、\beta_3$ 不全为零;

$H_{AB_1}: \gamma_{ij}$ 不全为零,$i = 1, 2, 3; j = 1, 2$。

这里 $a=3, b=2, t=2, abt=12$,

$$S_T = \sum_{i=1}^{3}\sum_{j=1}^{2}\sum_{k=1}^{2} x_{ijk}^2 - \frac{T_{\cdots}^2}{12} = 95.1^2 + 94.7^2 + \cdots + 95.8^2 + 95.3^2 - \frac{1\,149.5^2}{12} = 4.009$$

$$S_A = \frac{1}{4}\sum_{i=1}^{3} T_{i\cdot\cdot}^2 - \frac{T_{\cdots}^2}{12} = \frac{1}{4}(381.8^2 + 385.3^2 + 382.4^2) - \frac{1\,149.5^2}{12} = 1.752$$

$$S_B = \frac{1}{6}\sum_{j=1}^{2} T_{\cdot j\cdot}^2 - \frac{T_{\cdots}^2}{12} = \frac{1}{6}(573.1^2 + 576.4^2) - \frac{1\,149.5^2}{12} = 0.908$$

$$S_{A\times B} = \frac{1}{2}\sum_{i=1}^{3}\sum_{j=1}^{2} T_{ij\cdot}^2 - \frac{T_{\cdots}^2}{12} - S_A - S_B = $$
$$\frac{1}{2}[(95.1+94.7)^2 + \cdots + (95.8+95.3)^2] - \frac{1\,149.5^2}{12} - 1.752 - 0.908 = 0.734$$

$$S_E = S_T - S_A - S_B - S_{A\times B} = 4.009 - 1.752 - 0.908 - 0.734 = 0.615$$

S_T、S_A、S_B、$S_{A\times B}$、S_E 的自由度分别为 11、2、1、2、6。路面压实质量等重复试验方差分析表，见表 4.12。

表 4.12 路面压实质量等重复试验方差分析表

方差来源	离差平方和 S	自由度 df	平均离差平方和 MS	F 值	临界值	显著性
工人 A	1.752	2	0.876	8.505	$F_{0.05}(2,6)=5.14$ $F_{0.01}(2,6)=10.92$	*
压路机 B	0.908	1	0.908	8.816	$F_{0.05}(1,6)=5.99$ $F_{0.01}(1,6)=13.75$	*
交互作用 $A\times B$	0.734	2	0.367	3.563	$F_{0.05}(2,6)=5.14$ $F_{0.01}(2,6)=10.92$	
误差 E	0.615	6	0.103			
总和 T	4.009	11				

因为 $F_{0.05}(2,6) < F_A < F_{0.01}(2,6)$；$F_{0.05}(1,6) < F_B < F_{0.01}(1,6)$；$F_{0.05}(2,6) < F_{A\times B} < F_{0.01}(2,6)$，说明工人、压路机对路面压实质量有显著影响，而它们的交互作用对路面压实质量无显著影响。

4.2　正交试验设计及其方差分析

在生产实践中和科学实验中，试制新产品、改革旧工艺、寻求最优生产条件等，这些都需要先做试验。而试验总要花费时间，消耗人力、物力，因此人们总希望用尽量少的试验次数，得到尽可能好的试验结果，而这就必须事先对试验做合理的安排，也就是要进行试验设计。

实际问题中，影响试验结果的因素往往很多，我们把含有两个以上因素的试验称为多因素试验。多因素试验由于要考虑的因素较多，当每个因素的水平数较大时，若进行全面试验，则试验次数将会很大。人们在长期的实践中发现，要得到理想的结果，并不需要进行全面试验,即使因素个数、水平都不太多,也不必做全面试验。尤其对那些实验费用很高,或是具有破坏性的试验,更不需要全面试验。我们应当在不影响试验效果的前提下,尽可能地减少试验次数。正交试验设计是研究和处理这种问题的一种科学方法,它利用一套现存规格化的表——正交表,来安排试验,通过少量的试验,获得满意的试验结果。

4.2.1 正交试验设计的基本方法

正交试验设计(orthogonal design)是利用正交表来安排与分析多因素试验的一种设计方法,可以简称为正交设计(orthoplan)。它利用从试验的全部水平组合中,挑选部分有代表性的水平组合进行试验,通过对这部分试验结果的分析,了解全面试验的情况,找出最优的水平组合。

正交试验设计包含两个内容:① 怎样安排试验方案;② 如何分析试验结果。由于正交设计安排试验和分析试验结果都要用正交表(orthogonal table),因此,我们首先介绍正交表。

例如,影响产品的生产性能有 3 个因素:A 因素是温度,分 A_1、A_2、A_3 三个水平;B 因素是时间,分 B_1、B_2、B_3 三个水平;C 因素是原料配比,分 C_1、C_2、C_3 三个水平。这是一个 3 因素 3 水平的试验,各因素的水平之间全部可能的组合有 27 种。如果试验方案包含各因素的全部水平组合,即进行全面试验,可以分析各因素的效应,交互作用,也可选出最优水平组合。这是全面试验的优点。但全面试验包含的水平组合数较多,工作量大,由于受试验场地、经费等限制而难于实施。若试验的目的主要是寻求最优水平组合,则可利用正交设计来安排试验。

正交设计的基本特点是:用部分试验来代替全面试验,通过对部分试验结果的分析,了解全面试验的情况。

如对于上述 3 因素 3 水平试验,若不考虑交互作用,可利用正交表 $L_9(3^4)$ 安排,试验方案仅包含 9 个水平组合,就能反映试验方案包含 27 个水平组合的全面试验的情况,找出最佳的生产条件。

下面以正交表 $L_8(2^7)$ 为例进行介绍。表 4.13 是一张正交表,记号为 $L_8(2^7)$,其中"L"代表正交表,3 个数字有 3 种不同的含义;L 右下角的数字"8"表示有 8 行,用这张正交表安排试验包含 8 个处理(水平组合);括号内的底数"2"表示因素的水平数,括号内 2 的指数"7"表示有 7 列,用这张正交表最多可以安排 7 个因素。

常用的正交表已由数学工作者制定出来,供进行正交设计时选用。2 水平正交表有 $L_4(2^3)$、$L_8(2^7)$、$L_{12}(2^{11})$、$L_{16}(2^{15})$;3 水平正交表有 $L_9(3^4)$、$L_{27}(3^{13})$…(详见附表 8)。

正交表有以下两个重要特点:

① 每列中不同数字出现的次数是相等的,如正交表 $L_8(2^7)$ 中,每列中不同的数字是 1,2,它们均出现 4 次。

② 任意两列中,将同一行的两个数字看成有序数对时,每种数对出现的次数是相等的,如正交表 $L_8(2^7)$ 中,有序数对共有 4 个:(1,1)、(1,2)、(2,1)、(2,2),它们各出现 2 次。

由于正交表有以上两条性质,用它来安排试验时,各因素的各种水平的搭配是均衡的,这是正交表的优点。

凡满足上述两个性质的表都称为正交表。用正交表来安排试验的方法,称为正交试验设计。

表 4.13 $L_8(2^7)$ 正交表

试验号	列 号						
	1	2	3	4	5	6	7
1	1	1	1	1	1	1	1
2	1	1	1	2	2	2	2
3	1	2	2	1	1	2	2
4	1	2	2	2	2	1	1
5	2	1	2	1	2	1	2
6	2	1	2	2	1	2	1
7	2	2	1	1	2	2	1
8	2	2	1	2	1	1	2

1. 正交表的类别

(1) 相同水平正交表。

各列中出现的最大数字相同的正交表称为相同水平正交表。如 $L_4(2^3)$、$L_8(2^7)$、$L_{12}(2^{11})$ 等各列中最大数字为 2,称为两水平正交表;$L_9(3^4)$、$L_{27}(3^{13})$ 等各列中最大数字为 3,称为 3 水平正交表。

(2) 混合水平正交表。

各列中出现的最大数字不完全相同的正交表称为混合水平正交表。如 $L_8(4 \times 2^4)$ 表中有 1 列最大数字为 4,有 4 列最大数字为 2。也就是说该表可以安排 1 个 4 水平因素和 4 个 2 水平因素。再如 $L_{16}(4^4 \times 2^3)$、$L_{16}(4 \times 12^{12})$ 等都是混合水平正交表(详见附表 8)。

2. 正交设计方法

利用正交表安排试验并分析试验结果的步骤归纳如下:

(1) 明确试验目的,确定要考核的试验指标。

(2) 根据试验目的,确定要考察的因素和各因素的水平。

通过对实际问题的具体分析选出主要因素,略去次要因素,这样可使因素个数少些。如果对问题不太了解,因素个数可适当多取一些,经过对试验结果的初步分析,再选出主要因素。因素确定后,随之确定各因素的水平数。例如试验考察 3 个因素,每个因素都有 3 个水平的因素水平表见表 4.14。

表 4.14　试验因素水平表

水平	因素		
	A	B	C
1	A_1	B_1	C_1
2	A_2	B_2	C_2
3	A_3	B_3	C_3

(3) 选用合适的正交表,安排试验计划。

确定了因素及其水平后,根据因素、水平及需要考察的交互作用的多少来选择合适的正交表。选用正交表的原则是:既要能安排下试验的全部因素,又要使部分水平组合数(处理数)尽可能地少。一般情况下,试验因素的水平数应恰好等于正交表记号中括号内的底数;因素的个数(包括交互作用)应不大于正交表记号中括号内的指数;各因素及交互作用的自由度之和要小于所选正交表的总自由度,以便估计试验误差。若各因素及交互作用的自由度之和等于所选正交表总自由度,则可采用有重复正交试验来估计试验误差。

首先根据各因素的水平选择相应水平的正交表。同水平的正交表有好几个,究竟选哪一个要看因素的个数。一般只要正交表中因素的个数比试验要考察的因素的个数稍大或相等就行了,这样既能保证达到试验目的,又使试验次数不至于太多,省时省工。

此例有 3 个 3 水平因素,若不考察交互作用,则各因素自由度之和为:因素数×(水平数 -1)$=3\times(3-1)=6$,小于 $L_9(3^4)$ 总自由度 $9-1=8$,故可以选用 $L_9(3^4)$;若要考察交互作用,则应选用 $L_{27}(3^{13})$,此时,所安排的试验方案实际上是全面试验方案。

(4) 表头设计,正交表选好后,就可以进行表头设计。

所谓表头设计,就是把挑选出的因素和要考察的交互作用分别排入正交表的表头适当的列上。本例可将 A、B 和 C 依次安排在 $L_9(3^4)$ 的第 1、2、3 列上,第 4 列为空列,见表 4.15。

表 4.15　表头设计

列　号	1	2	3	4
因　素	A	B	C	空

(5) 列出试验方案,根据方案进行试验,测定各项指标。

把正交表中安排各因素的每个列(不包含欲考察的交互作用列)中的每个数字依次换成该因素的实际水平,就得到一个正交试验方案。表 4.16 就是上例的正交试验方案。

根据表 4.16,1 号试验处理是 $A_1B_1C_1$,2 号试验处理是 $A_1B_2C_2$,…,9 号试验处理为 $A_3B_3C_2$。

表 4.16　正交试验方案

试验号	因素		
	A 1	B 2	C 3
1	1	1	1
2	1	2	2
3	1	3	3
4	2	1	2
5	2	2	3
6	2	3	1
7	3	1	3
8	3	2	1
9	3	3	2

根据此方案进行试验,测定各项指标,填入表格,见表 4.17。

表 4.17　正交试验结果

试验号	因素			试验结果/%
	A:温度/℃ 1	B:时间/h 2	C:原料配比 3	
1	1	1	1	
2	1	2	2	
3	1	3	3	
4	2	1	2	
5	2	2	3	
6	2	3	1	
7	3	1	3	
8	3	2	1	
9	3	3	2	

(6) 对试验结果进行计算分析,得出合理的结论。

正交试验设计的计算分析主要有直观分析法和方差分析法,下面介绍直观分析法,方差分析法在后面单独介绍。

3. 直观分析法

实际应用表明,极差分析法直观形象、简单易懂。通过非常简便的计算和判断就可以求得试验的优化成果——主次因素、优水平、优搭配及最优组合。能比较圆满迅速地达到一般试验的要求。它在试验误差不大、精度要求不高的各种场合中,在筛选因素的初步试验中,在寻求最优生产条件、最佳工艺、最好配方的科研生产实际中都能得到广泛的应用。

极差分析法是正交设计中常用的方法之一。但是,由于极差分析法不能充分利用试验数据所提供的信息,因此其应用还受到一定的限制。

极差分析法不能估计试验误差。实际上,任何试验都不可避免地存在着试验误差,而极差分析法却不能估计这种试验误差的大小,无法区分某因素各水平所对应的试验指标平均值间的差异究竟有多少是由因素水平不同引起的,又有多少是由试验误差引起的。对于误差较大或精度要求较高的试验,若用极差法分析试验结果而不考虑试验误差的影响,就会给准确分析带来困难,影响正确的结论。

正交试验设计的直观分析就是要通过计算,将各因素、水平对试验结果指标的影响大小,通过极差分析,综合比较,以确定最优化试验方案的方法,有时也称为极差分析法。

(1) 极差计算。

仍以上述试验方案为例。如表 4.17,在代表因素 A 的第 1 列中,将与水平"1"相对应的第 1、2、3 号 3 个试验结果相加,记作 K_{11},同样,将第 1 列中与水平"2"对应的第 4、5、6 号试验结果相加,记作 K_{21},以此类推。

一般地,定义 K_{ij} 为表 4.16 的第 j 列中与水平 i 对应的各次试验结果之和($i=1,2,3$; $j=1,2,3$)。将 9 次试验结果的总和记作 K,显然 $K = \sum_{i=1}^{3} K_{ij}, j=1,2,3$。

将 K_{ij} 分别除以 3,也就是分别除以各列的相应水平出现的次数,得到 $k_{ij}, i=1,2,3$; $j=1,2,3$。此处,k_{11} 大致反映了 A_1 对试验结果的影响,k_{21} 大致反映了 A_2 对试验结果的影响,k_{31} 大致反映了 A_3 对试验结果的影响;k_{12}、k_{22} 和 k_{32} 分别反映了 B_1、B_2、B_3 对试验结果的影响;k_{13}、k_{23} 和 k_{33} 分别反映了 C_1、C_2、C_3 对试验结果的影响。

R_j 为第 j 列的 3 个 k_{ij} 中最大值与最小值之差,称为极差。R_j 反映了第 j 列因素的水平改变对试验结果的影响大小,R_j 越大反映第 j 列因素影响越大。

将上述结果填入表 4.18。

表 4.18　正交试验结果

试验号	因素			试验结果 /%
	A:反应温度 /℃ 1	B:反应时间 /h 2	C:原料配比 3	
1	1	1	1	
2	1	2	2	
3	1	3	3	
4	2	1	2	
5	2	2	3	
6	2	3	1	
7	3	1	3	
8	3	2	1	
9	3	3	2	

续表 4.18

试验号	因素			试验结果 /%
	A:反应温度 /℃ 1	B:反应时间 /h 2	C:原料配比 3	
K_1 K_2 K_3				$K =$
k_1 k_2 k_3				
极差				
优方案				

(2)极差分析(analysis of range)。

由极差大小顺序排出因素的主次顺序:

$$主 \rightarrow 次$$

这里,R_j 值相近的两因素间用"、"号隔开,而 R_j 值相差较大的两因素间用";"号隔开。选择较好的因素水平搭配与所要求的指标有关,若要求指标越大越好,则应选取指标大的水平,反之,若希望指标越小越好,应选取指标小的水平。

下面通过工程案例来说明如何利用正交表来安排试验。

例 4.4 为确定石灰土无侧限抗压强度的影响因素,并合理设计最优试验方案。分析认为无侧限抗压强度主要与石灰剂量 A、闷料时间 B、试验加载速率 C 等因素有关。根据以往经验,确定了各个因素的 3 个水平,见表 4.19。问如何安排试验才能获得最优的无侧限抗压强度?

解 完成本例需以下步骤:

(1)确定要考核的试验指标,本例为石灰土的无侧限抗压强度。

(2)确定要考察的因素和各因素的水平。

表 4.19 试验因素水平表

水平	因素		
	A:石灰剂量 /%	B:闷料时间 /h	C:加载速率 /(mm·min^{-1})
1	8	6	1
2	10	12	5
3	12	24	10

(3)选用合适的正交表,安排试验方案。本例是 3 因素 3 水平,选用正交表 $L_9(3^4)$。

(4)表头设计。本例可将 A、B 和 C 依次安排在 $L_9(3^4)$ 的第 1、2、3 列上,第 4 列为空列,见表 4.20。

(5) 列出试验方案,按正交试验表 4.20 安排试验,试验的结果依次记于试验方案右侧(表 4.20)。

表 4.20　正交试验结果分析

试验号	因素			试验结果 /%
	A:石灰剂量 /% 1	B:闷料时间 /h 2	C:加载速率 /(mm·min^{-1}) 3	
1	1(8)	1(6)	1(1)	0.65
2	1	2(12)	2(5)	0.72
3	1	3(24)	3(10)	0.73
4	2(10)	1	2	0.70
5	2	2	3	0.76
6	2	3	1	0.75
7	3(12)	1	3	0.74
8	3	2	1	0.87
9	3	3	2	0.82
K_1 K_2 K_3	2.10 2.21 2.43	2.09 2.35 2.30	2.27 2.24 2.23	$K = 6.74$
k_1 k_2 k_3	0.70 0.74 0.81	0.70 0.78 0.77	0.76 0.75 0.74	
极差	0.11	0.08	0.01	
优方案	A_3	B_2	C_1	

(6) 对试验结果进行直观分析,得出合理的结论。

由极差大小顺序排出因素的主次顺序:

$$A、B、C$$

例 4.4 中,石灰土无侧限抗压强度越高越好,所以应在第 1 列选最大的 $k_3=0.81$,即取水平 A_3,同理可选 B_2、C_1。故例 4.4 中较好的因素水平搭配是 $A_3B_2C_1$。

4.2.2　混合水平的正交试验设计

前面介绍的正交试验中,各因素的水平数都是相同的,但在实际问题中,有时各因素的水平数是不相同的。试验因素中,有的因素的水平数自然形成,只有确定的个数,不能任意选取;有的因素由于受某种条件的限制,不能多取水平;有的因素是试验重点考察的因素,需多取水平;有的是非重点考察的因素,则一般少取水平。这样就使试验因素间水平数不相等，遇到这类问题，如果因素间无交互作用，通常可直接选用混合水平的正交表进行正交设计。混合水平的正交表就是各因素水平数不完全相同的正交表，这种正交表有很多种，例如 $L_8(4^1 \times 2^4)$ 表，见表 4.21。

表 4.21　$L_8(4^1 \times 2^4)$ 正交表

试验号	列号				
	1	2	3	4	5
1	1	1	1	1	1
2	1	2	2	2	2
3	2	1	1	2	2
4	2	2	2	1	1
5	3	1	2	1	2
6	3	2	1	2	1
7	4	1	2	2	1
8	4	2	1	1	2

这张 $L_8(4^1 \times 2^4)$ 表有 8 行、5 列，表示用这张表要做 8 次试验，最多可安排 5 个因素，其中一个是 4 水平的（第 1 列），4 个是 2 水平的（第 2 列到第 5 列）。

$L_8(4^1 \times 2^4)$ 表有两个重要特点：

(1) 每一列中不同数字出现的次数是相同的。例如，第 1 列中有 4 个数字 1、2、3、4，它们各出现 2 次；第 2 列到第 5 列中，都只有 2 个数字 1、2，它们各出现 4 次。

(2) 每两列各个不同的水平组合出现的次数是相同的。但要注意，每两列不同水平的组合的个数是不完全相同的。比如，第 1 列是 4 水平的列，它和其他任一个 2 水平的列放在一起，由行组成的不同的数对共有 8 个：(1,1)、(1,2)、(2,1)、(2,2)、(3,1)、(3,2)、(4,1)、(4,2)，它们各出现 1 次；第 2 列到第 5 列都是 2 水平的列，它之间的任何两列的不同数对共有 4 个：(1,1)、(1,2)、(2,1)、(2,2)，它们各出现 2 次。

由这两点看出，用这张表安排混合水平的试验时，每个因素的各个水平之间的组合也是均衡的。其他混合水平的正交表还有 $L_{16}(4^1 \times 2^{12})$、$L_{16}(4^2 \times 2^9)$、$L_{18}(2^1 \times 3^7)$ 等（见附表 8），它们也都具有上述两个特点。

下面举例说明利用混合水平的正交表安排试验的方法。

例 4.5　水泥混凝土坍落度试验中，试样拌和数量、每层捣实次数、从拌和结束至测定坍落度的时间，以及混凝土的拌和方式均对试验结果有一定的影响。选定的因素水平见表 4.22，交互作用均不考察。试分析各因素并进行合理的试验设计。

表 4.22　试验因素水平表

水平	因素			
	A:取样数量 /L	B:每层捣实次数	C:取样时间 /h	D:拌和方式
1	10	25	2.5	人工
2	15	35	5.0	机械
3	20	—	—	—
4	30	—	—	—

解　这个问题有4个因素,一个是4水平的,3个是2水平的,可以选用混合水平的正交表$L_8(4^1 \times 2^4)$,因素A是4水平的,放在第一列,其余3个因素B、C、D都是2水平的,顺序放在2、3、4列上,第5列不用。按照这个方案进行试验,试验结果见表4.23。

表 4.23　正交试验结果

试验号	因素				试验结果 /mm (坍落度实测值, 结果未修约)
	A:取样数量 /L 1	B:每层捣实次数 2	C:取样时间 /h 3	D:拌和方式 4	
1	1(10)	1(25)	1(2.5)	1(人工)	34
2	1	2(35)	2(5.0)	2(机械)	30
3	2(15)	1	1	2	38
4	2	2	2	1	26
5	3(20)	1	2	1	32
6	3	2	1	2	33
7	4(30)	1	2	2	36
8	4	2	1	1	33
K_1	64	140	138	125	
K_2	64	122	124	137	$K = 262$
K_3	65				
K_4	69				
k_1	32.00	35.00	34.50	31.25	
k_2	32.00	30.50	31.00	34.25	
k_3	32.50				
k_4	34.50				
极差	2.50	4.50	3.50	3.00	
优方案	A_4	B_1	C_1	D_2	

由极差大小顺序排出因素的主次顺序:

B、C、D、A

例 4.5 中水泥混凝土坍落度应越高越好,所以应在第 1 列选最大的 $k_4=34.50$,即取水平 A_4,同理可选 B_1、C_1、D_2。故例 4.5 中较好的因素水平搭配是 $A_4B_1C_1D_2$。

4.2.3 因素间有交互作用的正交设计与分析

在多因素试验中,不仅各个因素的水平改变时对试验指标有影响,而且各因素的联合搭配对试验指标也有影响,也就是说,各因素不仅各自独立地起作用,有时试验因素之间还存在交互作用。因素 A 与因素 B 的交互作用记为 $A\times B$。

安排有交互作用的多因素试验,必须使用交互作用表。许多正交表的后面都附有相应的交互作用表,它是专门用来安排有交互作用的试验的。下面就以正交表 $L_8(2^7)$ 为例,来介绍交互作用表和它的用法。

例 4.6 配制某水泥混凝土中掺加 A(粉煤灰)、B(硅灰)和 C(粒化高炉矿渣粉)3 种掺和料,采用两种掺配比例见表 4.24。除考察 A、B、C 3 个因素的影响外,还考察 A 与 B、B 与 C 的交互作用。试安排一个正交试验方案并进行结果分析。

表 4.24 试验因素水平表

水平\因素	A(粉煤灰)	B(硅灰)	C(矿渣粉)
1	15%	6%	10%
2	20%	8%	15%

解 由于本试验有 3 个两水平的因素和两个交互作用需要考察,因此可选用 $L_8(2^7)$ 来安排试验方案。

正交表 $L_8(2^7)$ 中有基本列和交互列之分,基本列就是各因素所占的列,交互列则为两因素交互作用所占的列。可利用 $L_8(2^7)$ 二列间交互作用列表(表 4.25)来安排各因素和交互作用。

表 4.25 $L_8(2^7)$ 二列间交互作用列表

列号	1	2	3	4	5	6	7
1	(1)	3	2	5	4	7	6
2		(2)	1	6	7	4	5
3			(3)	7	6	5	4
4				(4)	1	2	3
5					(5)	3	2
6						(6)	1

如果将 A 因素放在第 1 列,B 因素放在第 2 列,查表 4.25 可知,第 1 列与第 2 列的交互作用列是第 3 列,于是将 A 与 B 的交互作用 $A\times B$ 放在第 3 列。这样第 3 列不能再安排其

他因素,以免出现"混杂"。然后将 C 放在第 4 列,查表 4.25 可知,B×C 应放在第 6 列,余下列为空列。按照这个方案进行试验,试验结果见表 4.26。

表 4.26 有交互作用的正交试验结果计算表

试验号	因素 A 1	B 2	A×B 3	C 4	空 5	B×C 6	空 7	x_k:试验结果
1	1	1	1	1	1	1	1	55
2	1	1	1	2	2	2	2	48
3	1	2	2	1	1	2	2	68
4	1	2	2	2	2	1	1	65
5	2	1	2	1	2	1	2	67
6	2	1	2	2	1	2	1	70
7	2	2	1	1	2	2	1	65
8	2	2	1	2	1	1	2	60
K_1	236	240	228	255	253	247	255	$K=498$
K_2	262	258	270	243	245	251	243	
k_1	118	120	114	127.5		123.5		
k_2	131	129	135	121.5		125.5		
极差	13	9	21	6		2		
优方案	A_2	B_1		C_1				

从极差大小看出,影响最大的因素是交互作用 $A\times B$(交互作用对应的是 $A_1\times B_2$, $A_2\times B_1$),以 2 水平为好;其次是因素 A,以 2 水平为好;第三是因素 B,以 2 水平为好;C 及交互作用 $B\times C$ 对试验指标的影响较小,但考虑到 $A\times B$ 是 2 水平高,它的影响比 B 大,而因素 A 是 2 水平高,所以 B 选 1 水平为好;交互作用 $B\times C$ 对试验指标的影响较小,忽略不计。综合分析考虑,最好的方案应是 $A_2 B_1 C_1$。

4.2.4 多指标试验设计

一项试验,往往考察 2 个或更多个试验指标来衡量其效果。在这样的多指标试验中,各个因素及其水平对各试验指标的影响往往是不同的,在某项指标得到改善的同时,可能会使另一项指标恶化。同时,在众多的指标中,有的要求越大越好,有的要求越小越好,有的则要求靠近某个值为好。因此,分析多指标试验结果时必须综合考虑,寻找使各项指标都尽可能好的试验方案。下面介绍两种解决多指标试验的方法:综合平衡法和综合评分法。

1. 综合平衡法

综合平衡法是先把各项试验指标按单指标分别独立进行分析,然后再根据分析的结

果进行综合平衡,做出合理结论的一种方法。综合平衡法的依据如下:

(1) 各因素对于每个单项指标的主次顺序和优水平。它是各单项指标试验数据分析的结果。

(2) 各项指标对试验的重要程度。它是由专业知识、实际经验、现实环境和试验目的要求综合确定的。即使对于同一内容的试验,它也会随着时间、条件的变化而发生变化,并且带有一定的主观因素。

下面通过具体例子来说明这种方法。

例 4.7 现进行 AC−13 细粒式沥青混凝土马歇尔试验研究,考虑诸多因素将对沥青混凝土试件的压实性产生影响,通常沥青混合料压实性与沥青混合料的集料加热温度、拌和温度、击实温度、击实次数等因素密切相关(且各项指标对试验的重要程度的主次顺序为空隙率、密度、稳定度)。

按以往经验各因素采用 3 水平(表 4.27)。试采用正交试验对其进行试验方案的优化设计。

表 4.27 试验因素水平

因素\水平	击实温度/℃	集料加热温度/℃	拌和温度/℃	击实次数
1	100	150	140	50
2	120	160	150	75
3	140	170	160	90

本题为 3 因素 3 水平,选用 $L_9(3^4)$ 进行正交试验设计,试验方案与试验结果见表 4.28。

表 4.28 正交试验方案与试验结果

试验号	因素				各指标的试验结果		
	A:击实温度 1	B:集料加热温度 2	C:拌和温度 3	D:击实次数 4	空隙率/%	密度/(g·cm^{-3})	稳定度/kN
1	1(100)	1(150)	1(140)	1(50)	5.69	2.462	6.8
2	1	2(160)	2(150)	2(75)	5.31	2.470	7.4
3	1	3(170)	3(160)	3(90)	4.86	2.474	7.6
4	2(120)	1	2	3	4.42	2.500	8.4
5	2	2	3	1	4.24	2.501	8.1
6	2	3	1	2	4.80	2.476	8.3
7	3(140)	1	3	2	3.52	2.514	9.3
8	3	2	1	3	3.91	2.507	9.6
9	3	3	2	1	3.64	2.515	9.5

续表 4.28

试验号		因素				各指标的试验结果		
		A:击实温度 1	B:集料加热温度 2	C:拌和温度 3	D:击实次数 4	空隙率 /%	密度 /(g·cm^{-3})	稳定度 /kN
空隙率	K_1	15.86	13.63	13.57	14.40			
	K_2	13.46	13.46	13.63	13.37			
	K_3	11.07	13.30	13.19	12.62			
	k_1	5.29	4.54	4.52	4.80			
	k_2	4.49	4.49	4.54	4.46			
	k_3	3.69	4.43	4.40	4.21			
	极差	1.60	0.11	0.14	0.59			
	优方案	A_1	B_1	C_2	D_1			
密度	K_1	7.406	7.467	7.478	7.445			
	K_2	7.477	7.478	7.460	7.485			
	K_3	7.536	7.465	7.481	7.489			
	k_1	2.469	2.492	2.493	2.482			
	k_2	2.492	2.493	2.487	2.495			
	k_3	2.512	2.488	2.494	2.496			
	极差	0.043	0.005	0.007	0.014			
	优方案	A_3	B_2	C_3	D_3			
稳定度	K_1	21.8	24.5	24.4	24.7			
	K_2	24.8	25.1	25.0	25.3			
	K_3	28.4	25.4	25.6	25.0			
	k_1	7.27	8.17	8.13	8.23			
	k_2	8.27	8.37	8.33	8.43			
	k_3	9.47	8.47	8.53	8.33			
	极差	2.20	0.30	0.40	0.20			
	优方案	A_3	B_3	C_3	D_2			

表 4.29　因素主次顺序与优水平

试验指标	因素主次顺序	优水平
空隙率 /%	A　D　C　B	A_1　B_1　C_2　D_1
密度 /(g·cm^{-3})	A　D　C　B	A_3　B_2　C_3　D_3
稳定度 /kN	A　C　B　D	A_3　B_3　C_3　D_2

显然,4个因素对3个指标的影响明显不同。A因素对空隙率、密度和稳定度都是主要因素。如果按因素对各项指标作用的主次顺序排名次,分别为第一、第二、第三和第四名次,那么A因素得3个第一;B因素得1个第三,2个第四;C因素得1个第二,3个第三;D因素得2个第二,1个第四。很明显,对沥青混凝土试件的压实性的影响,A因素最大,D因素次于A因素,C因素次于D因素,而B因素影响最小。于是,综合平衡得因素主次顺序为A、D、C、B。当2个因素所得名次相同时,应优先考虑因素相对于重要指标的名次。

由表4.28也可以明显看出,3个因素的水平对4项指标的影响也是不同的。通常,可按因素各水平被各项指标选作优水平的次数来确定因素的优水平。中选次数多者为优,中选次数相等时,应优先选取因素相对于重要指标的优水平。本例中,A因素的3水平A_3中选2次,而A_1仅中选1次,故应选A_3为优水平。B因素的3个水平各中选一次,但考虑到选B_1为优水平的是重要指标空隙率,所以确定B_1为优水平。同样C因素的3水平C_3中选2次,而C_2仅中选1次,故应选C_3为优水平。D因素的3个水平也各中选一次,但D_1为相对于重要指标空隙率的优水平,所以应确定D_1为优水平。经过综合平衡,最后得到本试验的最优组合为$A_3B_1C_3D_1$。

综合平衡法计算较简单,能清晰地反映因素对各项指标的影响。但对多指标问题,由于各指标的重要性不同,即所处的地位不同,要做到真正好的综合平衡,是很困难的,也难以解决较复杂的多指标问题。例如表4.30所示的某试验3个因素对3个指标的主次情况就很难综合平衡。下面要介绍的综合评分法,在一定意义上讲,可以解决综合平衡法的缺点。

表 4.30 因素主次顺序与优水平

试验指标	因素主次顺序		
	A	B	C
	C	A	B
	B	C	A

2. 综合评分法

综合评分法是先根据各项指标的重要程度分别给予加权或打分,然后将多指标转化成单一的综合指标(即"综合评分")再进行计算分析。

综合评分法的关键是确定各项指标的权值,与综合平衡法确定各项指标的重要程度时具有同样的思考原则。试验指标中较重要的应给予较大的权值,重要性相同的指标应给予相同的权值。将各项指标转化为"综合评分"的一般公式为

$$x_k^* = \alpha_1 x_{k_1} + \alpha_2 x_{k_2} + \cdots = \sum_i \alpha_i x_{k_i} \tag{4.87}$$

式中 x_k^* ——第k号试验的综合评分;

x_{k_i}——第k号试验的第i个指标的观测值;

α_i——转化系数,即将第i项指标转化为综合评分的系数。

若w_i表示第i项试验指标的权值,则当$\alpha_i = c_i w_i$时,称为直接加权法,其中c_i为第i项指标的缩减(扩大)系数,它的选取使各项试验指标具有大致相同的数量级;当$\alpha_i = c_i w_i / r_i$

时,称为基本法,其中 r_i 为第 i 项试验指标的极差。α_i 反映了第 i 项试验指标的重要程度和其他一些因素的影响。α_i 的正负反映了 α_i 的性质,如果 α_i 为正,表示指标越大越好,α_i 为负,则表示指标越小越好;反之,如果 α_i 为正,表示指标越小越好,α_i 为负,则表示指标越大越好。

例 4.8 上例中,若各项指标对试验的重要程度的权值分别为:空隙率 0.45、密度 0.30、稳定度 0.25,利用综合评分法的基本法进行分析。

解 由于利用基本法,从而 $\alpha_i = c_i w_i / r_i$,于是公式(4.87)具体为

$$x_k^* = \frac{0.45}{2.17} x_{k_1} + \frac{0.30}{0.053} x_{k_2} + \frac{0.25}{2.8} x_{k_3}$$

计算得到综合评分 x_k^*,列于表 4.31 的最后一列,并以 x_k^* 作为试验结果进行单指标计算分析。

表 4.31 正交试验方案与试验结果

试验号	因素				各指标的试验结果			综合评分
	A:击实温度 1	B:集料加热温度 2	C:拌和温度 3	D:击实次数 4	空隙率 /%	密度 /(g·cm^{-3})	稳定度 /kN	
1	1(100)	1(150)	1(140)	1(50)	5.69	2.462	6.8	15.723 0
2	1	2(160)	2(150)	2(75)	5.31	2.470	7.4	15.743 0
3	1	3(170)	3(160)	3(90)	4.86	2.474	7.6	15.690 2
4	2(120)	1	3	2	4.42	2.500	8.4	15.817 5
5	2	2	1	3	4.24	2.501	8.1	15.759 1
6	2	3	2	1	4.80	2.476	8.3	15.751 6
7	3(140)	1	2	3	3.52	2.514	9.3	15.790 5
8	3	2	3	1	3.91	2.507	9.6	15.858 5
9	3	3	1	2	3.64	2.515	9.5	15.838 9
K_1	47.156 1	47.331 0	47.320 9	47.333 0	$r_1 = 2.17$	$r_2 = 0.053$	$r_3 = 2.8$	
K_2	47.328 2	47.360 6	47.285 1	47.399 4				
K_3	47.487 9	47.280 6	47.366 3	47.239 8				
k_1	15.718 7	15.777 0	15.773 6	15.777 7				
k_2	15.776 1	15.786 9	15.761 7	15.799 8				
k_3	15.829 3	15.760 2	15.788 8	15.746 6				
极差	0.110 6	0.026 7	0.027 1	0.053 2				
优方案	A_3	B_2	C_3	D_2				

由极差分析得到,综合评分主次顺序为 A、D、C、B,最优组合为 $A_3 B_2 C_3 D_2$。

总地来讲,综合评分法是将多指标的问题,通过加权计算总分的方法化成一个指标问题,这样对结果的分析计算都比较方便、简单。但是,如何合理地评分,也就是如何合理地

确定各个指标的权值,是最关键的问题,也是最困难的问题。这一点只能依据实际经验来解决,单纯从数学上是无法解决的。

4.2.5 正交试验设计的方差分析

前面介绍了用正交表安排多因素试验的方法,以及对试验结果的直观分析法。直观分析法的优点是简单、直观、计算量较少。我们知道,方差分析是数理统计的基本方法之一,是科研与生产中分析试验数据的一种有效工具。将方差分析法用于正交设计中的结果分析,同样也是十分有效的。这一节我们用方差分析的方法对正交试验的结果做进一步的分析。

1. 正交试验方差分析的步骤

设用正交表 $L_n(a^c)$ 安排试验,试验处理数(即试验总次数)为 n,每个因素有 a 个水平,每个水平做 n_a 次试验,则 $n = an_a$,试验结果分别为 $x_1, x_2, \cdots, x_n$。现分析下面几个问题。

(1) 计算离差的平方和。

① 总离差平方和 S_T:

$$S_T = \sum_{k=1}^{n} (x_k - \bar{x})^2 = \sum_{k=1}^{n} x_k^2 - \frac{1}{n}(\sum_{k=1}^{n} x_k)^2 \tag{4.88}$$

记为

$$S_T = Q_T - P \tag{4.89}$$

其中

$$\bar{x} = \frac{1}{n} \sum_{k=1}^{n} x_k$$

$$Q_T = \sum_{k=1}^{n} x_k^2 \tag{4.90}$$

$$P = \frac{1}{n}(\sum_{k=1}^{n} x_k)^2 \tag{4.91}$$

S_T 反映了试验结果的总波动,它越大说明各次试验的结果之间的差异越大。试验的结果之所以有差异,一是因为因素水平的变化引起的,二是因为有试验误差,因此差异是不可避免的。

② 各因素离差的平方和 S_l 为

$$S_l = \sum_{i=1}^{a} \sum_{j=1}^{n_a} (\bar{x}_{i\cdot} - \bar{x})^2 = \sum_{i=1}^{a} n_a (\bar{x}_{i\cdot} - \bar{x})^2 = \frac{1}{n_a} \sum_{i=1}^{a} (\sum_{j=1}^{n_a} x_{ij})^2 - \frac{1}{n}(\sum_{i=1}^{a} \sum_{j=1}^{n_a} x_{ij})^2 \tag{4.92}$$

列离差平方和 S_l ($l = 1, 2, \cdots, c$) 是第 l 列中各水平对应试验指标平均值与总平均值的离差平方和,它表明该列水平变动所引起的试验数据的波动。若该列安排的是因素,就称 S_l 为该因素的离差的平方和;若该列安排的是交互作用,就称 S_l 为该交互作用的离差的平方和;若该列为空列,则 S_l 表示由于试验误差和未被考察的某交互作用或某条件因素所引起的波动,在正交试验设计的方差分析中,通常把空列的离差平方和作为试验误差的离差平方和。虽然它属于模型误差,一般比试验误差大,但用它作为试验误差进行显著性检验时,它可使检验结果更可靠。

以计算因素 A 的离差平方和 S_A 为例加以说明。设因素 A 安排在正交表的第 l 列,可看作单因素试验。用 x_{ij} 表示因素 A 的第 i 个水平的第 j 个试验的结果($i=1,2,\cdots,a$; $j=1,2,\cdots,n_a$),则有

$$\sum_{i=1}^{a}\sum_{j=1}^{n_a} x_{ij} = \sum_{k=1}^{n} x_k$$

由单因素的方差分析,知

$$S_A = \sum_{i=1}^{a}\sum_{j=1}^{n_a}(\bar{X}_{i\cdot} - \bar{X})^2 = \sum_{i=1}^{a} n_a(\bar{X}_{i\cdot} - \bar{X})^2 = \frac{1}{n_a}\sum_{i=1}^{a}(\sum_{j=1}^{n_a} x_{ij})^2 - \frac{1}{n}(\sum_{i=1}^{a}\sum_{j=1}^{n_a} x_{ij})^2 =$$

$$\frac{1}{n_a}\sum_{i=1}^{a} K_{il}^2 - \frac{1}{n}(\sum_{k=1}^{n} x_k)^2 \tag{4.93}$$

记为

$$S_A = Q_A - P \tag{4.94}$$

其中

$$Q_A = \frac{1}{n_a}\sum_{i=1}^{a} K_{il}^2 \tag{4.95}$$

$$K_{il} = \sum_{j=1}^{n_a} x_{ij} \tag{4.96}$$

式中 K_{il} —— 因素 A 的第 i 个水平 n_a 次试验的结果的和。

S_A 反映了因素 A 的水平变化时所引起的试验结果的波动,即因素 A 对试验结果的影响。用同样的方法可以计算其他因素的离差平方和。需要指出的是,对于两因素的交互作用,我们把它看成是一个新的因素看待。如果交互作用占用两列,则交互作用的离差平方和等于这两列的离差的平方和之和。比如

$$S_{A\times B} = S_{(A\times B)_1} + S_{(A\times B)_2}$$

③ 试验误差的离差的平方和 S_E。

记 $S_{因}$ 为因素的离差和,$S_{交}$ 为交互作用的离差和,$S_{空}$ 为空列的离差和,则

$$S_T = \sum_{l=1}^{c} S_l = S_{因} + S_{交} + S_{空} = \sum_{c_{因}} S_l + \sum_{c_{交}} S_l + \sum_{c_{空}} S_l \tag{4.97}$$

式中 $c_{因}$、$c_{交}$ 和 $c_{空}$ —— 试验因素、试验考察的交互作用和空列在正交表中所占的列数,且

$$c = c_{因} + c_{交} + c_{空} \tag{4.98}$$

在正交试验设计的方差分析中,试验误差的离差平方和通常等于正交表中所有空列离差平方和之和,即

$$S_E = \sum_{c_{空}} S_l \tag{4.99}$$

所以试验误差的离差的平方和 S_E 可由下式计算:

$$S_E = S_T - \sum_{c_{因}} S_l - \sum_{c_{交}} S_l \tag{4.100}$$

(2) 计算自由度。

记 df_T 为试验的总自由度，$df_因$ 为因素的自由度，$df_交$ 为交互作用的自由度，$df_空$ 为空列的自由度，df_E 为试验误差的自由度。

根据自由度的概念，各自由度可按下面的公式计算。

试验的总自由度：
$$df_T = n - 1 \tag{4.101}$$

各因素的自由度，例如因素 A 的自由度：
$$df_A = 因素 A 的水平数 - 1 = a - 1 \tag{4.102}$$

两因素交互作用的自由度等于两因素的自由度之积，比如
$$df_{A\times B} = df_A \times df_B \tag{4.103}$$

在正交试验设计的方差分析中，试验误差的自由度等于正交表中所有空列的自由度之和，即
$$df_E = \sum_{c_空} df_l \tag{4.104}$$

而
$$df_T = \sum_{l=1}^{c} df_l = \sum_{c_因} df_l + \sum_{c_交} df_l + \sum_{c_空} df_l \tag{4.105}$$

所以试验误差的自由度可由下式计算：
$$df_E = df_T - \sum_{c_因} df_j - \sum_{c_交} df_j \tag{4.106}$$

(3) 计算平均离差平方和 MS（均方）。

在计算各因素离差的平方和时，我们知道，它们都是若干项的和，它们的大小与项数有关，因此不能确切地反映各因素的情况。为了消除项数的影响，我们计算它们的平均离差的平方和。平均离差的平方和的定义如下：
$$MS_因 = \frac{S_因}{df_因} \tag{4.107}$$

同理，误差的平均离差的平方和的定义如下：
$$MS_E = \frac{S_E}{df_E} \tag{4.108}$$

(4) 求 F 比。

将各因素的平均离差的平方和与误差的平均离差的平方和相比，得出 F 值。这个比值的大小反映了各因素对试验结果影响程度的大小。

(5) 对因素进行显著性检验。

给出检验水平 α，从 F 分布表中查出临界值 $F_\alpha(f_因, f_E)$，将在(4)中算出的 F 值与该临界值比较，若 $F > F_\alpha(f_因, f_E)$，说明该因素对试验结果的影响显著，两者之间差别越大，说明该因素的显著性越大。

通常，若 $F > F_{0.01}(f_因, f_E)$，就称该因素的影响是特别显著的，用两个 * 号表示。若 $F < F_{0.01}(f_因, f_E)$，但 $F > F_{0.05}(f_因, f_E)$ 就称该因素的影响是显著的，用一个 * 号表示。若 $F < F_{0.05}(f_因, f_E)$，就称该因素的影响是不显著的，不用 * 号表示。

2. 无重复试验的正交试验结果的方差分析

例 4.9 对例 4.4 用 $L_9(3^4)$ 安排试验方案后,各号试验只进行一次,试验结果列于表 4.32。试对其进行方差分析。

该次试验的 9 个观测值总波动由 A 因素、B 因素、C 因素及误差的波动 4 部分组成,因而进行方差分析时平方和与自由度的划分式为

$$S_T = S_A + S_B + S_C + S_E$$
$$df_T = df_A + df_B + df_C + df_E$$

因素个数等于 3,试验总次数为 $n=9$,试验结果分别为 $x_1, x_2, \cdots, x_9$,每个因素有 $a=3$ 个水平,每个水平做 $n_a=3$ 次试验。

表 4.32 正交试验结果

试验号	因素			试验结果 /MPa
	A:石灰剂量 /% 1	B:闷料时间 /h 2	C:加载速率 /(mm·min^{-1}) 3	
1	1(8)	1(6)	1(1)	0.65
2	1	2(12)	2(5)	0.72
3	1	3(24)	3(10)	0.73
4	2(10)	1	2	0.70
5	2	2	3	0.76
6	2	3	1	0.75
7	3(12)	1	3	0.74
8	3	2	1	0.87
9	3	3	2	0.82
K_1	2.10	2.09	2.27	
K_2	2.21	2.35	2.24	$K=6.74$
K_3	2.43	2.30	2.23	
K_1^2	4.410 0	4.368 1	5.152 9	
K_2^2	4.884 1	5.522 5	5.017 6	$P=5.047\ 5$
K_3^2	5.904 9	5.290 0	4.972 9	
Q	5.066 3	5.060 2	5.047 8	
S	0.018 8	0.012 7	0.000 3	

根据前面的计算公式得

$$P = \frac{1}{n}\left(\sum_{k=1}^{n} x_k\right)^2 = \frac{1}{9}\left(\sum_{k=1}^{9} x_k\right)^2 = \frac{1}{9} \times 6.74^2 = 5.047\ 5$$

$$Q_T = \sum_{k=1}^{n} x_k^2 = \sum_{k=1}^{9} x_k^2 = 5.080\ 8, Q_A = \frac{1}{n_a}\sum_{i=1}^{a} K_{i1}^2 = \frac{1}{3}\sum_{i=1}^{3} K_{i1}^2 = 5.066\ 3$$

$$Q_B = \frac{1}{n_a}\sum_{i=1}^{a}K_{i2}^2 = \frac{1}{3}\sum_{i=1}^{3}K_{i2}^2 = 5.060\ 2, Q_C = \frac{1}{n_a}\sum_{i=1}^{a}K_{i3}^2 = \frac{1}{3}\sum_{i=1}^{3}K_{i3}^2 = 5.047\ 8$$

总平方和 $\qquad S_T = Q_T - P = 5.080\ 8 - 5.047\ 5 = 0.033\ 3$

A 因素平方和 $\qquad S_A = Q_A - P = 5.066\ 3 - 5.047\ 5 = 0.018\ 8$

B 因素平方和 $\qquad S_B = Q_B - P = 5.060\ 2 - 5.047\ 5 = 0.012\ 7$

C 因素平方和 $\qquad S_C = Q_C - P = 5.047\ 8 - 5.047\ 5 = 0.000\ 3$

误差平方和 $\qquad S_E = S_T - S_{因} = S_T - (S_A + S_B + S_C) = 0.001\ 5$

总自由度 $\qquad df_T = n - 1 = 9 - 1 = 8$

A 因素自由度 $\qquad df_A = a - 1 = 3 - 1 = 2$

B 因素自由度 $\qquad df_B = a - 1 = 3 - 1 = 2$

C 因素自由度 $\qquad df_C = a - 1 = 3 - 1 = 2$

误差自由度 $\qquad df_E = df_T - df_A - df_B - df_C = 8 - 2 - 2 - 2 = 2$

列出方差分析表(表4.33),进行 F 检验。

表 4.33 方差分析表

方差来源	离差平方和 S	自由度 df	平均离差平方和 MS	F 值	临界值	显著性
A	0.018 8	2	0.009 40	12.53	$F_{0.05}(2,2) = 19.00$	
B	0.012 7	2	0.006 35	8.47	$F_{0.01}(2,2) = 99.00$	
C	0.000 3	2	0.000 15	0.2		
误差 E	0.001 5	2	0.000 75			
总和 T	0.033 3	8				

F 检验结果表明,3个因素对试验指标的影响都不显著。究其原因可能是本例试验误差大且误差自由度小(仅为2),使检验的灵敏度低,从而掩盖了考察因素的显著性。由于各因素对石灰土无侧限抗压强度的影响都不显著,此时因素 A、B、C 的水平可根据实际情况选取,比如选取最经济的或 K 的最大值所对应的水平。本例若选取 K 的最大值所对应的水平,则最优水平组合为 $A_3B_2C_1$。

上述无重复正交试验结果的方差分析,其误差是由"空列"来估计的。然而"空列"并不空,实际上是被未考察的交互作用所占据。这种误差既包含试验误差,也包含交互作用,称为模型误差。若交互作用不存在,用模型误差估计试验误差是可行的;若因素间存在交互作用,则模型误差会夸大试验误差,有可能掩盖考察因素的显著性。这时,试验误差应通过重复试验值来估计。所以,进行正交试验最好能有两次以上的重复。

3. 有重复试验的正交试验结果的方差分析

重复试验就是对每个试验号重复多次,这样能很好地估计试验误差,它的方差分析与无重复试验基本相同。但要注意以下几点:

(1) 计算 $K_1, K_2, \cdots$ 时,要用各号试验重复 t 次的数据之和。

(2) 计算离差平方和时,公式中的"水平重复数"要改为"水平重复数与重复试验数之积"。

(3) 总体误差的离差平方和 S_E 由两部分构成：第一类误差，即空列误差 S_{E_1}；第二类误差即重复试验误差 S_{E_2}，按下式计算：

$$S_E = S_{E_1} + S_{E_2} \tag{4.109}$$

自由度为

$$df_E = df_{E_1} + df_{E_2} \tag{4.110}$$

S_{E_2} 的计算公式为

$$S_{E_2} = \sum_{i=1}^{n}\sum_{j=1}^{t} x_{ij}^2 - \frac{1}{t}\sum_{i=1}^{n}\left(\sum_{j=1}^{t} x_{ij}\right)^2 = Q_T - \frac{1}{t}\sum_{i=1}^{n}\left(\sum_{j=1}^{t} x_{ij}\right)^2 \tag{4.111}$$

或

$$S_E = S_T - S_{因} - S_{E_1} \tag{4.112}$$

其中 t 为各号试验的重复次数，n 为试验号总数。

$$df_{E_2} = n(t-1) \tag{4.113}$$

例 4.10 假定上例试验重复了两次，试验结果列于表 4.34。试对其进行方差分析。

表 4.34 正交试验结果

试验号	因素 A:石灰剂量/% 1	因素 B:闷料时间/h 2	因素 C:加载速率/(mm·min^{-1}) 3	空列 4	试验结果/MPa 1	2	合计
1	1(8)	1(6)	1(1)	1	0.65	0.61	1.26
2	1	2(12)	2(5)	2	0.72	0.75	1.47
3	1	3(24)	3(10)	3	0.73	0.68	1.41
4	2(10)	1	2	3	0.70	0.74	1.44
5	2	2	3	1	0.76	0.71	1.47
6	2	3	1	2	0.75	0.80	1.55
7	3(12)	1	3	2	0.74	0.71	1.45
8	3	2	1	3	0.87	0.82	1.69
9	3	3	2	1	0.82	0.85	1.67
K_1	4.14	4.15	4.50	4.40			
K_2	4.46	4.63	4.58	4.47			$K=13.41$
K_3	4.81	4.63	4.33	4.54			
K_1^2	17.139 6	17.222 5	20.250 0	19.360 0			
K_2^2	19.891 6	21.436 9	20.976 4	19.980 9			$P=$ 9.990 4
K_3^2	23.136 1	21.436 9	18.748 9	20.611 6			
Q	73 069.444	73 973	72 363.222	72 482.111			
S	787.629	1 691.185	81.407	200.296			

根据前面的计算公式得

$$P = \frac{1}{nt}\left(\sum_{i=1}^{n}\sum_{j=1}^{t}x_{ij}\right)^2 = \frac{1}{9\times 2}\left(\sum_{i=1}^{9}\sum_{j=1}^{2}x_{ij}\right)^2 = \frac{1}{18}\times 13.41^2 = 9.9904$$

$$Q_T = \sum_{i=1}^{n}\sum_{j=1}^{t}x_{ij}^2 = \sum_{i=1}^{9}\sum_{j=1}^{2}x_{ij}^2 = 10.0685,\ Q_A = \frac{1}{n_a t}\sum_{i=1}^{a}K_{i1}^2 = \frac{1}{6}\sum_{i=1}^{3}K_{i1}^2 = 10.0279$$

$$Q_B = \frac{1}{n_a t}\sum_{i=1}^{a}K_{i2}^2 = \frac{1}{6}\sum_{i=1}^{3}K_{i2}^2 = 10.0160,\ Q_C = \frac{1}{n_a t}\sum_{i=1}^{a}K_{i3}^2 = \frac{1}{6}\sum_{i=1}^{3}K_{i3}^2 = 9.9959$$

$$Q_{E_1} = \frac{1}{n_a t}\sum_{i=1}^{a}K_{i4}^2 = \frac{1}{6}\sum_{i=1}^{3}K_{i4}^2 = 9.9921$$

总平方和　　　　　$S_T = Q_T - P = 10.0685 - 9.9904 = 0.0781$

A 因素平方和　　　$S_A = Q_A - P = 10.0279 - 9.9904 = 0.0375$

B 因素平方和　　　$S_B = Q_B - P = 10.0160 - 9.9904 = 0.0256$

C 因素平方和　　　$S_C = Q_C - P = 9.9959 - 9.9904 = 0.0055$

空列试验误差平方和　$S_C = Q_{E_1} - P = 9.9921 - 9.9904 = 0.0017$

重复误差平方和　　　$S_E = S_T - (S_A + S_B + S_C) - S_{E_1} = 0.0078$

总体误差平方和　　　$S_E = S_{E_1} + S_{E_2} = 0.0017 + 0.0078 = 0.0095$

总自由度　　　　　$df_T = nt - 1 = 9\times 2 - 1 = 17$

A 因素自由度　　　$df_A = a - 1 = 3 - 1 = 2$

B 因素自由度　　　$df_B = a - 1 = 3 - 1 = 2$

C 因素自由度　　　$df_C = a - 1 = 3 - 1 = 2$

空列误差自由度　　$df_空 = a - 1 = 3 - 1 = 2$

重复试验误差自由度　$df_{E_2} = n(t-1) = 9\times(2-1) = 9$

总误差自由度　　　$df_E = df_空 + df_{E_1} = 2 + 9 = 11$

列出方差分析表(表 4.35),进行 F 检验。

表 4.35　方差分析表

方差来源	离差平方和 S	自由度 df	平均离差平方和 MS	F 值	临界值	显著性
A	0.0375	2	0.01875	21.802	$F_{0.05}(2,17) = 3.59$	**
B	0.0256	2	0.01280	14.884	$F_{0.01}(2,17) = 6.11$	**
C	0.0055	2	0.00275	3.198		
空列误差	0.0017	2	0.00085	0.988		
重复试验误差	0.0078	9	0.00087			
误差 E	0.0095	11	0.00086			
总和 T	6193.185	17				

此例因模型误差不显著,可以认为因素间不存在显著的交互作用。可由 A、B、C 因素的最优水平组合成最优水平组合。

若模型误差显著,表明因素间交互作用显著,则应进一步试验,以分析因素间的交互作用。

F 检验结果表明,3 个因素中,因素 A 和 B 对试验指标有特别显著影响,而因素 C 对试验指标的影响不显著。由于这里的试验指标是石灰土无侧限抗压强度,当然是越大越好,所以最优方案中因素 A 和 B 的水平应取 K 的最大值所对应的水平,而因素 C 的水平可根据实际情况选取,比如选取最经济的或 K 的最大值所对应的水平。本例若选取 K 的最大值所对应的水平,则最优水平组合为 $A_3B_2C_2$ 或 $A_3B_3C_2$。

4. 混合型正交试验设计的方差分析

混合型正交设计的方差分析,本质上与一般水平数相等的正交设计的方差分析相同,只是在计算时要注意到各列水平数的差别就可以了。

下面仍以 $L_8(4^1 \times 2^4)$ 混合型正交表为例加以说明。

总离差平方和仍为

$$S_T = Q_T - P = \sum_{k=1}^{8} x_k^2 - \frac{1}{8}\left(\sum_{k=1}^{8} x_k\right)^2$$

因素离差平方和与自由度分以下两种情况:

4 水平因素 $S_j = Q_j - P = \frac{1}{2}\sum_{i=1}^{4} K_i^2 - \frac{1}{8}\left(\sum_{k=1}^{8} x_k\right)^2, df = 3$

2 水平因素 $S_j = Q_j - P = \frac{1}{4}\sum_{i=1}^{2} K_i^2 - \frac{1}{8}\left(\sum_{k=1}^{8} x_k\right)^2, df = 1$

例 4.11 对前述例 4.5 进行方差分析。

解 正交试验结果见表 4.36。

表 4.36 正交试验结果

试验号	因素				试验结果/mm (坍落度实测值,结果未修约)
	A:取样数量/L 1	B:每层捣实次数 2	C:取样时间/h 3	D:拌和方式 4	
1	1(10)	1(25)	1(2.5)	1(人工)	34
2	1	2(35)	2(5.0)	2(机械)	30
3	2(15)	1	1	2	38
4	2	2	2	1	26
5	3(20)	1	2	1	32
6	3	2	1	2	33
7	4(30)	1	2	2	36
8	4	2	1	1	33
K_1	64	140	138	125	
K_2	64	122	124	137	$K = 262$
K_3	65				
K_4	69				

续表 4.36

试验号	因素				试验结果/mm
	A:取样数量/L 1	B:每层捣实次数 2	C:取样时间/h 3	D:拌和方式 4	(坍落度实测值，结果未修约)
K_1^2	4 096	19 600	19 044	15 625	
K_2^2	4 096	14 884	15 376	18 769	
K_3^2	4 225				
K_4^2	4 761				
Q	8 589.0	8 621.0	8 605.0	8 598.5	
S	8.5	40.5	24.5	18.0	

根据前面的计算公式得

$$P = \frac{1}{n}\left(\sum_{k=1}^{n} x_k\right)^2 = \frac{1}{8}\left(\sum_{k=1}^{8} x_k\right)^2 = \frac{1}{8} \times 262^2 = 8\ 580.5$$

$$Q_T = \sum_{k=1}^{n} x_k^2 = \sum_{k=1}^{8} x_k^2 = 8\ 674.0, Q_A = \frac{1}{2}\sum_{i=1}^{4} K_{i1}^2 = 8\ 589.0$$

$$Q_B = \frac{1}{4}\sum_{i=1}^{2} K_{i2}^2 = 8\ 621.0, Q_C = \frac{1}{4}\sum_{i=1}^{2} K_{i3}^2 = 8\ 605.0, Q_D = \frac{1}{4}\sum_{i=1}^{2} K_{i4}^2 = 8\ 598.5$$

总平方和 $\quad S_T = Q_T - P = 8\ 674.0 - 8\ 580.5 = 93.5$

A因素平方和 $\quad S_A = Q_A - P = 8\ 589.0 - 8\ 580.5 = 8.5$

B因素平方和 $\quad S_B = Q_B - P = 8\ 621.0 - 8\ 580.5 = 40.5$

C因素平方和 $\quad S_C = Q_C - P = 8\ 605.0 - 8\ 580.5 = 24.5$

D因素平方和 $\quad S_D = Q_D - P = 8\ 598.5 - 8\ 580.5 = 18.0$

误差平方和 $\quad S_E = S_T - S_{因} = S_T - (S_A + S_B + S_C + S_D) = 2.0$

总自由度 $\quad df_T = n - 1 = 8 - 1 = 7$

A因素自由度 $\quad df_A = a - 1 = 4 - 1 = 3$

B因素自由度 $\quad df_B = a - 1 = 2 - 1 = 1$

C因素自由度 $\quad df_C = a - 1 = 2 - 1 = 1$

D因素自由度 $\quad df_D = a - 1 = 2 - 1 = 1$

误差自由度 $df_E = df_T - df_A - df_B - df_C - df_D = 7 - 3 - 1 - 1 - 1 = 1$

列出方差分析表 4.37，进行 F 检验。

表 4.37　方差分析表

方差来源	离差平方和 S	自由度 df	平均离差平方和 MS	F 值	临界值	显著性
A	8.5	3	2.83	1.415	$F_{0.05}(3,1)=216$	
B	40.5	1	40.50	20.25	$F_{0.05}(1,1)=161$	
C	24.5	1	24.50	12.25		
D	18.0	1	18.00	9.00		
误差 E	2.0	1	2.00			
总和 T	93.5	7				

F 检验结果表明，4 个因素对试验指标的影响不显著，4 个因素的水平可根据实际情况选取，比如选取最经济的或 K 的最大值所对应的水平。本例若选取 K 的最小值所对应的水平，则最优水平组合为 $A_4B_1C_1D_2$。

第五章 回归分析

5.1 一元线性回归分析

在客观世界中普遍存在着多个变量之间的相互关系。一般来说,变量之间的关系可分为两类:一类是确定性关系,确定性关系是指变量之间的关系可以用函数关系来表达,例如电流 I、电压 U、电阻 R 之间有关系式 $U=IR$;另一类是非确定性关系即相关关系,不能由一个量的值通过某个函数式的计算而得到另一个量的确定值。例如,水泥的早期抗压强度 $R_早$ 和28天抗压强度 R_{28} 之间的关系。一般说来,$R_早$ 较高时,R_{28} 也较高;$R_早$ 较低时,R_{28} 也较低,但 $R_早$ 相同的水泥所对应的 R_{28} 并不一定相同,这种变量之间的不确定性关系称为相关关系(relationship)。

对于具有相关关系的变量,虽然不能确定变量之间的函数关系,但是通过在试验中获得的大量数据,可以发现它们之间存在一定的统计规律,找出能反映它们关系的经验公式,解决生产和科研中的问题。回归分析是数理统计中研究变量之间相关关系的一种有效方法,它能帮助我们从一个变量取得的值去估计另一个变量所取的值。

在质量管理中,回归分析是研究质量特性变化与潜在原因之间关系的统计方法,可用于检验生产能力、产量、质量特性以及预测试验结果。在水泥生产质量控制中,很多质量问题中2个变量、3个变量之间存在较好的线性关系。例如,水泥生料 KH 值和碳酸钙滴定值、水泥熟料强度和熟料 KH 值、水泥28天抗压强度和水泥细度及混合料添加量、水泥28天抗压强度和1天或3天抗压强度等之间。在生产工艺较稳定的情况下,根据足够多的试验数据,通过回归分析建立回归方程,可以通过控制某一个因素而实现对另一因素的控制。

5.1.1 一元线性回归模型

设有两个变量 x 及 y,假设自变量 x 与因变量 y 之间存在相关关系,其中 x 为可以控制或可以精确观察的变量,y 是一个与 x 有关的随机变量,x 的变化会引起 y 相应的变化,但它们之间的变化关系是不确定的。如果当 x 取得任意可能值时,y 相应地服从一定的概率分布,则称随机变量 y 与变量 x 之间存在着相关关系。

我们对于 x 取定一组不完全相同的值 $x_1, x_2, \cdots, x_n$,做 n 次独立试验,测得观测数据:
$$(x_1, y_1), (x_2, y_2), \cdots, (x_n, y_n)$$

其中,y_i 是 $x=x_i$ 时随机变量 y 的观测结果。通常把点 $(x_i, y_i)(i=1,2,\cdots,n)$ 画在直角坐标平面上得到散点图,如图5.1所示。散点图可以帮助我们粗略地看出 y 与 x 之间的某种关系。

若变量 x 与 y 之间存在着线性相关关系,则我们根据试验数据得到的点 $(x_i, y_i)(i=$

$1,2,\cdots,n$) 将散布在某一条直线的周围。

一般地,假设变量 x 与 y 之间的线性相关关系可表示为

$$y = a + bx + \varepsilon \quad (5.1)$$

其中,a,b 为未知常数,ε 为随机误差且 $\varepsilon \sim N(0,\sigma^2)$,$\sigma^2$ 未知,b 称为回归系数 (regression coefficient),此时

$$y \sim N(a+bx, \sigma^2)$$

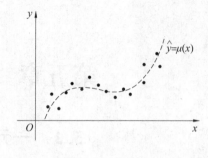

图 5.1　散点图

对于 (x,y) 的样本 (x_1,y_1),(x_2,y_2),$\cdots$,(x_n,y_n) 有

$$y_i = a + bx_i + \varepsilon_i, i = 1,2,\cdots,n \quad (5.2)$$

$\varepsilon_i \sim N(0,\sigma^2)$,且 $\varepsilon_1,\varepsilon_2,\cdots,\varepsilon_n$ 相互独立。

如果由样本得到式(5.1)中 a,b 的估计值 $\hat{a},\hat{b}$,则称

$$\hat{y} = \hat{a} + \hat{b}x \quad (5.3)$$

为 y 关于 x 的经验回归方程(empirical regression equation),简称回归方程(regression equation),其图形称为回归直线(regression line)或拟合直线(fitting line)。

一元线性回归主要解决下列一些问题:

(1) 利用样本对未知参数 a、b、σ^2 进行估计。

(2) 对回归方程做显著性检验。

(3) 当 $x = x_0$ 时对 y 的取值做预测,即对 y 做区间估计。

5.1.2　参数 a、b、σ^2 的估计

下面按最小二乘法(least-square method)确定未知参数 a、b。

记 $Q = \sum_{i=1}^{n} \varepsilon_i^2 = \sum_{i=1}^{n} (y_i - a - bx_i)^2$,称 Q 为离差平方和(squared deviations)。最小二乘法就是选择 a、b,使得 Q 为最小,如图 5.2 所示。

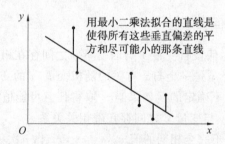

图 5.2　最小二乘法拟合直线原理示意图

为了求 Q 的最小值,分别求 Q 对 a、b 的偏导数,并让它们等于零。

$$\begin{cases} \dfrac{\partial Q}{\partial a} = \sum_{i=1}^{n}(y_i - a - bx_i)(-2) = 0 \\ \dfrac{\partial Q}{\partial b} = \sum_{i=1}^{n}(y_i - a - bx_i)(-2x_i) = 0 \end{cases} \tag{5.4}$$

整理后得到

$$\begin{cases} na + (\sum_{i=1}^{n} x_i)b = \sum_{i=1}^{n} y_i \\ (\sum_{i=1}^{n} x_i)a + (\sum_{i=1}^{n} x_i^2)b = \sum_{i=1}^{n} x_i y_i \end{cases} \tag{5.5}$$

由此解得

$$\begin{cases} \hat{a} = \bar{y} - \hat{b}\bar{x} \\ \hat{b} = \dfrac{l_{xy}}{l_{xx}} \end{cases} \tag{5.6}$$

其中

$$\bar{x} = \frac{1}{n}\sum_{i=1}^{n} x_i \tag{5.7}$$

$$\bar{y} = \frac{1}{n}\sum_{i=1}^{n} y_i \tag{5.8}$$

$$l_{xx} = \sum_{i=1}^{n}(x_i - \bar{x})^2 = \sum_{i=1}^{n} x_i^2 - \frac{1}{n}\left(\sum_{i=1}^{n} x_i\right)^2 \tag{5.9}$$

$$l_{xy} = \sum_{i=1}^{n}(x_i - \bar{x})(y_i - \bar{y}) = \sum_{i=1}^{n} x_i y_i - \frac{1}{n}\left(\sum_{i=1}^{n} x_i\right)\left(\sum_{i=1}^{n} y_i\right) \tag{5.10}$$

为了进一步分析需要,我们再引进

$$l_{yy} = \sum_{i=1}^{n}(y_i - \bar{y})^2 = \sum_{i=1}^{n} y_i^2 - \frac{1}{n}\left(\sum_{i=1}^{n} y_i\right)^2 \tag{5.11}$$

用最小二乘法求出的估计 $\hat{a}$、$\hat{b}$ 分别称为 a、b 的最小二乘估计。此时回归方程为
$$\hat{y} = \hat{a} + \hat{b}x$$

参数 σ^2 常用下式做估计:

$$\hat{\sigma}^2 = \frac{1}{n-2}\sum_{i=1}^{n}(y_i - \hat{a} - \hat{b}x_i)^2 = \frac{1}{n-2}\left(l_{yy} - \frac{l_{xy}^2}{l_{xx}}\right) \tag{5.12}$$

略去证明。给出下述定理:

定理 5.1

(1) $\hat{a} \sim N\left[a, \dfrac{\sigma^2 \sum_{i=1}^{n} x_i^2}{n l_{xx}}\right]$;

(2) $\hat{b} \sim N\left[b, \dfrac{\sigma^2}{l_{xx}}\right]$;

(3) $\dfrac{n-2}{\sigma^2}\hat{\sigma}^2 \sim \chi^2(n-2)$;

(4) $\hat{\sigma}^2$ 分别与 $\hat{a},\hat{b}$ 独立。

由定理可知，上述参数 a、b、σ^2 的估计都是无偏估计。

例 5.1 某试验室建立某厂 32.5 级普通水泥混凝土推定经验式，推定方法采用 $1h$ 促凝压蒸法。砂、石与现场相同，砂率适中，坍落度与施工要求相同。选定 $C/W=1.25$、1.50、1.75、2.00、2.25、2.50 共 6 个灰水比，6 个配合比各重复 6 次试验。试验所得 36 组混凝土抗压强度值 R_{28} 及对应的湿筛砂浆快硬强度测定值 R_{1h} 列于表 5.1，试计算混凝土抗压强度推定式：$\hat{R}_{28}=a_1+b_1 R_{1h}$。

表 5.1 试验结果及回归方程计算表

组号	灰水比	试验重复次数	x /MPa	y /MPa	x^2	y^2	$x \cdot y$
1	1.25	1	2.28	18.6	5.198 4	345.96	42.408
2		2	2.35	19.2	5.522 5	368.64	45.120
3		3	2.37	19.6	5.616 9	384.16	46.452
4		4	2.46	20.2	6.051 6	408.04	49.692
5		5	2.31	19.0	5.336 1	361.00	43.890
6		6	2.16	18.4	4.665 6	338.56	39.744
7	1.50	1	3.26	23.7	10.627 6	561.69	77.262
8		2	3.22	23.1	10.368 4	533.61	74.382
9		3	3.45	24.4	11.902 5	595.36	84.180
10		4	3.30	24.1	10.890 0	580.81	79.530
11		5	2.96	20.8	8.761 6	432.64	61.568
12		6	3.24	23.5	10.497 6	552.25	76.140
13	1.75	1	4.75	28.4	22.563 5	806.56	134.900
14		2	4.81	27.6	23.136 1	761.76	132.756
15		3	4.62	27.2	21.344 4	739.84	125.664
16		4	4.85	28.8	23.522 5	829.44	139.680
17		5	5.06	29.5	25.603 6	870.25	149.270
18		6	4.83	28.1	23.328 9	789.61	135.723
19	2.00	1	5.74	30.2	32.947 6	912.04	173.348
20		2	6.42	34.7	41.216 4	1 204.09	222.774
21		3	6.13	32.6	37.576 9	1 062.76	199.838
22		4	6.32	33.5	39.942 4	1 122.25	211.720
23		5	6.14	32.4	37.699 6	1 049.76	198.936
24		6	6.23	32.9	38.812 9	1 082.41	204.967

续表 5.1

组号	灰水比	试验重复次数	x /MPa	y /MPa	x^2	y^2	$x \cdot y$
25	2.25	1	7.76	36.8	60.2176	1354.24	285.568
26		2	7.41	35.2	54.9081	1239.04	260.832
27		3	8.01	37.4	64.1601	1398.76	299.574
28		4	8.23	38.9	67.7329	1513.21	320.147
29		5	7.74	36.3	59.9076	1317.69	280.962
30		6	7.92	37.1	62.7264	1376.41	293.832
31	2.50	1	10.13	42.5	102.6169	1806.25	430.525
32		2	9.57	38.8	91.5849	1505.44	371.316
33		3	9.90	40.7	98.0100	1656.49	402.930
34		4	9.71	39.4	94.2841	1552.36	382.574
35		5	9.83	40.2	96.6289	1616.04	395.166
36		6	9.28	38.3	86.1184	1466.89	355.424
$\sum_{i=1}^{n}$			204.75	1082.10	1402.0285	34496.31	6828.794

解 以下运算中变量 x 表示湿筛砂浆快硬强度值 R_{1h}，变量 y 表示混凝土抗压强度值 R_{28}。

由公式(5.7)至(5.11)可得

$$\sum_{i=1}^{36} x_i = 204.75, \sum_{i=1}^{36} y_i = 1082.1$$

$$\bar{x} = \frac{1}{36}\sum_{i=1}^{36} x_i = \frac{204.75}{36} = 5.69, \bar{y} = \frac{1}{36}\sum_{i=1}^{36} y_i = \frac{1082.1}{36} = 30.06$$

$$l_{xx} = \sum_{i=1}^{36} x_i^2 - \frac{1}{36}(\sum_{i=1}^{36} x_i)^2 = 1402.0285 - \frac{1}{36} \times 204.75^2 = 237.5129$$

$$l_{yy} = \sum_{i=1}^{36} y_i^2 - \frac{1}{36}(\sum_{i=1}^{36} y_i)^2 = 34496.31 - \frac{1}{36} \times 1082.10^2 = 1970.1875$$

$$l_{xy} = \sum_{i=1}^{36} x_i y_i - \frac{1}{36}(\sum_{i=1}^{36} x_i)(\sum_{i=1}^{36} y_i) = 6828.794 - \frac{1}{36} \times 204.75 \times 1082.10 = 674.350$$

按公式(5.6)得，a 及 b 的估计值分别是

$$\hat{b} = \frac{l_{xy}}{l_{xx}} = \frac{674.350}{237.5129} = 2.839$$

$$\hat{a} = \bar{y} - \hat{b}\bar{x} = 30.06 - 2.839 \times 5.69 = 13.91$$

于是，按公式(5.3)得直线型混凝土强度推定式为

$$\hat{y} = 13.91 + 2.839x$$

即
$$\hat{R}_{28}/\text{MPa} = 13.91 + 2.839 R_{1h}$$

5.1.3 线性回归的显著性检验

在实际问题中,y 与 x 是否确有线性关系,首先要根据专业知识和散点图来做出粗略判断,其次就要根据实际观察得到的数据运用假设检验的方法来判断。也就是说,求得的线性回归方程是否具有实用价值,一般来说,需要经过检验才能确定。下面说明这一检验的方法。

若假设 $y=a+bx+\varepsilon$ 符合实际,则 b 不应为零,因为如果 $b=0$,则 $y=a+\varepsilon$,意味着 y 与 x 无关。所以 $y=a+bx+\varepsilon$ 是否合理,归结为对假设

$$H_0:b=0; \quad H_1:b \neq 0 \tag{5.13}$$

进行检验。通常采用以下 3 种常用方法检验假设 H_0。

1. 相关系数检验法

相关系数(correlation coefficient)是衡量两个变量之间线性相关程度的一个量。

取检验统计量

$$r = \frac{\sum_{i=1}^{n}(x_i - \bar{x})(y_i - \bar{y})}{\sqrt{\sum_{i=1}^{n}(x_i - \bar{x})^2} \sqrt{\sum_{i=1}^{n}(y_i - \bar{y})^2}} = \frac{l_{xy}}{\sqrt{l_{xx} l_{yy}}} \tag{5.14}$$

称 r 为样本相关系数,类似于随机变量间的相关系数。r 的取值反映了自变量 x 与因变量 y 之间的线性相关关系。

可以推导出:

$$1 - r^2 \geqslant 0 \tag{5.15}$$

或

$$0 \leqslant |r| \leqslant 1 \tag{5.16}$$

可以推断出:在显著性 α 水平下,当

$$|r| > r_\alpha(n-2) \tag{5.17}$$

时拒绝 H_0。

其中,临界值 $r_\alpha(n-2)$ 在附表 9 中给出,其中 n 为样本容量(即试验次数)。

由试验数据计算出样本相关系数 r 的值,按如下方法用相关系数 r 衡量两个变量之间的线性相关关系。

(1) 当 $r=0$ 时,从式(5.14)知 $l_{xy}=0$,从而由式(5.6)得 $\hat{b}=0$,即回归方程中的一次项 x 的系数为零,这时变量 x 和 y 之间或者存在非线性关系(nonlinear relation),如图 5.3(a)所示;或者它们之间不存在任何关系,如图 5.3(b)所示。

(2) 当 $|r|=1$ 时,y 与 x 之间呈线性关系(linear relation),或称 y 与 x 完全线性相关(complete linear correlation)。当 $r=1$ 时,称完全正相关(complete positive correlation),如图 5.3(c)所示;当 $r=-1$ 时,称完全负相关(complete negative correlation),如图 5.3(d)所示。

(3) 当 $0 < |r| < 1$ 时,变量 x 和 y 之间存在一定程度的线性相关关系(linear

correlation)。$|r|$值越接近于1时，x和y之间的线性相关关系越好；$|r|$值越接近于0时，x和y之间的线性相关关系越差。$0<r<1$时，$b>0$，这时变量y随x的增加而增加，如图5.3(e)所示，称正相关(positive correlation)；$-1<r<0$时，$b<0$，这时变量y随x的增加而减少，如图5.3(f)所示，称负相关(negative correlation)。

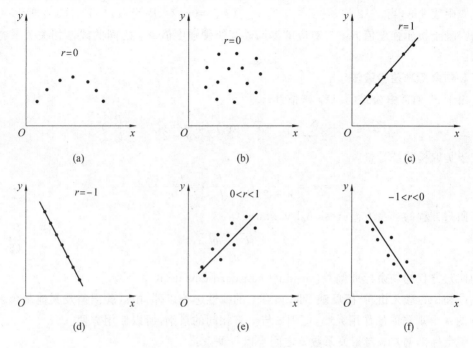

图5.3 相关系数r衡量y、x变量之间的相关关系示意图

利用相关系数r衡量两个变量之间线性相关程度时，只要r的值不为零，这两个变量之间就肯定存在一定的线性相关关系。确定线性相关程度，要使用相关系数的显著性检验，其步骤如下：

(1) 由变量x和y的观测值，计算r的值。

(2) 给定显著性水平α，在相关系数检验表(附表9)中查自由度$df=n-2$时的临界值r_α(n是对变量x和y的观测次数，即数据个数)。

(3) 判断规则：当$|r|>r_\alpha$时，认为变量x和y之间线性相关关系是显著的，建立回归方程是合理的；当$|r|\leqslant r_\alpha$时，认为变量x和y之间线性相关关系是不显著的，建立的回归方程没有实际意义。

实际工作中，通常取$\alpha=0.05$或$\alpha=0.01$，有以下常用的判断规则：

① $|r|\leqslant r_{0.05}(n-2)$时，则认为$x$与$y$之间的线性相关关系不显著，或不存在线性相关关系。

② $r_{0.05}(n-2)<|r|\leqslant r_{0.01}(n-2)$时，则认为$x$与$y$之间的线性相关关系显著。

③ $|r|>r_{0.01}(n-2)$时，则认为x与y之间的线性相关关系特别显著。

相关系数检验法是工程技术中广泛应用的一种检验方法。

例5.2 在例5.1中，利用相关系数的显著性检验法检验混凝土抗压强度值R_{28}与对应的湿筛砂浆快硬强度值 R_{1h} 之间的线性相关关系是否显著。

解 由 $l_{xx}=237.5129, l_{xy}=674.350, l_{yy}=1970.1875$，按公式(5.14)得

$$r = \frac{l_{xy}}{\sqrt{l_{xx}l_{yy}}} = \frac{674.350}{\sqrt{237.5129 \times 1970.1875}} = 0.986$$

查附表9得，当 $n-2=36-2=34$ 时，$r_{0.01}(34)=0.424$，因为 $|r|>r_{0.01}(34)$，所以可以认为混凝土抗压强度值 R_{28} 与对应的湿筛砂浆快硬强度值 R_{1h} 之间的线性相关关系特别显著。

2. 剩余标准差检验法

由于 σ^2 通常由公式(5.12)来估计：

$$\hat{\sigma}^2 = \frac{1}{n-2}\sum_{i=1}^{n}(y_i - \hat{a} - \hat{b}x_i)^2 = \frac{1}{n-2}(l_{yy} - \frac{l_{xy}^2}{l_{xx}})$$

于是取检验统计量

$$s^2 = \hat{\sigma}^2 = \frac{1}{n-2}(l_{yy} - \frac{l_{xy}^2}{l_{xx}}) = \frac{l_{yy} - \hat{b}l_{xy}}{n-2} \tag{5.18}$$

称为回归方程的剩余方差(residual variance)。

$$s = \sqrt{\frac{l_{yy} - \hat{b}l_{xy}}{n-2}} \tag{5.19}$$

称为回归方程的剩余标准偏差(residual standard deviation)。

s^2 和 s 的意义相同，都反映了除 x 对 y 的线性影响以外，由试验误差及其他剩余因素对 y 的 n 个观测值的作用大小，但因 s 与 y 有相同的量纲，所以使用方便。

剩余标准偏差 s 与相关系数 r 之间有以下关系：

$$s = \sqrt{\frac{(1-r^2)l_{yy}}{n-2}} \tag{5.20}$$

从上式可以看出，$|r|=1$ 时，$s=0$；$r=0$ 时，$s=\sqrt{l_{yy}/(n-2)}$（值最大）。从而说明，s 值越小，回归方程效果越好，s 值越大，回归方程效果越差。因此在实际应用中，只要 s 的值在允许的误差范围以内，则认为建立的回归方程是显著的。

3. t 检验法

若 H_0 成立，即 $b=0$，由定理5.1知

$$\hat{b} \sim N\left[0, \frac{\sigma^2}{l_{xx}}\right]$$

即

$$\frac{\hat{b}}{\sigma/\sqrt{l_{xx}}} \sim N(0,1)$$

及

$$\frac{n-2}{\sigma^2}\hat{\sigma}^2 \sim \chi^2(n-2)$$

且 $\hat{b}$ 与 $\hat{\sigma}^2$ 独立，因而

$$t = \frac{\frac{\hat{b}}{\sigma/\sqrt{l_{xx}}}}{\sqrt{\frac{(n-2)\hat{\sigma}^2}{\sigma^2}/(n-2)}} = \sqrt{\frac{n-2}{l_{xx}l_{yy} - l_{xy}^2}}\,l_{xy} \sim t(n-2) \tag{5.21}$$

故
$$P\{|t| \geqslant t_{\frac{\alpha}{2}}(n-2)\} = \alpha \tag{5.22}$$
从而得到在显著性水平 α 下，H_0 的拒绝域为
$$|t| > t_{\frac{\alpha}{2}}(n-2) \tag{5.23}$$

利用 t 检验法进行显著性检验，其步骤如下：

(1) 由变量 x 和 y 的观测值，计算 t 的值。

(2) 给定显著性水平 α，在 t 分布表（附表 3）中查自由度 $df = n-2$ 时的临界值 $t_\alpha(n-2)$。

(3) 判断规则：当 $|t| > t_{\frac{\alpha}{2}}(n-2)$ 时，认为变量 x 和 y 之间线性相关是显著的，建立回归方程是合理的；当 $|t| \leqslant t_{\frac{\alpha}{2}}(n-2)$ 时，认为变量 x 和 y 之间线性相关是不显著的，建立的回归方程没有实际意义。

通常取 $\alpha = 0.05$ 或 $\alpha = 0.01$，有以下常用判断规则：

① $|t| \leqslant t_{0.05}(n-2)$ 时，则认为 x 与 y 之间的线性相关关系不显著，或不存在线性相关关系。

② $t_{0.05}(n-2) < |t| \leqslant t_{0.01}(n-2)$ 时，则认为 x 与 y 之间的线性相关关系显著。

③ $|t| > t_{0.01}(n-2)$ 时，则认为 x 与 y 之间的线性相关关系特别显著。

由于上述关于线性相关显著性的检验法选用的统计量服从 t 分布，所以通常称为 t 检验法。这一方法与线性回归的相关系数检验法得到的结论完全相同。

例 5.3 在例 5.1 中，利用 t 检验法检验混凝土抗压强度值 R_{28} 与对应的湿筛砂浆快硬强度值 R_{1h} 之间的线性相关关系是否显著。

解 由于 $l_{xx} = 237.5129, l_{xy} = 674.350, l_{yy} = 1970.1875$。

按公式 (5.21) 得
$$t = \sqrt{\frac{n-2}{l_{xx}l_{yy} - l_{xy}^2}} l_{xy} = \sqrt{\frac{36-2}{237.5129 \times 1970.1875 - 674.350^2}} \times 674.350 = 34.228$$

查附表 3 得，当 $n - 2 = 36 - 2 = 34$ 时，$t_{0.01}(34) = 2.728$，因为 $|t| > t_{0.01}(34)$，所以认为检验混凝土抗压强度值 R_{28} 与对应的湿筛砂浆快硬强度值 R_{1h} 之间的线性相关关系特别显著。

4. 方差分析检验法

我们考察样本 $y_1, y_2, \cdots, y_n$ 的离差平方和：
$$S_T = \sum_{i=1}^n (y_i - \bar{y})^2 \tag{5.24}$$

它反映了观测值 $y_1, y_2, \cdots, y_n$ 总的分散程度。把 S_T 分解，可以得到
$$S_T = S_R + S_E \tag{5.25}$$
其中
$$S_R = \sum_{i=1}^n (\hat{y}_i - \bar{y})^2 \tag{5.26}$$

称为回归平方和（regression sum of squares）。

由于

$$\frac{1}{n}\sum_{i=1}^{n}\hat{y}_i = \frac{1}{n}\sum_{i=1}^{n}(\hat{a}+\hat{b}x_i) = \hat{a}+\hat{b}\bar{x} = \bar{y}$$

所以，S_R 是回归值 $\hat{y}_1, \hat{y}_2, \cdots, \hat{y}_n$ 的离差平方和。它反映了回归值的分散程度，这种分散是由于 y 与 x 之间存在线性相关关系引起的。

$$S_E = \sum_{i=1}^{n}(y_i - \hat{y}_i)^2 \tag{5.27}$$

称为剩余平方和（residual sum of squares）。它反映了观测值 $y_1, y_2, \cdots, y_n$ 偏离回归直线 $\hat{y} = \hat{a} + \hat{b}x$ 的程度，这种偏离是由于观察误差等随机因素引起的。

可以证明，如果原假设 H_0 为真，则有

$$\frac{S_T}{\sigma^2} \sim \chi^2(n-1)$$

$$\frac{S_R}{\sigma^2} \sim \chi^2(1)$$

$$\frac{S_E}{\sigma^2} \sim \chi^2(n-2)$$

并且 S_R 与 S_E 是相互独立的。

于是统计量

$$F = \frac{S_R}{S_E/(n-2)} \sim F(1, n-2) \tag{5.28}$$

如果变量 y 与 x 之间的线性关系显著，则回归平方和 S_R 的观测值较大，因而统计量 F 的观测值也较大；相反，如果变量 y 与 x 之间的线性关系不显著，则统计量 F 的观测值较小。由此可见，我们可以根据统计量 F 的观测值的大小来检验上述原假设 H_0。

从而得到在显著性水平 α 下，H_0 的拒绝域为

$$F > F_\alpha(1, n-2) \tag{5.29}$$

利用方差分析法进行显著性检验，其步骤如下：

(1) 由变量 x 和 y 的观测值，计算 F 的值。

(2) 给定显著性水平 α，在 F 分布表（附表 5）中查自由度 $df = n-2$ 时的临界值 $F_\alpha(n-2)$。

(3) 判断规则：当 $F > F_\alpha(1, n-2)$ 时，认为变量 x 和 y 之间线性相关是显著的，建立回归方程是合理的；当 $F \leqslant F_\alpha(1, n-2)$ 时，认为变量 x 和 y 之间线性相关是不显著的，建立的回归方程没有实际意义。

通常取 $\alpha = 0.05$ 或 $\alpha = 0.01$，有以下常用判断规则：

① $F \leqslant F_{0.05}(1, n-2)$ 时，则认为 x 与 y 之间的线性相关关系不显著，或不存在线性相关关系。

② $F_{0.05}(1, n-2) < F \leqslant F_{0.01}(1, n-2)$ 时，则认为 x 与 y 之间的线性相关关系显著。

③ $F > F_{0.01}(1, n-2)$ 时，则认为 x 与 y 之间的线性相关关系特别显著。

最后写出线性回归的方差分析表见表 5.2。

表 5.2　线性回归方差分析表

方差来源	离差平方和 S	自由度 df	平均离差平方和 MS	F 值	临界值	显著性
因素	S_R	1	S_R	$\dfrac{MS_R}{MS_E}$	$F_{0.05}(1, n-2)$	
剩余	S_E	$n-2$	$\dfrac{S_E}{n-2}$		$F_{0.01}(1, n-2)$	
总和	S_T	$n-1$				

这一方法与线性回归的相关系数检验法及 t 检验法得到的结论完全相同。

最后我们指出,计算 S_T、S_R 及 S_E 时,可以利用下面的公式:

$$S_T = \sum_{i=1}^{n}(y_i - \bar{y})^2 = l_{yy} \tag{5.30}$$

$$S_R = \sum_{i=1}^{n}(\hat{y}_i - \bar{y})^2 = \frac{l_{xy}^2}{l_{xx}} \tag{5.31}$$

$$S_E = S_T - S_R = l_{yy} - \frac{l_{xy}^2}{l_{xx}} \tag{5.32}$$

例 5.4　在例 5.1 中,利用方差分析法检验混凝土抗压强度值 R_{28} 与对应的湿筛砂浆快硬强度值 R_{1h} 之间的线性相关关系是否显著。

解　由于 $l_{xx} = 237.5129, l_{xy} = 674.350, l_{yy} = 1970.1875$。

按公式(5.31)及(5.32)得

$$S_R = \frac{l_{xy}^2}{l_{xx}} = \frac{674.350^2}{237.5129} = 1914.6241$$

$$S_E = l_{yy} - \frac{l_{xy}^2}{l_{xx}} = 1970.1875 - \frac{674.350^2}{237.5129} = 55.5634$$

则按公式(5.28)计算统计量 F 的观测值得

$$F = \frac{S_R}{S_E/(n-2)} = \frac{1914.6241}{55.5634/(36-2)} = 1171.5845$$

由此得出线性回归的方差分析,见表 5.3。

表 5.3　线性回归方差分析表

方差来源	离差平方和 S	自由度 df	平均离差平方和 MS	F 值	临界值	显著性
因素	1 914.624 1	1	1 914.624 1	1 171.584 5	$F_{0.01}(1, 34) = 7.46$	＊＊
剩余	55.563 4	34	1.634 2			
总和	3 086.208 6	35				

因为 $F > F_{0.01}(1, 34)$,所以认为检验混凝土抗压强度 R_{28} 与对应的湿筛砂浆快硬强度 R_{1h} 之间的线性相关关系特别显著。

5.1.4 预测与控制

1. 预测(predict)

如果变量 y 与 x 之间的线性关系显著,则利用试验数据 $(x_i, y_i)(i=1,2,\cdots,n)$ 求出的线性回归方程:

$$\hat{y} = \hat{a} + \hat{b}x$$

就大致地反映了变量 y 与 x 之间的变化规律。但由于它们之间的关系不是确定性的,所以对于 x 的任一值 x_0,我们不能精确地知道 y 的相应值 y_0。当 $x = x_0$ 时,只能得到 y 估计值:

$$\hat{y}_0 = \hat{a} + \hat{b}x_0 \tag{5.33}$$

我们当然希望知道,如果用 $\hat{y}_0$ 作为 y_0 的估计值,它的精确性与可靠性如何?为此应对 y_0 进行区间估计。

设当 $x = x_0$ 时 y 的取值为 y_0,有

$$y_0 = a + bx_0 + \varepsilon_0, \varepsilon_0 \sim N(0, \sigma^2)$$

取经验回归值

$$\hat{y}_0 = \hat{a} + \hat{b}x_0$$

作为 y_0 的预测值(predicted value)。

可以证明

$$t = \frac{y_0 - \hat{y}_0}{\hat{\sigma}\sqrt{1 + \frac{1}{n} + \frac{(x_0 - \overline{x})^2}{\sum_{i=1}^{n}(x_i - \overline{x})^2}}} = \frac{y_0 - \hat{y}_0}{\hat{\sigma}\sqrt{1 + \frac{1}{n} + \frac{(x_0 - \overline{x})^2}{l_{xx}}}} \sim t(n-2) \tag{5.34}$$

从而可得

$$P\{|t| < t_{\frac{\alpha}{2}}(n-2)\} = 1 - \alpha \tag{5.35}$$

所以,给定置信概率 $1 - \alpha$,y_0 的置信区间为

$$(\hat{y}_0 - \delta(x_0), \hat{y}_0 + \delta(x_0)) \tag{5.36}$$

其中

$$\delta(x_0) = t_{\frac{\alpha}{2}}(n-2)\hat{\sigma}\sqrt{1 + \frac{1}{n} + \frac{(x_0 - \overline{x})^2}{l_{xx}}} \tag{5.37}$$

可以看出,当 $x_0 = \overline{x}$ 时,置信区间的长度最短,估计最准确。置信区间越长,估计的精度越差。

当 n 很大且 x_0 位于 $\overline{x}$ 附近时,有

$$t_{\frac{\alpha}{2}}(n-2) \approx u_{\frac{\alpha}{2}}, x_0 \approx \overline{x}$$

于是,y_0 的置信水平为 $1 - \alpha$ 的预测区间近似为

$$(\hat{y}_0 - u_{\frac{\alpha}{2}}\hat{\sigma}, \hat{y}_0 + u_{\frac{\alpha}{2}}\hat{\sigma}) \tag{5.38}$$

2. 控制(control)

利用回归方程可以对生产过程进行控制。如果期望因变量 y 在某个范围内波动,可根据回归方程确定自变量 x 的控制范围。例如若希望控制因变量 y 在区间 $[y_1, y_2]$ 内波

动,利用回归方程:
$$\hat{y}=\hat{a}+\hat{b}x$$
可以得到 $y_1 \leqslant \hat{y} \leqslant y_2$,即 $y_1 \leqslant \hat{a}+\hat{b}x \leqslant y_2$,所以要控制因变量 y 在区间 $[y_1,y_2]$ 内波动,自变量 x 的波动控制区间为

$$\left[\frac{y_1-\hat{a}}{\hat{b}},\frac{y_2-\hat{a}}{\hat{b}}\right] \tag{5.39}$$

例 5.5 在例 5.1 中,当 $R_{1h}=3.40$ 时,求出 R_{28} 的预测区间 ($\alpha=0.05$),以及若期望混凝土抗压强度 R_{28} 达到 $30\sim35$ MPa,应如何控制对应的湿筛砂浆快硬强度 R_{1h}?

解 (1) 由于 $l_{xx}=237.512\,9, l_{xy}=674.350, l_{yy}=1\,970.187\,5$。

$$\bar{x}=\frac{1}{36}\sum_{i=1}^{36}x_i=\frac{204.75}{36}=5.69$$

当 $R_{1h}=3.40$ 时

$$\hat{R}_{28}/\text{MPa}=\hat{a}+\hat{b}R_{1h}=13.91+2.839\times3.40=23.562\,6$$

$$\hat{\sigma}^2=\frac{1}{n-2}(l_{yy}-\frac{l_{xy}^2}{l_{xx}})=\frac{1}{36-2}(1\,970.187\,5-\frac{674.350^2}{237.512\,9})=1.634\,2$$

$$\hat{\sigma}=1.278\,4$$

查表可得 $t_{\frac{\alpha}{2}}=t_{0.025}(34)=2.032$。

于是,y_0 的 95% 的预测区间为

$$\left(23.562\,6\pm2.032\,2\times1.278\,4\times\sqrt{1+\frac{1}{36}+\frac{(3.40-5.69)^2}{237.512\,9}}\right)$$

整理后得 $(20.900\,7, 26.224\,5)$

(2) 由于混凝土抗压强度值 R_{28} 关于对应的湿筛砂浆快硬强度值 R_{1h} 的回归方程为

$$\hat{R}_{28}/\text{MPa}=13.91+2.839R_{1h}$$

所以,若期望混凝土抗压强度 R_{28} 达到 $30\sim35$ MPa,对应的湿筛砂浆快硬强度 R_{1h} 应控制在 $\left[\frac{30-13.91}{2.839},\frac{35-13.91}{2.839}\right]$,即 $[5.667, 7.428]$(MPa)内。

5.2 曲线回归分析

在实际问题中,如果变量 y 与 x 之间存在相关关系,但不是线性的,则不能用线性回归方程来表示它们之间的相关关系。这时,应该选用适当的曲线回归方程(curvilinear regression equation)。下面介绍两种常用的曲线回归方法。

5.2.1 化曲线回归为线性回归

根据专业知识或散点图,选择适当的曲线回归方程:

$$\hat{y}=\mu(x;a,b) \tag{5.40}$$

式中 a,b—— 未知参数。

为了求参数 a 及 b 的估计值,往往可以通过变量置换,把曲线回归方程化为线性回归方程,然后用上述线性回归的方法来确定这些参数的估计值,并进行相应的显著性检验。

下面列举出了某些常用的曲线方程及其图形,并给出相应的变换线性方程的变量置换公式见表 5.4。

表 5.4　曲线方程变量置换公式表

曲线方程	变换公式	变换后的线性方程
$\dfrac{1}{y} = a + \dfrac{b}{x}$	$u = \dfrac{1}{x}, v = \dfrac{1}{y}$	$v = a + bu$
$y = ax^b (a > 0)$	$u = \log x, v = \log y$	$v = a_1 + bu (a_1 = \log a)$
$y = a + b\log x$	$u = \log x, v = y$	$v = a + bu$
$y = ae^{bx} (a > 0)$	$u = x, v = \ln y$	$v = a_1 + bu (a_1 = \ln a)$
$y = ae^{b/x} (a > 0)$	$u = \dfrac{1}{x}, v = \ln y$	$v = a_1 + bu (a_1 = \ln a)$

上述曲线的图形分别如图 5.4 至图 5.8 所示。

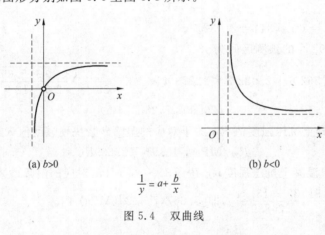

$$\frac{1}{y} = a + \frac{b}{x}$$

图 5.4　双曲线

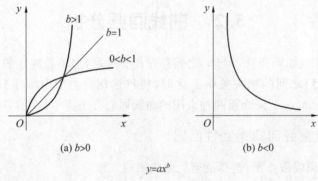

$y = ax^b$

图 5.5　幂函数

若在原模型下,对于 (x,y) 有样本 $(x_1, y_1), (x_2, y_2), \cdots, (x_n, y_n)$ 就相当于在新模型下有样本 $(u_1, v_1), (u_2, v_2), \cdots, (u_n, v_n)$,于是就能利用上节的方法得到 v 关于 u 的线性回归

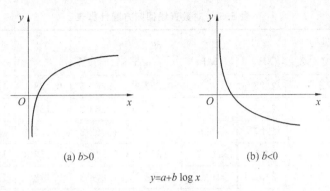

$y=a+b\log x$

图 5.6 对数函数

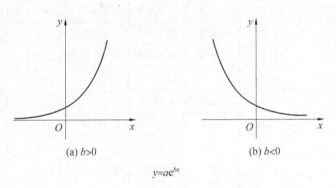

$y=ae^{bx}$

图 5.7 指数函数(1)

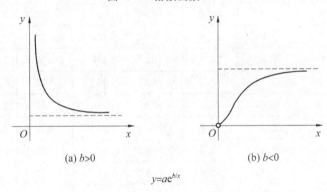

$y=ae^{b/x}$

图 5.8 指数函数(2)

方程,再将原变量 x 与 y 代回,就得到 y 关于 x 的回归方程,它的图形是一条曲线,也称为曲线回归方程。

例 5.6 在例 5.1 中试验所得 36 组混凝土抗压强度值 R_{28} 及对应的湿筛砂浆快硬强度 R_{1h} 测定值列于表 5.5,试计算混凝土抗压强度推定式: $\hat{R}_{28}=A_1 R_{1h}^{B_1}$。

表 5.5 对数直线回归方程计算表

组号	灰水比	试验重复次数	x /MPa	y /MPa	u $u=\lg x$	v $v=\lg y$	u^2	v^2	$u \cdot v$
1		1	2.28	18.6	0.357 9	1.269 5	0.128 1	1.611 6	0.454 4
2		2	2.35	19.2	0.371 1	1.283 3	0.137 7	1.646 9	0.476 2
3	1.25	3	2.37	19.6	0.374 7	1.292 3	0.140 4	1.670 0	0.484 2
4		4	2.46	20.2	0.390 9	1.305 4	0.152 8	1.704 1	0.510 3
5		5	2.31	19.0	0.363 6	1.278 8	0.132 2	1.635 3	0.465 0
6		6	2.16	18.4	0.334 5	1.264 8	0.111 9	1.599 7	0.423 1
7		1	3.26	23.7	0.513 2	1.374 7	0.263 4	1.889 8	0.705 5
8		2	3.22	23.1	0.507 9	1.363 6	0.258 0	1.859 4	0.692 6
9	1.50	3	3.45	24.4	0.537 8	1.387 4	0.289 2	1.924 9	0.746 1
10		4	3.30	24.1	0.518 5	1.382 0	0.268 8	1.909 9	0.716 6
11		5	2.96	20.8	0.471 3	1.318 1	0.222 1	1.737 4	0.621 2
12		6	3.24	23.5	0.510 5	1.371 1	0.260 6	1.879 9	0.699 9
13		1	4.75	28.4	0.676 7	1.453 3	0.457 9	2.112 1	0.983 5
14		2	4.81	27.6	0.682 1	1.440 9	0.465 3	2.076 2	0.982 8
15	1.75	3	4.62	27.2	0.664 6	1.434 6	0.441 7	2.058 1	0.953 4
16		4	4.85	28.8	0.685 7	1.459 4	0.470 2	2.129 8	1.000 7
17		5	5.06	29.5	0.704 2	1.469 8	0.495 9	2.160 3	1.035 0
18		6	4.83	28.1	0.683 9	1.448 7	0.467 7	2.098 7	0.990 8
19		1	5.74	30.2	0.758 9	1.480 0	0.575 9	2.190 4	1.123 2
20		2	6.42	34.7	0.807 5	1.540 3	0.652 1	2.372 5	1.243 8
21	2.00	3	6.13	32.6	0.787 5	1.513 2	0.620 2	2.289 8	1.191 6
22		4	6.32	33.5	0.800 7	1.525 0	0.641 1	2.325 6	1.221 1
23		5	6.14	32.4	0.788 2	1.510 5	0.621 3	2.281 6	1.190 6
24		6	6.23	32.9	0.794 5	1.517 2	0.631 2	2.301 9	1.205 4
25		1	7.76	36.8	0.889 9	1.565 8	0.791 9	2.451 7	1.393 4
26		2	7.41	35.2	0.869 8	1.546 5	0.756 6	2.391 7	1.345 1
27	2.25	3	8.01	37.4	0.903 6	1.572 9	0.816 5	2.474 0	1.421 3
28		4	8.23	38.9	0.915 4	1.589 9	0.838 0	2.527 8	1.455 4
29		5	7.74	36.3	0.888 7	1.559 9	0.789 8	2.433 3	1.386 3
30		6	7.92	37.1	0.898 7	1.569 4	0.867 7	2.463 0	1.410 4

续表 5.5

组号	灰水比	试验重复次数	x/MPa	y/MPa	$u=\lg x$	$v=\lg y$	u^2	v^2	$u \cdot v$
31		1	10.13	42.5	1.005 6	1.628 4	1.011 2	2.651 7	1.637 5
32		2	9.57	38.8	0.980 9	1.588 8	0.962 2	2.624 3	1.558 5
33	2.50	3	9.90	40.7	0.995 6	1.609 6	0.991 2	2.590 8	1.602 5
34		4	9.71	39.4	0.987 2	1.595 5	0.974 6	2.545 6	1.575 1
35		5	9.83	40.2	0.992 6	1.604 2	0.985 3	2.573 5	1.592 3
36		6	9.28	38.3	0.967 5	1.583 2	0.936 1	2.506 5	1.531 7
$\sum_{i=1}^{n}$					25.381 9	52.698 0	19.626 8	77.699 8	38.026 5

解 以下运算中变量 x 表示湿筛砂浆快硬强度值 R_{1h},变量 y 表示混凝土抗压强度值 R_{28}。

此题为幂函数型的回归问题。令 $u=\lg x, v=\lg y$。

由公式(5.7)至式(5.11)可得

$$\sum_{i=1}^{36} u_i = 25.381\ 9,\ \sum_{i=1}^{36} v_i = 52.698\ 0$$

$$\bar{u} = \frac{1}{36}\sum_{i=1}^{36} u_i = \frac{25.381\ 9}{36} = 0.705\ 1,\ \bar{v} = \frac{1}{36}\sum_{i=1}^{36} v_i = \frac{52.698\ 0}{36} = 1.463\ 8$$

$$l_{uu} = \sum_{i=1}^{36} u_i^2 - \frac{1}{36}\left(\sum_{i=1}^{36} u_i\right)^2 = 19.626\ 8 - \frac{1}{36} \times 25.381\ 9^2 = 1.731\ 2$$

$$l_{vv} = \sum_{i=1}^{36} v_i^2 - \frac{1}{36}\left(\sum_{i=1}^{36} v_i\right)^2 = 77.699\ 8 - \frac{1}{36} \times 52.698\ 0^2 = 0.558\ 7$$

$$l_{uv} = \sum_{i=1}^{36} u_i v_i - \frac{1}{36}\left(\sum_{i=1}^{36} u_i\right)\left(\sum_{i=1}^{36} v_i\right) = 38.026\ 5 - \frac{1}{36} \times 25.381\ 9 \times 52.698 = 0.871\ 6$$

按公式(5.6)得,a_1 及 b 的估计值分别是

$$\hat{b} = \frac{l_{uv}}{l_{uu}} = \frac{0.871\ 6}{1.731\ 2} = 0.503\ 5$$

$$\hat{a}_1 = \bar{v} - \hat{b}\bar{u} = 1.463\ 8 - 0.503\ 5 \times 0.705\ 1 = 1.108\ 8$$

因为 $\hat{a}_1 = \lg \hat{a}$,所以

$$\hat{a} = 10^{\hat{a}_1} = 10^{1.108\ 8} = 12.85$$

于是,得幂函数型混凝土强度推定经验式为

$$\hat{y}/\text{MPa} = 12.85 x^{0.503\ 5}$$

即

$$\hat{R}_{28}/\text{MPa} = 12.85 R_{1h}^{0.503\ 5}$$

5.3　多元线性回归简介

5.3.1　多元线性回归方程

1. 多元线性回归方程(multiple linear regression equation)

在实际问题中，某个随机变量往往与多个变量存在相关关系。假定因变量 y 与 m 个自变量 $x_1, x_2, \cdots, x_m$ 之间存在相关关系，假设

$$y = a + b_1 x_1 + \cdots + b_m x_m + \varepsilon, \varepsilon \sim N(0, \sigma^2) \tag{5.41}$$

其中 $a, b_1, \cdots, b_m, \sigma^2$ 为与 $x_1, x_2, \cdots, x_m$ 无关的未知参数，这就是 m 元线性回归模型。

设进行了 n 次独立试验，得到试验数据见表 5.6。

表 5.6　多元线性回归观测数据表

x_1	x_{11}	x_{12}	$\cdots$	x_{1n}
x_2	x_{21}	x_{22}	$\cdots$	x_{2n}
$\vdots$	$\vdots$	$\vdots$		$\vdots$
x_m	x_{m1}	x_{m2}	$\cdots$	x_{mn}
y	y_1	y_2	$\cdots$	y_n

上表中，$x_{1k}, x_{2k}, \cdots, x_{mk}$ 以及 y_k 分别表示变量 $x_1, x_2, \cdots, x_m$ 及 y 在第 k 个试验中的观测值。

这里 $y_1, y_2, \cdots, y_n$ 同分布，且有

$$y_k = a + b_1 x_{1k} + \cdots + b_m x_{mk} + \varepsilon_k, \varepsilon_k \sim N(0, \sigma^2), k=1,2,\cdots,n \tag{5.42}$$

与一元线性回归分析类似，我们利用最小二乘法求其中未知参数 $a, b_1, \cdots, b_m$ 的估计值。为了使离差平方和

$$Q = \sum_{k=1}^{n} [y_k - (a + b_1 x_{1k} + \cdots + b_m x_{mk})]^2 \tag{5.43}$$

取得最小值，分别求偏导数 $\dfrac{\partial Q}{\partial a}, \dfrac{\partial Q}{\partial b_1}, \dfrac{\partial Q}{\partial b_2}, \cdots, \dfrac{\partial Q}{\partial b_m}$，并让它们等于零，整理方程组

$$\begin{cases} na + (\sum_{k=1}^{n} x_{1k}) b_1 + \cdots + (\sum_{k=1}^{n} x_{mk}) b_m = \sum_{k=1}^{n} y_k \\ (\sum_{k=1}^{n} x_{1k}) a + (\sum_{k=1}^{n} x_{1k}^2) b_1 + \cdots + (\sum_{k=1}^{n} x_{1k} x_{mk}) b_m = \sum_{k=1}^{n} x_{1k} y_k \\ \cdots \cdots \\ (\sum_{k=1}^{n} x_{mk}) a + (\sum_{k=1}^{n} x_{mk} x_{1k}) b_1 + \cdots + (\sum_{k=1}^{n} x_{mk}^2) b_m = \sum_{k=1}^{n} x_{mk} y_k \end{cases} \tag{5.44}$$

设

$$\bar{x}_i = \frac{1}{n} \sum_{k=1}^{n} x_{ik}, i=1,2,\cdots,m$$

$$\bar{y} = \frac{1}{n}\sum_{k=1}^{n} y_k$$

$$l_{x_i x_j} = l_{x_j x_i} = \sum_{k=1}^{n}(x_{ik}-\bar{x}_i)(x_{jk}-\bar{x}_j) =$$

$$\sum_{k=1}^{n} x_{ik}x_{jk} - n\bar{x}_i\bar{x}_j, \quad i=1,2,\cdots,m; j=1,2,\cdots,m \tag{5.45}$$

特别地,当 $i=j$ 时,有

$$l_{x_i x_i} = \sum_{k=1}^{n}(x_{ik}-\bar{x}_i)^2 = (n-1)s_{x_i}^2 \tag{5.46}$$

式中 $s_{x_i}^2$ ——x_i 的观测值 $x_{i1},x_{i2},\cdots,x_{in}$ 的样本方差。

$$l_{x_i y} = \sum_{k=1}^{n}(x_{ik}-\bar{x}_i)(y_k-\bar{y}) =$$

$$\sum_{k=1}^{n} x_{ik}y_k - n\bar{x}_i\bar{y}, \quad i=1,2,\cdots,m \tag{5.47}$$

利用消元法可以将方程组(5.44)化为下面的方程组:

$$\begin{cases} a + \bar{x}_1 b_1 + \bar{x}_2 b_2 + \cdots + \bar{x}_m b_m = \bar{y} \\ l_{x_1 x_1} b_1 + l_{x_1 x_2} b_2 + \cdots + l_{x_1 x_m} b_m = l_{x_1 y} \\ \cdots\cdots \\ l_{x_m x_1} b_1 + l_{x_m x_2} b_2 + \cdots + l_{x_m x_m} b_m = l_{x_m y} \end{cases} \tag{5.48}$$

于是,我们可以先从方程组(5.48)的后 m 个方程解得 $\hat{b}_1,\hat{b}_2,\cdots,\hat{b}_m$,再代入第一个方程,即得

$$\hat{a} = \bar{y} - \hat{b}_1 \bar{x}_1 - \hat{b}_2 \bar{x}_2 - \cdots - \hat{b}_m \bar{x}_m$$

从而得到 y 与 $x_1,x_2,\cdots,x_m$ 的多元线性回归方程:

$$\hat{y} = \hat{a} + \hat{b}_1 x_1 + \cdots + \hat{b}_m x_m \tag{5.49}$$

2. 多元线性相关的显著性检验

类似于一元线性回归,对多元线性回归模型的假设是否符合实际,还需进行以下假设检验:

$$H_0: b_1 = b_2 = \cdots = b_m = 0$$
$$H_1: b_i \text{ 不全为零}, i=1,2,\cdots,m$$

为此,我们利用多元线性回归方差分析法,考察样本 $y_1,y_2,\cdots,y_n$ 的离差平方和

$$S_T = \sum_{i=1}^{n}(y_i - \bar{y})^2 \tag{5.50}$$

分解得到

$$S_T = \sum_{k=1}^{n}(\hat{y}_k - \bar{y})^2 + \sum_{k=1}^{n}(y_k - \hat{y}_k)^2 = S_R + S_E \tag{5.51}$$

其中

$$\hat{y}_k = \hat{a} + \hat{b}_1 x_{1k} + \cdots + \hat{b}_m x_{mk}$$

$$S_R = \sum_{k=1}^{n}(\hat{y}_k - \bar{y})^2 \tag{5.52}$$

称为回归平方和,它反映了由于 y 与 $x_1, x_2, \cdots, x_m$ 之间存在线性相关关系而引起的回归值 $\hat{y}_1, \hat{y}_2, \cdots, \hat{y}_n$ 的分散程度。

$$S_E = \sum_{k=1}^{n} (y_k - \hat{y}_k)^2 \tag{5.53}$$

称为剩余平方和,它反映了随机误差引起的观测值 y_k 与相应的回归值 $\hat{y}_k (k=1,2,\cdots,n)$ 的偏离程度。

可以证明,如果原假设 H_0 为真,则有

$$\frac{S_T}{\sigma^2} \sim \chi^2(n-1) \tag{5.54}$$

$$\frac{S_R}{\sigma^2} \sim \chi^2(m) \tag{5.55}$$

$$\frac{S_E}{\sigma^2} \sim \chi^2(n-m-1) \tag{5.56}$$

并且 S_R 与 S_E 是相互独立的。

于是可以证明(略)统计量

$$F = \frac{S_R/m}{S_E/(n-m-1)} \sim F(m, n-m-1) \tag{5.57}$$

从而得到在显著性水平 α 下,H_0 的拒绝域为

$$F > F_\alpha(m, n-m-1) \tag{5.58}$$

利用方差分析法进行显著性检验,其步骤如下:

(1) 由变量 $x_1, x_2, \cdots, x_m$ 和 y 的观测值,计算 F 的值。

(2) 给定显著性水平 α,在 F 分布表(附表5)中查自由度 $df_1 = m, df_2 = n-m-1$ 时的临界值 $F_\alpha(m, n-m-1)$。

(3) 判断规则:当 $F > F_\alpha(m, n-m-1)$ 时,认为变量 $x_1, x_2, \cdots, x_m$ 和 y 之间线性相关是显著的,建立回归方程是合理的;当 $F \leqslant F_\alpha(m, n-m-1)$ 时,认为变量 $x_1, x_2, \cdots, x_m$ 和 y 之间线性相关是不显著的,建立的回归方程没有实际意义。

通常取 $\alpha = 0.05$ 或 $\alpha = 0.01$,有以下常用判断规则:

① $F \leqslant F_{0.05}(m, n-m-1)$ 时,则认为变量 $x_1, x_2, \cdots, x_m$ 和 y 之间的线性相关关系不显著,或不存在线性相关关系。

② $F_{0.05}(m, n-m-1) < F \leqslant F_{0.01}(m, n-m-1)$ 时,则认为变量 $x_1, x_2, \cdots, x_m$ 和 y 之间的线性相关关系显著。

③ $F > F_{0.01}(1, n-2)$ 时,则认为变量 $x_1, x_2, \cdots, x_m$ 和 y 之间的线性相关关系特别显著。

最后写出线性回归的方差分析表见表5.7。

表 5.7　多元线性回归方差分析表

方差来源	离差平方和 S	自由度 df	平均离差平方和 MS	F 值	临界值	显著性
因素	S_R	m	S_R/m	$\dfrac{MS_R}{MS_E}$	$F_{0.05}(m, n-m-1)$	
剩余	S_E	$n-m-1$	$S_E/(n-m-1)$		$F_{0.01}(m, n-m-1)$	
总和	S_T	$n-1$				

最后我们指出，计算 S_T、S_R 及 S_E 时，可以利用下面的公式：

$$S_T = l_{yy} = \sum_{i=1}^{n}(y_i - \bar{y})^2 = \sum_{i=1}^{n} y_i^2 - \frac{1}{n}\left(\sum_{i=1}^{n} y_i\right)^2 \tag{5.59}$$

$$S_R = \sum_{k=1}^{n}[\hat{b}_1(x_{1k}-\bar{x}_1) + \hat{b}_2(x_{2k}-\bar{x}_2) + \cdots + \hat{b}_m(x_{mk}-\bar{x}_m)]^2 =$$

$$\sum_{k=1}^{n}\sum_{i=1}^{m}\sum_{j=1}^{m}\hat{b}_i\hat{b}_j(x_{ik}-\bar{x}_i)(x_{jk}-\bar{x}_j) =$$

$$\sum_{i=1}^{m}\sum_{j=1}^{m}\hat{b}_i\hat{b}_j l_{x_i x_j} = \sum_{i=1}^{m}\hat{b}_i l_{x_i y} \tag{5.60}$$

$$S_E = S_T - S_R = l_{yy} - \sum_{i=1}^{m}\hat{b}_i l_{x_i y} \tag{5.61}$$

5.3.2　二元线性回归方程

多元线性回归分析中，常见的是二元线性回归分析，下面具体分析因变量 y 与自变量 x_1、x_2 的二元线性回归问题，建立二元线性回归方程：

$$\hat{y} = \hat{a} + \hat{b}_1 x_1 + \hat{b}_2 x_2 \tag{5.62}$$

并介绍几种常用的检验方法。

1. 求系数 $\hat{a}$、$\hat{b}_1$、$\hat{b}_2$，建立回归方程

由 5.3.1 知二元线性回归问题中

$$\bar{x}_1 = \frac{1}{n}\sum_{k=1}^{n} x_{1k}, \quad \bar{x}_2 = \frac{1}{n}\sum_{k=1}^{n} x_{2k}, \quad \bar{y} = \frac{1}{n}\sum_{k=1}^{n} y_k$$

$$l_{x_1 x_1} = \sum_{k=1}^{n}(x_{1k}-\bar{x}_1)^2 = \sum_{k=1}^{n} x_{1k}^2 - \frac{1}{n}\left(\sum_{k=1}^{n} x_{1k}\right)^2 \tag{5.63}$$

$$l_{x_2 x_2} = \sum_{k=1}^{n}(x_{2k}-\bar{x}_2)^2 = \sum_{k=1}^{n} x_{2k}^2 - \frac{1}{n}\left(\sum_{k=1}^{n} x_{2k}\right)^2 \tag{5.64}$$

$$l_{x_1 x_2} = l_{x_2 x_1} = \sum_{k=1}^{n}(x_{1k}-\bar{x}_1)(x_{2k}-\bar{x}_2) =$$

$$\sum_{k=1}^{n} x_{1k} x_{2k} - \frac{1}{n}\left(\sum_{k=1}^{n} x_{1k}\right)\left(\sum_{k=1}^{n} x_{2k}\right) \tag{5.65}$$

$$l_{x_1 y} = \sum_{k=1}^{n}(x_{1k}-\bar{x}_1)(y_k-\bar{y}) = \sum_{k=1}^{n} x_{1k} y_k - \frac{1}{n}\left(\sum_{k=1}^{n} x_{1k}\right)\left(\sum_{k=1}^{n} y_k\right) \tag{5.66}$$

$$l_{x_2y} = \sum_{k=1}^{n}(x_{2k}-\bar{x}_2)(y_k-\bar{y}) = \sum_{k=1}^{n}x_{2k}y_k - \frac{1}{n}(\sum_{k=1}^{n}x_{2k})(\sum_{k=1}^{n}y_k) \tag{5.67}$$

式中　y、x_1、x_2——因变量和第一、第二个自变量；

　　　y_k、x_{1k}、x_{2k}——因变量和第一、第二个自变量的第 k 次试验的观测值；

　　　n——试验次数。

利用 5.3.1 内容，可以证明系数 $\hat{b}_1$、$\hat{b}_2$ 必须满足以下方程组：

$$\begin{cases} l_{x_1x_1}\hat{b}_1 + l_{x_1x_2}\hat{b}_2 = l_{x_1y} \\ l_{x_2x_1}\hat{b}_1 + l_{x_2x_2}\hat{b}_2 = l_{x_2y} \end{cases} \tag{5.68}$$

常数项 $\hat{a}$ 可由下式计算：

$$\hat{a} = \bar{y} - \hat{b}_1\bar{x}_1 - \hat{b}_2\bar{x}_2 \tag{5.69}$$

求得 $\hat{a}$、$\hat{b}_1$、$\hat{b}_2$ 后即可得到二元线性回归方程：

$$y = \hat{a} + \hat{b}_1x_1 + \hat{b}_2x_2 \tag{5.70}$$

2. 回归方程的显著性检验

(1) 相关系数检验法。

为了检验此回归方程是否符合实际，应按下式计算相关系数 r：

$$r = \sqrt{\frac{S_R}{l_{yy}}} \tag{5.71}$$

r 的意义与一元回归方程的相关系数 r 是完全一样的，只是这里 $0 < r < 1$，不取负值，r 越接近 1，说明相关性越好，所得回归方程就越理想。

S_R 即为回归平方和，它表示由于自变量 x_1 和 x_2 的变化而引起的因变量 y 的变化，可用下式计算：

$$S_R = \hat{b}_1 l_{x_1y} + \hat{b}_2 l_{x_2y} \tag{5.72}$$

而

$$l_{yy} = \sum_{k=1}^{n}(y_k-\bar{y})^2 = \sum_{k=1}^{n}y_k^2 - \frac{1}{n}(\sum_{k=1}^{n}y_k)^2 \tag{5.73}$$

(2) 方差分析检验法。

二元线性回归的方差分析检验法的检验规则即为 $m=2$ 时的多元线性回归的方差分析检验法的检验规则，其方差分析表见表 5.8。

表 5.8　二元线性回归方差分析表

方差来源	离差平方和 S	自由度 df	平均离差平方和 MS	F 值	临界值	显著性
因素	S_R	2	$S_R/2$	$\dfrac{MS_R}{MS_E}$	$F_{0.05}(2, n-3)$	
剩余	S_E	$n-3$	$S_E/(n-3)$		$F_{0.01}(2, n-3)$	
总和	S_T	$n-1$				

S_T、S_R 及 S_E 由下面的公式计算：

$$S_T = l_{yy} \tag{5.74}$$

$$S_R = \hat{b}_1 l_{x_1 y} + \hat{b}_2 l_{x_2 y} \tag{5.75}$$

$$S_E = S_T - S_R \tag{5.76}$$

3. 求回归方程的精度

衡量二元回归方程的精度与一元回归方程一样，可用剩余标准差 s 来表示：

$$s = \sqrt{\frac{S_E}{n-m-1}} \tag{5.77}$$

式中　　n——试验次数；

　　　　m——自变量个数，这里 $m=2$，而

$$S_E = S_T - S_R = l_{yy} - S_R \tag{5.78}$$

4. 回归系数 $\hat{b}_1$、$\hat{b}_2$ 的比较判别

在二元回归分析中，有两个因素在起作用，究竟哪一个是主要因素，而次要因素是否可以忽略，这都是必须注意的问题。

(1) $\hat{b}_1$、$\hat{b}_2$ 的比较判别。

在二元回归分析时，可以比较偏回归平方和。属于某个特定的自变量 x_i 的偏回归平方和 P_{x_i}，是指在回归方程中除去这个自变量而使回归平方和减少的数值：

$$P_{x_1} = \hat{b}_1 \left(l_{x_1 x_1} - \frac{l_{x_1 x_2}^2}{l_{x_2 x_2}} \right) \tag{5.79}$$

$$P_{x_2} = \hat{b}_2 \left(l_{x_2 x_2} - \frac{l_{x_1 x_2}^2}{l_{x_1 x_1}} \right) \tag{5.80}$$

当 $P_{x_1} > P_{x_2}$ 时，则 $\hat{b}_1$ 为主要因素，反之 $\hat{b}_2$ 为主要因素。

(2) 次要因素。

对于次要因素，还要进一步了解它对因变量 y 的影响是否可以忽略不计。

可按下式判断：

$$t_i = \sqrt{\frac{P_{x_i}}{S}}, i = 1, 2 \tag{5.81}$$

式中　　t_i——自变量 x_i 的 T 值，T 值越大，该因素越重要。

根据经验，当 $t_i < 1$ 时，可认为该因素对因变量 y 影响不大，当 $t_i > 1$ 时，则该因素对因变量 y 有一定影响，当 $t_i > 2$ 时，则可认为该因素为重要因素。

例 5.7　经分析发现，影响水泥 28 天抗压强度(y)的主要因素有水泥细度(x_1)和混合材料掺加量(x_2)等。现测得 10 组数据，见表 5.9。试建立 y 对于 x_1、x_2 的二元线性回归方程。

表 5.9　二元线性回归数据表

试验序号	x_1	x_2	y	x_1^2	x_2^2	y^2	$x_1 \cdot x_2$	$x_1 \cdot y$	$x_2 \cdot y$
1	3.1	8	65.8	9.61	64	4 329.64	24.8	203.98	526.4
2	3.4	12.2	61.2	11.56	148.84	3 745.44	41.48	208.08	746.64
3	3.9	10.2	60.6	15.21	104.04	3 672.36	39.78	236.34	618.12
4	4.2	12.5	60	17.64	156.25	3 600	52.5	252	750

续表 5.9

试验序号	x_1	x_2	y	x_1^2	x_2^2	y^2	$x_1 \cdot x_2$	$x_1 \cdot y$	$x_2 \cdot y$
5	4.8	11.7	59.5	23.04	136.89	3 540.25	56.16	285.6	696.15
6	5.2	9	61	27.04	81	3721	46.8	317.2	549
7	5.5	10.5	61.2	30.25	110.25	3 745.44	57.75	336.6	642.6
8	5.7	13.5	58.6	32.49	182.25	3 433.96	76.95	334.02	791.1
9	6	13	58.4	36	169	3 410.56	78	350.4	759.2
10	6.5	9.5	59.2	42.25	90.25	3 504.64	61.75	384.8	562.4
$\sum$	48.3	110.1	605.5	245.09	1 242.77	36 703.29	535.97	2 909.02	6 641.61
平均值	4.83	11.01	60.55	24.509	124.277	3 670.329	53.597	290.902	664.161

解 由上表数据,按公式(5.63)至式(5.67)计算得

$$\bar{x}_1 = \frac{1}{10}\sum_{k=1}^{10} x_{1k} = 4.83$$

$$\bar{x}_2 = \frac{1}{10}\sum_{k=1}^{10} x_{2k} = 11.01$$

$$\bar{y} = \frac{1}{10}\sum_{k=1}^{10} y_k = 60.55$$

$$l_{x_1 x_1} = \sum_{k=1}^{10} x_{1k}^2 - \frac{1}{10}(\sum_{k=1}^{10} x_{1k})^2 = 245.09 - \frac{48.3^2}{10} = 11.80$$

$$l_{x_2 x_2} = \sum_{k=1}^{10} x_{2k}^2 - \frac{1}{10}(\sum_{k=1}^{10} x_{2k})^2 = 1\ 247.22 - \frac{110.1^2}{10} = 30.57$$

$$l_{x_1 x_2} = l_{x_2 x_1} = \sum_{k=1}^{10} x_{1k} x_{2k} - \frac{1}{10}(\sum_{k=1}^{10} x_{1k})\sum_{k=1}^{10}(x_{2k}) = 535.97 - \frac{48.3 \times 110.1}{10} = 4.19$$

$$l_{x_1 y} = \sum_{k=1}^{10} x_{1k} y_k - \frac{1}{10}(\sum_{k=1}^{10} x_{1k})(\sum_{k=1}^{10} y_k) = 2\ 909.02 - \frac{48.3 \times 605.5}{10} = -15.55$$

$$l_{x_2 y} = \sum_{k=1}^{10} x_{2k} y_k - \frac{1}{10}(\sum_{k=1}^{10} x_{2k})(\sum_{k=1}^{10} y_k) = 6\ 641.61 - \frac{110.1 \times 605.5}{10} = -24.95$$

$$l_{yy} = \sum_{k=1}^{10} y_k^2 - \frac{1}{10}(\sum_{k=1}^{10} y_k)^2 = 36\ 703.29 - \frac{605.5^2}{10} = 40.27$$

将上述数值代入公式(5.68)得方程组

$$\begin{cases} 11.80\hat{b}_1 + 4.19\hat{b}_2 = -15.55 \\ 4.19\hat{b}_1 + 30.57\hat{b}_2 = -24.95 \end{cases}$$

解方程组得

$$\hat{b}_1 = -1.08, \hat{b}_2 = -0.66$$

将 $\hat{b}_1$、$\hat{b}_2$ 之值代入公式(5.68)可得

$$\hat{a} = \bar{y} - \hat{b}_1 \bar{x}_1 - \hat{b}_2 \bar{x}_2 = 60.55 - (-1.08) \times 4.83 - (-0.66) \times 11.01 = 73.03$$

做出回归方程为

$$\hat{y} = 73.03 - 1.08x_1 - 0.66x_2$$

检验上述回归方程式：

(1) 计算相关系数 r。

$$S_R = \hat{b}_1 l_{x_1 y} + \hat{b}_2 l_{x_2 y} = (-1.08) \times (-15.55) + (-0.66) \times (-24.95) = 33.26$$

$$r = \sqrt{\frac{S_R}{l_{yy}}} = \sqrt{\frac{33.26}{40.27}} = 0.9088$$

r 接近于 1，相关程度较好。

二元线性回归的方差分析表见表 5.10。

表 5.10 二元线性回归方差分析表

方差来源	离差平方和 S	自由度 df	平均离差平方和 MS	F 值	临界值	显著性
因素	33.26	2	16.63	16.63	$F_{0.05}(2,7) = 4.74$	**
剩余	7.01	7	1		$F_{0.01}(2,7) = 9.55$	
总和	40.27	9				

因为 $F > F_{0.01}(2,7)$，所以可以认为水泥 28 天抗压强度（y）与水泥细度（x_1）和混合材料掺加量（x_2）的线性关系特别显著。

(2) 计算剩余标准偏差 s。

$$S_E = l_{yy} - S_R = 40.27 - 33.26 = 7.01$$

$$s = \sqrt{\frac{S_R}{n-m-1}} = \sqrt{\frac{7.01}{10-2-1}} = 1.00$$

(3) 对 $\hat{b}_1$、$\hat{b}_2$ 的影响进行比较判别。

$$P_{x_1} = \hat{b}_1 \left(l_{x_1 x_1} - \frac{l_{x_1 x_2}^2}{l_{x_2 x_2}} \right) = 13.09$$

$$P_{x_2} = \hat{b}_2 \left(l_{x_2 x_2} - \frac{l_{x_1 x_2}^2}{l_{x_1 x_1}} \right) = 12.67$$

P_{x_1} 与 P_{x_2} 数值相近，对水泥 28 天抗压强度的影响，二者都是主要因素。

(4) 再对两个因素做以下比较。

$$t_1 = \frac{\sqrt{P_{x_1}}}{s} = \frac{\sqrt{13.09}}{1.00} = 3.62$$

$$t_2 = \frac{\sqrt{P_{x_2}}}{s} = \frac{\sqrt{12.67}}{1.00} = 3.56$$

t_1、t_2 均大于 2，两者都对水泥 28 天抗压强度有重大影响。

如果利用统计软件计算多元线性回归问题，则一般只需按指示把所有的试验数据输入计算机，就能直接得到统计量 F 的值；如果线性相关关系显著，则同时得到 $b_0, b_1, \cdots, b_p$ 的估计值以及多元线性回归方程。

多元线性回归方程的一个重要应用是确定给定点 $(x_{01}, x_{02}, \cdots, x_{0p})$ 处对应的 y 的观测值的预测区间。

另外,在实际问题中,影响因变量 y 的因素往往很多。如果将它们都取作自变量,必然会导致所得到的回归方程很庞大。实际上,有些自变量对 y 的影响很小,我们应剔除这些自变量,不但能使回归方程较为简洁,便于应用,而且能明确哪些因素(即自变量)的改变对 y 有显著影响,从而使人们对事物有进一步的认识。通常可用逐步回归法达到这一目的。

附　　表

附表 1　标准正态分布表

$$\Phi(z) = \frac{1}{\sqrt{2\pi}} \int_{-\infty}^{z} e^{-\frac{1}{2}z^2} dz$$

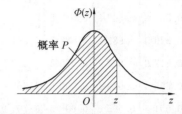

z	0	1	2	3	4	5	6	7	8	9
−3.0	0.001 3	0.001 3	0.001 3	0.001 2	0.001 2	0.001 1	0.001 1	0.001 1	0.001 0	0.001 0
−2.9	0.001 9	0.001 8	0.001 8	0.001 7	0.001 6	0.001 6	0.001 5	0.001 5	0.001 4	0.001 4
−2.8	0.002 6	0.002 5	0.002 4	0.002 3	0.002 3	0.002 2	0.002 1	0.002 1	0.002 0	0.001 9
−2.7	0.003 5	0.003 4	0.003 3	0.003 2	0.003 1	0.003 0	0.002 9	0.002 8	0.002 7	0.002 6
−2.6	0.004 7	0.004 5	0.004 4	0.004 3	0.004 1	0.004 0	0.003 9	0.003 8	0.003 7	0.003 6
−2.5	0.006 2	0.006 0	0.005 9	0.005 7	0.005 5	0.005 4	0.005 2	0.005 1	0.004 9	0.004 8
−2.4	0.008 2	0.008 0	0.007 8	0.007 5	0.007 3	0.007 1	0.006 9	0.006 8	0.006 6	0.006 4
−2.3	1.010 7	0.010 4	0.010 2	0.009 9	0.009 6	0.009 4	0.009 1	0.008 9	0.008 7	0.008 4
−2.2	0.013 9	0.013 6	0.013 2	0.012 9	0.012 5	0.012 2	0.011 9	0.011 6	0.011 3	0.011 0
−2.1	0.017 9	0.017 4	0.017 0	0.016 6	0.016 2	0.015 8	0.015 4	0.015 0	0.014 6	0.014 3
−2.0	0.022 8	0.022 2	0.021 7	0.021 2	0.020 7	0.020 2	0.019 7	0.019 2	0.018 8	0.018 3
−1.9	0.028 7	0.028 1	0.027 4	0.026 8	0.026 2	0.025 6	0.025 0	0.024 4	0.023 9	0.023 3
−1.8	0.035 9	0.035 1	0.034 4	0.033 6	0.032 9	0.032 2	0.031 4	0.030 7	0.030 1	0.029 4
−1.7	0.044 6	0.043 6	0.042 7	0.041 8	0.040 9	0.040 1	0.039 2	0.038 4	0.037 5	0.036 7
−1.6	0.051 8	0.053 7	0.052 6	0.051 6	0.050 5	0.049 5	0.048 5	0.047 5	0.046 5	0.045 5
−1.5	0.066 8	0.065 5	0.064 3	0.063 0	0.061 8	0.060 6	0.059 4	0.058 2	0.057 1	0.055 9
−1.4	0.080 8	0.079 3	0.077 8	0.076 4	0.074 9	0.073 5	0.072 1	0.070 8	0.069 4	0.068 1
−1.3	0.096 8	0.095 1	0.093 4	0.091 8	0.090 1	0.088 5	0.086 9	0.085 3	0.083 8	0.082 3
−1.2	0.115 1	0.113 1	0.111 2	0.109 3	0.107 5	0.105 6	0.103 8	0.102 0	0.100 3	0.098 5
−1.1	0.135 7	0.133 5	0.131 4	0.129 2	0.127 1	0.125 1	0.123 0	0.121 0	0.119 0	0.117 0
−1.0	0.158 7	0.156 2	0.153 9	0.151 5	0.149 2	0.146 9	0.144 6	0.142 3	0.140 1	0.137 9
−0.9	0.184 1	0.181 4	0.178 8	0.176 2	0.173 6	0.171 1	0.168 5	0.166 0	0.163 5	0.161 1
−0.8	0.211 9	0.209 0	0.206 1	0.203 3	0.200 5	0.197 7	0.194 9	0.192 2	0.189 4	0.186 7
−0.7	0.242 0	0.238 9	0.235 8	0.232 7	0.229 6	0.226 6	0.223 6	0.220 3	0.217 7	0.214 8
−0.6	0.274 3	0.270 9	0.267 6	0.264 3	0.261 1	0.257 8	0.254 6	0.241 4	0.248 3	0.245 1
−0.5	0.308 5	0.305 0	0.301 5	0.298 1	0.294 6	0.291 2	0.287 7	0.284 3	0.281 0	0.277 6
−0.4	0.344 6	0.340 9	0.337 2	0.333 6	0.330 0	0.326 4	0.322 8	0.319 2	0.315 6	0.312 1
−0.3	0.382 1	0.378 3	0.374 5	0.370 7	0.366 9	0.363 2	0.359 4	0.355 7	0.352 0	0.348 3
−0.2	0.420 7	0.418 6	0.412 9	0.409 0	0.405 2	0.401 3	0.397 4	0.393 6	0.389 7	0.385 9
−0.1	0.460 2	0.456 2	0.452 2	0.448 3	0.444 3	0.440 4	0.436 4	0.432 5	0.428 6	0.424 7

续附表 1

z	0	1	2	3	4	5	6	7	8	9
−0.0	0.500 0	0.496 0	0.492 0	0.488 0	0.484 0	0.480 1	0.476 1	0.472 1	0.468 1	0.464 1
0.0	0.500 0	0.504 0	0.508 0	0.512 0	0.516 0	0.519 9	0.523 9	0.527 9	0.531 9	0.535 9
0.1	0.539 8	0.543 8	0.547 8	0.551 7	0.555 7	0.559 6	0.563 6	0.567 5	0.571 4	0.575 3
0.2	0.579 3	0.583 2	0.587 1	0.591 0	0.594 8	0.598 7	0.602 6	0.606 4	0.610 3	0.614 1
0.3	0.617 9	0.621 7	0.625 5	0.629 3	0.633 1	0.636 8	0.640 6	0.644 3	0.648 0	0.651 7
0.4	0.655 4	0.659 1	0.662 8	0.666 4	0.670 0	0.673 6	0.677 2	0.680 8	0.684 4	0.687 9
0.5	0.691 5	0.695 0	0.698 5	0.701 9	0.705 4	0.708 8	0.712 3	0.715 7	0.719 0	0.722 4
0.6	0.725 7	0.729 1	0.732 4	0.735 7	0.738 9	0.742 2	0.745 4	0.748 6	0.751 7	0.754 9
0.7	0.758 0	0.761 1	0.764 2	0.767 3	0.770 4	0.773 4	0.776 4	0.779 4	0.782 3	0.785 2
0.8	0.788 1	0.791 0	0.793 9	0.796 7	0.799 5	0.802 3	0.805 1	0.807 8	0.810 6	0.813 3
0.9	0.815 9	0.818 6	0.821 2	0.823 8	0.826 4	0.828 9	0.831 5	0.834 0	0.836 5	0.838 9
1.0	0.841 3	0.843 8	0.846 1	0.848 5	0.850 8	0.853 1	0.855 4	0.857 7	0.859 9	0.862 1
1.1	0.864 3	0.866 5	0.868 6	0.870 8	0.872 9	0.874 9	0.877 0	0.879 0	0.881 0	0.883 0
1.2	0.884 9	0.886 9	0.888 8	0.890 7	0.892 5	0.894 4	0.896 2	0.898 0	0.899 7	0.901 5
1.3	0.903 2	0.904 9	0.906 6	0.908 2	0.909 9	0.911 5	0.913 1	0.914 7	0.916 2	0.917 7
1.4	0.919 2	0.920 7	0.922 2	0.923 6	0.925 1	0.926 5	0.927 9	0.929 2	0.930 6	0.931 9
1.5	0.933 2	0.934 5	0.935 7	0.937 0	0.938 2	0.939 4	0.940 6	0.941 8	0.942 9	0.944 1
1.6	0.945 2	0.946 3	0.947 4	0.948 4	0.949 5	0.950 5	0.951 5	0.952 5	0.953 5	0.954 5
1.7	0.955 4	0.956 4	0.957 3	0.958 2	0.959 1	0.959 9	0.960 8	0.961 6	0.962 5	0.963 3
1.8	0.964 1	0.964 9	0.965 6	0.966 4	0.967 1	0.967 8	0.968 6	0.969 3	0.969 9	0.970 6
1.9	0.971 3	0.971 9	0.972 6	0.973 2	0.973 8	0.974 4	0.975 0	0.975 6	0.976 1	0.976 7
2.0	0.977 2	0.977 8	0.978 3	0.978 8	0.979 3	0.979 8	0.980 3	0.980 8	0.981 2	0.981 7
2.1	0.982 1	0.982 6	0.983 0	0.983 4	0.983 8	0.984 2	0.984 6	0.985 0	0.985 4	0.985 7
2.2	0.986 1	0.986 4	0.986 8	0.987 1	0.987 5	0.987 8	0.988 1	0.988 4	0.988 7	0.989 0
2.3	0.989 3	0.989 6	0.989 8	0.990 1	0.990 4	0.990 6	0.990 9	0.991 1	0.991 3	0.991 6
2.4	0.991 8	0.992 0	0.992 2	0.992 5	0.992 7	0.992 9	0.993 1	0.993 2	0.993 4	0.993 6
2.5	0.993 8	0.994 0	0.994 1	0.994 3	0.994 5	0.994 6	0.994 8	0.994 9	0.995 1	0.995 2
2.6	0.995 3	0.995 5	0.995 6	0.995 7	0.995 9	0.996 0	0.996 1	0.996 2	0.996 3	0.996 4
2.7	0.996 5	0.996 6	0.996 7	0.996 8	0.996 9	0.997 0	0.997 1	0.997 2	0.997 3	0.997 4
2.8	0.997 4	0.997 5	0.997 6	0.997 7	0.997 7	0.997 8	0.997 9	0.997 9	0.998 0	0.998 1
2.9	0.998 1	0.998 2	0.998 2	0.998 3	0.998 4	0.998 4	0.998 5	0.998 5	0.998 6	0.998 6
3.0	0.998 7	1.998 7	0.998 7	0.998 8	0.998 8	0.998 9	0.998 9	0.998 9	0.999 0	0.999 0

附表 2　正态分布的双侧临界值表

$$\Phi(z) = 1 - \frac{1}{\sqrt{2\pi}} \int_{-z_{\alpha/2}}^{z_{\alpha/2}} e^{-\frac{1}{2}z^2} dz$$

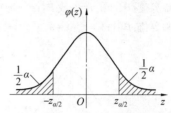

α	0.00	0.01	0.02	0.03	0.04	0.05	0.06	0.07	0.08	0.09
0.0	00	2.575 8	2.326 3	2.170 1	2.503 7	1.960 0	1.880 8	1.811 9	1.750 7	1.695 4
0.1	1.644 9	1.598 2	1.554 8	1.514 1	1.475 8	1.439 5	1.405 1	1.372 2	1.310 6	1.644 9
0.2	1.281 6	1.253 6	1.226 5	1.200 4	1.750 0	1.150 3	1.126 4	1.103 1	1.080 3	1.281 6
0.3	1.036 4	1.015 2	0.994 5	0.974 1	0.954 2	0.934 6	0.915 4	0.896 5	0.877 9	0.859 6
0.4	0.841 6	0.823 9	0.806 4	0.789 2	0.772 2	0.755 4	0.738 8	0.722 5	0.706 3	0.690 3
0.5	0.674 5	0.658 8	0.643 3	0.628 0	0.612 8	0.597 8	0.582 8	0.568 1	0.553 4	0.538 8
0.6	0.524 4	0.510 1	0.495 9	0.481 7	0.467 7	0.453 8	0.439 9	0.426 1	0.412 5	0.398 9
0.7	0.385 3	0.371 9	0.358 5	0.345 1	0.331 9	0.318 6	0.305 5	0.292 4	0.279 3	0.266 3
0.8	0.253 3	0.240 4	0.227 5	0.214 7	0.201 9	0.189 1	0.176 4	0.163 7	0.151 0	0.138 3
0.9	0.125 7	0.113 0	0.100 4	0.087 8	0.075 3	0.062 7	0.050 2	0.037 6	0.025 0	0.012 5

附表3 t 检验临界值 ($t_\alpha, t_{\alpha/2}$) 表

单侧临界值:$P(t>t_\alpha)=\alpha$ 或 $P(t<-t_\alpha)=\alpha$；

双侧临界值:$P(|t|>t_{\alpha/2})=\alpha$

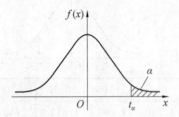
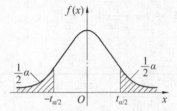

$n-1$	双侧:0.10 单侧:0.05	0.05 0.025	0.01 0.005	$n-1$	双侧:0.10 单侧:0.05	0.05 0.025	0.01 0.005
1	6.314	12.706	63.657	26	1.706	2.056	2.779
2	2.920	4.303	9.925	27	1.703	2.052	2.771
3	2.353	3.182	5.841	28	1.701	2.048	2.763
4	2.132	2.776	4.604	29	1.699	2.045	2.756
5	2.015	2.571	4.032	30	1.697	2.042	2.750
6	1.943	2.447	3.707	31	1.696	2.040	2.744
7	1.895	2.365	3.499	32	1.694	2.037	2.739
8	1.860	2.306	3.355	33	1.692	2.035	2.733
9	1.833	2.262	3.250	34	1.691	2.032	2.728
10	1.812	2.228	3.169	35	1.690	2.030	2.724
11	1.796	2.201	3.106	36	1.688	2.028	2.720
12	1.782	2.179	3.055	37	1.687	2.026	2.715
13	1.77.1	2.160	3.012	38	1.686	2.024	2.712
14	1.761	2.145	2.977	39	1.685	2.023	2.708
15	1.753	2.131	2.947	40	1.684	2.021	2.704
16	1.746	2.120	2.921	41	1.683	2.020	2.701
17	1.740	2.110	2.898	42	1.682	2.018	2.698
18	1.734	2.101	2.878	43	1.681	2.017	2.695
19	1.729	2.093	2.861	44	1.680	2.015	2.692
20	1.725	2.086	2.845	45	1.679	2.014	2.690
21	1.721	2.080	2.831	60	1.671	2.000	2.660
22	1.717	2.074	2.819				
23	1.714	2.069	2.807	120	1.645	1.980	2.617
24	1.711	2.064	2.797				
25	1.708	2.060	2.787	∞	1.645	1.960	2.576

附表4 χ^2 检验临界值(χ_α^2)表

$P(\chi^2 > \chi_\alpha^2) = \alpha$

α \ $n-1$	0.01	0.025	0.05	0.10	0.90	0.95	0.975	0.99
1	6.635	5.023	3.841	2.706	0.016	0.004	0.001	0.0002
2	9.210	7.378	5.991	4.605	0.221	0.103	0.051	0.020
3	11.345	9.348	7.815	6.251	0.584	0.352	0.216	0.115
4	13.277	11.143	9.488	7.779	1.06	0.711	0.484	0.297
5	15.068	12.833	11.070	9.236	1.61	1.145	0.831	0.554
6	16.812	14.449	12.592	10.645	2.20	1.635	1.237	0.872
7	18.475	16.013	14.067	12.017	2.83	2.167	1.690	1.24
8	20.090	17.535	15.507	13.362	3.49	2.733	2.180	1.65
9	21.666	19.023	16.919	14.684	4.17	3.325	2.700	2.09
10	23.209	20.483	18.307	15.987	4.87	3.940	3.247	2.56
11	24.725	21.920	19.675	17.275	5.58	4.575	3.816	3.05
12	26.217	23.337	21.026	18.549	6.30	5.226	4.404	3.57
13	27.688	24.736	22.362	19.812	7.04	5.892	5.009	4.11
14	29.141	26.119	23.865	21.064	7.79	6.571	5.629	4.66
15	30.578	27.488	24.996	22.307	8.55	7.261	6.262	5.23
16	32.000	28.845	26.296	23.542	9.31	7.962	6.908	5.81
17	33.409	30.191	27.587	24.769	10.1	8.672	7.564	6.41
18	34.805	31.526	28.869	25.989	10.9	9.390	8.231	7.01
19	36.191	32.852	30.144	27.204	11.7	10.117	8.907	7.63
20	37.566	34.170	31.410	28.412	12.4	10.851	9.591	8.26
21	38.932	35.479	32.671	29.615	13.2	11.591	10.283	8.90
22	40.289	36.781	33.924	30.813	14.0	12.338	10.982	9.54
23	41.638	38.076	35.172	32.007	14.8	13.091	11.689	10.2
24	42.980	39.364	36.415	33.196	15.7	13.848	12.401	10.9
25	44.314	40.647	37.652	34.382	16.5	14.611	13.120	11.5
26	45.642	41.923	38.885	35.563	17.3	15.379	13.844	12.2
27	46.963	43.194	40.113	36.741	18.1	16.151	14.573	12.9
28	48.278	44.461	41.337	37.916	18.9	16.928	15.308	13.6
29	49.588	45.722	42.577	39.087	19.8	17.708	16.407	14.3
30	50.892	46.979	43.773	40.256	20.6	18.493	16.791	15.0

附表 5 F 检验临界值表(一)

$P(F > F_\alpha) = \alpha$

$\alpha = 0.10$

f_2 \ f_1	1	2	3	4	5	6	7	8	9	10	15	20	30	50	100	200	500	∞
1	39.9	49.5	53.6	55.8	57.2	58.2	58.9	59.4	59.9	60.2	61.2	61.7	62.3	62.7	63.0	63.2	63.3	63.3
2	8.53	9.00	9.16	9.24	9.29	9.33	9.35	9.37	9.38	9.39	9.42	9.44	9.46	9.47	9.48	9.49	9.49	9.49
3	5.54	5.46	5.39	5.34	5.31	5.28	5.27	5.25	5.24	5.23	5.20	5.18	5.17	5.15	5.14	5.14	5.14	5.13
4	4.54	4.32	4.19	4.11	4.05	4.01	3.98	3.95	3.94	3.92	3.87	3.84	3.82	3.80	3.78	3.77	3.76	3.76
5	4.06	2.78	3.62	3.52	3.45	3.40	3.37	3.34	3.32	3.30	3.24	3.21	3.17	3.15	3.13	3.12	3.11	3.10
6	3.78	3.46	3.29	3.18	3.11	3.05	3.01	2.98	2.96	2.94	2.87	2.84	2.80	2.77	2.75	2.73	2.73	2.72
7	3.59	3.26	3.07	2.96	2.88	2.83	2.78	2.75	2.72	2.70	2.63	2.59	2.56	2.52	2.50	2.48	2.48	2.47
8	3.46	3.11	2.92	2.81	2.73	2.67	2.62	2.59	2.56	2.54	2.46	2.42	2.38	2.35	2.32	2.31	2.30	2.29
9	3.36	3.01	2.81	2.69	2.61	2.55	2.51	2.47	2.44	2.42	2.34	2.30	2.25	2.22	2.19	2.17	2.17	2.16
10	3.28	2.92	2.73	2.61	2.52	2.46	2.41	2.38	2.35	2.32	2.24	2.20	2.16	2.12	2.09	2.07	2.06	2.06
11	3.23	2.86	2.66	2.54	2.45	2.39	2.34	2.30	2.27	2.25	2.17	2.12	2.08	2.04	2.00	1.99	1.98	1.97
12	3.18	2.81	2.61	2.48	2.39	2.33	2.28	2.24	2.21	2.19	2.10	2.06	2.01	1.97	1.94	1.92	1.91	1.90
13	3.14	2.76	2.56	2.43	2.35	2.28	2.23	2.20	2.16	2.14	2.05	2.01	1.96	1.92	1.88	1.86	1.85	1.85
14	3.10	2.73	2.52	2.39	2.31	2.24	2.19	2.15	2.12	2.10	2.01	1.96	1.91	1.87	1.83	1.82	1.80	1.80
15	3.07	2.70	2.49	2.36	2.27	2.21	2.16	2.12	2.09	2.06	1.97	1.92	1.87	1.83	1.79	1.77	1.76	1.76
16	3.05	2.67	2.46	2.33	2.24	2.18	2.13	2.09	2.06	2.03	1.94	1.89	1.84	1.79	1.76	1.74	1.73	1.72
17	3.03	2.64	2.44	2.31	2.22	2.15	2.10	2.06	2.03	2.00	1.91	1.86	1.81	1.76	1.73	1.71	1.69	1.69
18	3.01	2.62	2.42	2.29	2.20	2.13	2.08	2.04	2.00	1.98	1.89	1.84	1.78	1.74	1.70	1.68	1.67	1.66
19	2.99	2.61	2.40	2.27	2.18	2.11	2.06	2.02	1.98	1.96	1.86	1.81	1.76	1.71	1.67	1.68	1.64	1.63
20	2.97	2.59	2.38	2.25	2.16	2.09	2.04	2.00	1.96	1.94	1.84	1.79	1.84	1.69	1.65	1.63	1.62	1.61
22	2.95	2.56	2.35	2.22	2.13	2.06	2.01	1.97	1.93	1.90	1.81	1.76	1.80	1.65	1.61	1.59	1.58	1.57
24	2.93	2.54	2.33	2.19	2.10	2.04	1.98	1.94	1.91	1.88	1.78	1.73	1.67	1.62	1.58	1.56	1.54	1.53
26	2.91	2.52	2.31	2.17	2.08	2.01	1.96	1.92	1.88	1.86	1.76	1.71	1.65	1.59	1.55	1.53	1.51	1.50
28	2.89	2.50	2.29	2.16	2.06	2.00	1.94	1.90	1.87	1.84	1.74	1.69	1.63	1.57	1.53	1.50	1.49	1.48
30	2.88	2.49	2.28	2.14	2.05	1.98	1.93	1.88	1.85	1.82	1.72	1.67	1.61	1.55	1.51	1.48	1.47	1.46
40	2.84	2.44	2.23	2.09	2.00	1.93	1.87	1.83	1.79	1.76	1.66	1.61	1.54	1.48	1.43	1.41	1.39	1.38
50	2.81	2.41	2.20	2.06	1.97	1.90	1.84	1.80	1.76	1.73	1.63	1.57	1.50	1.44	1.39	1.36	1.34	1.33
60	2.79	2.39	2.18	2.04	1.95	1.87	1.82	1.77	1.74	1.71	1.60	1.54	1.48	1.41	1.36	1.33	1.31	1.29
80	2.77	2.37	2.15	2.02	1.92	1.85	1.79	1.75	1.71	1.63	1.57	1.51	1.44	1.38	1.32	1.28	1.26	1.24
100	2.76	2.36	2.14	2.00	1.91	1.83	1.78	1.73	1.70	1.66	1.56	1.49	1.42	1.35	1.29	1.26	1.23	1.21
200	2.73	2.33	2.11	1.97	1.88	1.80	1.75	1.70	1.66	1.63	1.52	1.46	1.38	1.31	1.24	1.20	1.17	1.14
500	2.72	2.31	2.10	1.96	1.86	1.79	1.73	1.68	1.64	1.61	1.50	1.44	1.36	1.28	1.21	1.16	1.12	1.09
∞	2.71	2.30	2.08	1.94	1.85	1.77	1.72	1.67	1.63	1.60	1.49	1.42	1.34	1.26	1.18	1.13	1.08	1.00

续附表 5

$\alpha=0.05$

f_2 \ f_1	1	2	3	4	5	6	7	8	9	10	12	14	16	18	20
1	161	200	216	225	230	234	237	239	241	242	244	245	246	247	248
2	18.5	19.0	19.2	19.2	19.3	19.3	19.4	19.4	19.4	19.4	19.4	19.4	19.4	19.4	19.4
3	10.1	9.55	9.28	9.12	9.01	8.94	8.89	8.85	8.81	8.79	8.74	8.71	8.69	8.67	8.66
4	7.71	6.94	6.59	6.39	6.26	6.16	6.09	6.04	6.00	5.96	5.91	5.87	5.84	5.82	5.80
5	6.61	5.79	5.41	5.19	5.05	4.95	4.88	4.82	4.77	4.74	4.68	4.64	4.60	4.58	4.56
6	5.99	5.14	4.76	4.53	4.39	4.28	4.21	4.15	4.10	4.06	4.00	3.96	3.92	3.90	3.87
7	5.59	4.74	4.35	4.12	3.97	3.87	3.79	3.73	3.68	3.64	3.57	3.53	3.49	3.47	3.44
8	5.32	4.46	4.07	3.84	3.69	3.58	3.50	3.44	3.39	3.35	3.28	3.24	3.20	3.17	3.15
9	5.12	4.26	3.86	3.63	3.48	3.37	3.29	3.23	3.18	3.14	3.07	3.03	2.99	2.96	2.94
10	4.96	4.10	3.71	3.48	3.33	3.22	3.14	3.07	3.02	2.98	2.91	2.86	2.83	2.80	2.77
11	4.84	3.98	3.59	3.36	3.20	3.09	3.01	2.95	2.90	2.85	2.79	2.74	2.70	2.67	2.65
12	4.75	3.89	3.49	3.26	3.11	3.00	2.91	2.85	2.80	2.75	2.69	2.64	2.60	2.57	2.54
13	4.67	3.81	3.41	3.18	3.03	2.92	2.83	2.77	2.71	2.67	2.60	2.55	2.51	2.48	2.46
14	4.60	3.74	3.34	3.11	2.96	2.85	2.76	2.70	2.65	2.60	2.53	2.48	2.44	2.41	2.39
15	4.54	3.68	3.29	3.06	2.90	2.79	2.71	2.64	2.59	2.54	2.48	2.42	2.38	2.35	2.33
16	4.49	3.63	3.24	3.01	2.85	2.74	2.66	2.59	2.54	2.49	2.42	2.37	2.33	2.30	2.28
17	4.45	3.59	3.20	2.96	2.81	2.70	2.61	2.55	2.49	2.45	2.38	2.33	2.29	2.26	2.23
18	4.41	3.55	3.16	2.93	2.77	2.66	2.58	2.51	2.46	2.41	2.34	2.29	2.25	2.22	2.19
19	4.38	3.52	3.13	2.90	2.74	2.63	2.54	2.48	2.42	2.38	2.31	2.26	2.21	2.18	2.16
20	4.35	3.49	3.10	2.87	2.71	2.60	2.51	2.45	2.39	2.35	2.28	2.22	2.18	2.15	2.12
21	4.32	3.47	3.07	2.84	2.68	2.57	2.49	2.42	2.37	2.32	2.25	2.20	2.16	2.12	2.10
22	4.30	3.44	3.05	2.82	2.66	2.55	2.46	2.40	2.34	2.30	2.23	2.17	2.13	2.10	2.07
23	4.28	3.42	3.03	2.80	2.64	2.53	2.44	2.37	2.32	2.27	2.20	2.15	2.11	2.07	2.05
23	4.26	3.40	3.01	2.78	2.62	2.51	2.42	2.36	2.30	2.25	2.18	2.13	2.09	2.05	2.03
25	4.24	3.39	2.99	2.76	2.60	2.49	2.40	2.34	2.28	2.24	2.16	2.11	2.07	2.04	2.01
26	4.23	3.37	2.98	2.74	2.59	2.47	2.39	2.32	2.27	2.22	2.15	2.09	2.05	2.02	1.99
27	4.21	3.35	2.96	2.73	2.57	2.46	2.37	2.31	2.25	2.20	2.13	2.08	2.04	2.00	1.97
28	4.20	3.34	2.95	2.71	2.56	2.45	2.36	2.29	2.24	2.19	2.12	2.06	2.02	1.99	1.96
29	4.18	3.33	2.93	2.70	2.55	2.43	2.35	2.28	2.22	2.18	2.10	2.05	2.01	1.97	1.94
30	4.17	3.32	2.92	2.69	2.53	2.42	2.33	2.27	2.21	2.16	2.09	2.04	1.99	1.96	1.93
32	4.15	3.29	2.90	2.67	2.51	2.40	2.31	2.24	2.19	2.14	2.07	2.01	1.97	1.94	1.91
34	4.13	3.28	2.88	2.65	2.49	2.38	2.29	2.23	2.17	2.12	2.05	1.99	1.95	1.92	1.89
36	4.11	3.26	2.87	2.63	2.48	2.36	2.28	2.21	2.15	2.11	2.03	1.98	1.93	1.90	1.87
38	4.10	3.24	2.85	2.62	2.46	2.35	2.26	2.19	2.14	2.09	2.02	1.96	1.92	1.88	1.85
40	4.08	3.23	2.84	2.61	2.45	2.34	2.25	2.18	2.12	2.08	2.00	1.95	1.90	1.87	1.84
42	4.07	3.22	2.83	2.59	2.44	2.32	2.24	2.17	2.11	2.06	1.99	1.93	1.89	1.86	1.83
44	4.06	3.21	2.82	2.58	2.43	2.31	2.23	2.16	2.10	2.05	1.98	1.92	1.88	1.84	1.81
46	4.05	3.20	2.81	2.57	2.42	2.30	2.22	2.15	2.09	2.04	1.97	1.91	1.87	1.83	1.80
48	4.04	3.19	2.80	2.57	2.41	2.29	2.21	2.14	2.08	2.03	1.96	1.90	1.86	1.82	1.79
50	4.03	3.18	2.79	2.56	2.40	2.29	2.20	2.13	2.07	2.03	1.95	1.89	1.85	1.81	1.78
60	4.00	3.15	2.76	2.53	2.37	2.25	2.17	2.10	2.04	1.99	1.92	1.86	1.82	1.78	1.75
80	3.96	3.11	2.72	2.49	2.33	2.21	2.13	2.06	2.00	1.95	1.88	1.82	1.77	1.73	1.70
100	3.94	3.09	2.70	2.46	2.31	2.19	2.10	2.03	1.97	1.93	1.85	1.79	1.75	1.71	1.68
125	3.92	3.07	2.68	2.44	2.29	2.17	2.08	2.01	1.96	1.91	1.83	1.77	1.72	1.69	1.65
150	3.90	3.06	2.66	2.43	2.27	2.16	2.07	2.00	1.94	1.89	1.82	1.76	1.71	1.67	1.64
200	3.89	3.04	2.65	2.42	2.26	2.14	2.06	1.98	1.93	1.88	1.80	1.74	1.69	1.66	1.62
300	3.87	3.03	2.63	2.40	2.24	2.13	2.04	1.97	1.91	1.86	1.78	1.72	1.68	1.64	1.61
500	3.86	3.01	2.62	2.39	2.23	2.12	2.03	1.96	1.90	1.85	1.77	1.71	1.66	1.62	1.59
1000	3.85	3.00	2.61	2.38	2.22	2.11	2.02	1.95	1.89	1.84	1.76	1.70	1.65	1.61	1.58
∞	3.84	3.00	2.60	2.37	2.21	2.10	2.01	1.94	1.88	1.83	1.75	1.69	1.64	1.60	1.57

续附表 5

$\alpha = 0.05$

f_1 \ f_2	22	24	26	28	30	35	40	45	50	60	80	100	200	500	∞
1	249	249	249	250	250	251	251	251	252	252	252	253	254	254	254
2	19.5	19.5	19.5	19.5	19.5	19.5	19.5	19.5	19.5	19.5	19.5	19.5	19.5	19.5	19.5
3	8.65	8.64	8.63	8.62	8.62	8.60	8.59	8.59	8.58	8.57	8.56	8.55	8.54	8.53	8.53
4	5.79	5.77	5.76	5.75	5.76	5.73	5.72	5.71	5.70	5.69	5.67	5.66	5.65	5.64	5.63
5	4.54	4.53	4.52	4.50	4.50	4.48	4.46	4.45	4.44	4.43	4.41	4.41	4.39	4.37	4.37
6	3.86	3.84	3.83	3.82	3.81	3.79	3.77	3.76	3.75	3.74	3.72	3.71	3.69	3.68	3.67
7	3.43	3.41	3.40	3.39	3.38	3.36	3.34	3.33	3.32	3.30	3.19	3.27	3.25	3.24	3.23
8	3.13	3.12	3.10	3.09	3.08	3.06	3.04	3.03	3.02	3.01	2.99	2.97	2.95	2.94	2.93
9	2.92	2.90	2.89	2.87	2.86	2.84	2.83	2.81	2.80	2.79	2.77	2.76	2.73	2.72	2.71
10	2.75	2.74	2.72	2.71	2.80	2.68	2.66	2.65	2.64	2.62	2.60	2.59	2.56	2.55	2.54
11	2.63	2.61	2.59	2.58	2.57	2.55	2.53	2.52	2.51	2.49	2.47	2.46	2.43	2.42	2.40
12	2.52	2.51	2.49	2.48	2.47	2.44	2.43	2.41	2.40	2.38	2.36	2.35	2.32	2.31	2.30
13	2.44	2.42	2.41	2.39	2.38	2.36	2.34	2.33	2.31	2.30	2.24	2.26	2.23	2.22	2.21
14	2.37	2.35	2.33	2.32	2.31	2.28	2.27	2.25	2.24	2.22	2.20	2.19	2.16	2.14	2.13
15	2.31	2.29	2.27	2.26	2.25	2.22	2.20	2.19	2.18	2.16	2.14	2.12	2.10	2.08	2.07
16	2.25	2.24	2.22	2.21	2.19	2.17	2.15	2.14	2.12	2.11	2.08	2.07	2.04	2.02	2.01
17	2.21	2.19	2.17	2.16	2.15	2.12	2.10	2.09	2.08	2.06	2.03	2.02	1.99	1.97	1.96
18	2.17	2.15	2.13	2.12	2.11	2.08	2.06	2.05	2.04	2.02	1.99	1.98	1.95	1.93	1.92
19	2.13	2.11	2.10	2.08	2.07	2.05	2.03	2.01	2.00	1.98	1.96	1.94	1.91	1.89	1.84
20	2.10	2.08	2.07	2.05	2.04	2.01	1.99	1.98	1.97	1.95	1.92	1.91	1.88	1.86	1.84
21	2.07	2.05	2.04	2.02	2.01	1.98	1.96	1.95	1.94	1.92	1.89	1.88	1.84	1.82	1.81
22	2.05	2.03	2.01	2.00	1.98	1.96	1.94	1.92	1.91	1.89	1.86	1.85	1.82	1.80	1.78
23	2.02	2.00	1.99	1.97	1.96	1.93	1.91	1.90	1.88	1.86	1.84	1.82	1.79	1.77	1.76
24	2.00	1.98	1.97	1.95	1.94	1.91	1.89	1.88	1.86	1.84	1.82	1.80	1.77	1.75	1.73
25	1.98	1.96	1.95	1.93	1.91	1.89	1.87	1.86	1.84	1.82	1.80	1.77	1.75	1.73	1.71
26	1.97	1.95	1.93	1.91	1.90	1.87	1.85	1.84	1.82	1.80	1.78	1.76	1.73	1.71	1.69
27	1.95	1.93	1.91	1.90	1.88	1.86	1.84	1.82	1.81	1.79	1.76	1.74	1.71	1.69	1.67
28	1.93	1.91	1.90	1.88	1.87	1.84	1.82	1.80	1.79	1.77	1.74	1.73	1.69	1.67	1.65
29	1.92	1.90	1.88	1.87	1.85	1.83	1.81	1.79	1.77	1.75	1.73	1.71	1.67	1.65	1.64
30	1.91	1.89	1.87	1.85	1.84	1.81	1.79	1.77	1.76	1.74	1.71	1.70	1.66	1.64	1.62
32	1.88	1.86	1.85	1.83	1.82	1.79	1.77	1.75	1.74	1.71	1.69	1.67	1.63	1.61	1.59
34	1.86	1.84	1.82	1.80	1.80	1.77	1.75	1.73	1.71	1.69	1.66	1.65	1.61	1.59	1.57
36	1.85	1.85	1.81	1.79	1.78	1.75	1.73	1.71	1.69	1.67	1.64	1.62	1.59	1.56	1.55
38	1.83	1.81	1.79	1.77	1.76	1.73	1.71	1.69	1.68	1.65	1.62	1.61	1.57	1.54	1.53
40	1.81	1.79	1.77	1.76	1.74	1.72	1.69	1.67	1.66	1.65	1.61	1.59	1.55	1.53	1.51
42	1.80	1.78	1.86	1.74	1.73	1.70	1.68	1.66	1.65	1.62	1.59	1.57	1.53	1.51	1.49
44	1.79	1.77	1.75	1.73	1.72	1.69	1.67	1.65	1.63	1.61	1.58	1.56	1.52	1.49	1.48
46	1.78	1.76	1.74	1.72	1.71	1.68	1.65	1.64	1.62	1.60	1.57	1.55	1.51	1.48	1.46
48	1.77	1.75	1.73	1.71	1.70	1.67	1.64	1.62	1.61	1.59	1.56	1.54	1.49	1.47	1.45
50	1.76	1.74	1.72	1.70	1.69	1.66	1.63	1.61	1.60	1.58	1.54	1.52	1.48	1.46	1.44
60	1.72	1.70	1.68	1.66	1.65	1.62	1.59	1.57	1.56	1.53	1.50	1.48	1.44	1.41	1.39
80	1.68	1.65	1.63	1.60	1.62	1.57	1.51	1.52	1.51	1.48	1.45	1.43	1.38	1.35	1.32
100	1.65	1.63	1.61	1.59	1.57	1.54	1.52	1.49	1.48	1.45	1.41	1.39	1.34	1.31	1.28
125	1.63	1.60	1.58	1.57	1.55	1.52	1.49	1.47	1.45	1.42	1.39	1.36	1.31	1.27	1.25
150	1.61	1.59	1.57	1.55	1.53	1.50	1.48	1.45	1.44	1.41	1.37	1.34	1.29	1.25	1.22
200	1.60	1.57	1.55	1.53	1.52	1.48	1.46	1.43	1.41	1.39	1.35	1.32	1.26	1.22	1.19
300	1.58	1.55	1.53	1.51	1.50	1.46	1.43	1.41	1.39	1.36	1.32	1.30	1.23	1.19	1.15
500	1.56	1.54	1.52	1.50	1.48	1.45	1.42	1.40	1.38	1.34	1.30	1.28	1.21	1.16	1.11
1000	1.55	1.53	1.51	1.49	1.47	1.44	1.41	1.38	1.36	1.33	1.29	1.26	1.19	1.13	1.08
∞	1.54	1.52	1.50	1.48	1.46	1.42	1.39	1.37	1.35	1.32	1.27	1.24	1.17	1.11	1.00

续附表 5

$\alpha = 0.01$

f_1 \ f_2	1	2	3	4	5	6	7	8	9	10	12	14	16	18	20
1	4052	4999	5403	5625	5764	5859	5928	5982	6022	6056	6106	6142	6169	6192	6209
2	98.5	99.0	99.2	99.2	99.3	99.3	99.4	99.4	99.4	99.4	99.4	99.4	99.4	99.4	99.4
3	34.1	30.8	29.5	28.7	28.2	27.9	27.7	27.5	27.3	27.2	27.1	26.9	26.8	26.8	26.7
4	21.2	18.0	16.7	16.0	15.5	15.2	15.0	14.8	14.7	14.5	14.4	14.2	14.2	14.1	14.0
5	16.3	13.3	12.1	11.4	11.0	10.7	10.5	10.3	10.2	10.1	9.89	9.77	9.68	9.61	9.55
6	13.7	10.9	9.78	9.15	8.75	8.47	8.26	8.10	7.93	7.87	7.72	7.60	7.52	7.45	7.40
7	12.2	9.55	8.45	7.85	7.46	7.19	6.99	6.84	6.72	6.62	6.47	6.36	6.27	6.21	6.16
8	11.3	8.65	7.59	7.01	6.63	6.37	6.18	6.03	5.91	5.81	5.67	5.56	5.48	5.41	5.36
9	10.6	8.02	6.99	6.42	6.06	5.80	5.61	5.47	5.35	5.26	5.11	5.00	4.92	4.86	4.81
10	10.0	7.56	6.55	5.99	5.64	5.39	5.20	5.06	4.94	4.85	4.71	4.60	4.52	4.46	4.41
11	9.65	7.21	6.22	5.67	5.32	5.07	4.89	4.74	4.63	4.54	4.40	4.29	4.21	4.15	4.10
12	9.33	6.93	5.95	5.41	5.06	4.82	4.64	4.50	4.39	4.30	4.16	4.05	3.97	3.91	3.86
13	9.07	6.70	5.74	5.21	4.86	4.62	4.44	4.30	4.19	4.10	3.96	3.86	3.78	3.71	3.66
14	8.86	6.51	5.56	5.04	4.70	4.46	4.28	4.14	4.03	3.94	3.80	3.70	3.62	3.56	3.51
15	8.68	6.36	5.42	4.89	4.56	4.32	4.14	4.00	3.89	3.80	3.67	3.56	3.49	3.42	3.37
16	8.53	6.23	5.29	4.77	4.44	4.20	4.03	3.89	3.78	3.69	3.55	3.45	3.37	3.31	3.26
17	8.40	6.11	5.18	4.67	4.34	4.10	3.93	3.79	3.68	3.59	3.46	3.35	3.27	3.21	3.16
18	8.29	6.01	5.09	4.58	4.25	4.01	3.84	3.71	3.60	3.51	3.37	3.27	3.19	3.13	3.08
19	8.18	5.93	5.01	4.50	4.17	3.94	3.77	3.63	3.52	3.43	3.30	3.19	3.12	3.05	3.00
20	8.10	5.85	4.94	4.43	4.10	3.87	3.70	3.56	3.46	3.37	3.23	3.13	3.06	2.99	2.94
21	8.02	5.78	4.87	4.37	4.04	3.81	3.64	3.51	3.40	3.31	3.17	3.07	2.99	2.93	2.88
22	7.95	5.72	4.82	4.31	3.99	3.76	3.59	3.45	3.35	3.26	3.12	3.02	2.94	2.88	2.83
23	7.88	5.66	4.76	4.26	3.94	3.71	3.54	3.41	3.30	3.21	3.07	2.97	2.89	2.83	2.78
24	7.82	5.61	4.72	4.22	3.90	3.67	3.50	3.36	3.26	3.17	3.03	2.93	2.85	2.79	2.74
25	7.77	5.57	4.68	4.18	3.86	3.63	3.46	3.32	3.22	3.13	2.99	2.89	2.81	2.75	2.70
26	7.72	5.53	4.64	4.14	3.82	3.59	3.42	3.29	3.18	3.09	2.96	2.86	2.78	2.72	2.66
27	7.68	5.49	4.60	4.11	3.78	3.56	3.39	3.26	3.15	3.06	2.93	2.82	2.75	2.68	2.63
28	7.64	5.45	4.57	4.07	3.75	3.53	3.36	3.23	3.12	3.03	2.90	2.79	2.72	2.65	2.60
29	7.60	5.42	4.54	4.04	3.73	3.50	3.33	3.20	3.09	3.00	2.87	2.77	2.69	2.62	2.57
30	7.56	5.39	4.51	4.02	3.70	3.47	3.30	3.17	3.07	2.98	2.81	2.74	2.66	2.60	2.55
32	7.50	5.34	4.46	3.97	3.65	3.43	3.26	3.13	3.02	2.93	2.80	2.70	2.62	2.55	2.50
34	7.44	5.29	4.42	3.93	3.61	3.39	3.22	3.09	2.98	2.89	2.76	2.66	2.58	2.51	2.46
36	7.40	5.25	4.38	3.89	3.57	3.35	3.18	3.05	2.95	2.86	2.72	2.62	2.54	2.48	2.43
38	7.35	5.21	4.34	3.86	3.54	3.32	3.15	3.02	2.92	2.83	2.69	2.59	2.51	2.45	2.40
40	7.31	5.18	4.31	3.83	3.51	3.29	3.12	2.99	2.89	2.80	2.66	2.56	2.48	2.42	2.37
42	7.28	5.15	4.29	3.80	3.49	3.27	3.10	2.97	2.86	2.78	2.64	2.54	2.46	2.40	2.34
44	7.25	5.12	4.26	3.78	3.47	3.24	3.08	2.95	2.84	2.75	2.62	2.52	2.44	2.37	2.32
46	7.22	5.10	4.24	3.76	3.44	3.22	3.06	2.93	2.82	2.73	2.60	2.50	2.42	2.35	2.30
48	7.20	5.08	4.22	3.74	3.43	3.20	3.04	2.91	2.80	2.72	2.58	2.48	2.40	2.33	2.28
50	7.17	5.06	4.20	3.72	3.41	3.19	3.02	2.89	2.79	2.70	2.56	2.46	2.38	2.32	2.27
60	7.08	4.98	4.13	3.65	3.34	3.12	2.95	2.82	2.72	2.63	2.50	2.39	2.31	2.25	2.20
80	6.96	4.88	4.04	3.56	3.26	3.04	2.87	2.74	2.64	2.55	2.42	2.31	2.23	2.17	2.12
100	6.90	4.82	3.98	3.51	3.21	2.99	2.82	2.69	2.59	2.50	2.37	2.26	2.19	2.12	2.07
125	6.84	4.78	3.94	3.47	3.17	2.95	2.79	2.66	2.55	2.47	2.33	2.23	2.15	2.08	2.03
150	6.81	4.75	3.92	3.45	3.14	2.92	2.76	2.63	2.53	2.44	2.31	2.20	2.12	2.06	2.00
200	6.76	4.71	3.88	3.41	3.11	2.89	2.73	2.60	2.50	2.41	2.27	2.17	2.09	2.02	1.97
300	6.72	4.68	3.85	3.38	3.08	2.86	2.70	2.57	2.47	2.38	2.24	2.14	2.06	1.99	1.94
500	6.69	4.65	3.82	3.36	3.05	2.84	2.68	2.55	2.44	2.36	2.22	2.12	2.04	1.97	1.92
1000	6.66	4.63	3.80	3.34	3.04	2.82	2.66	2.53	2.43	2.34	2.20	2.10	2.02	1.95	1.90
∞	6.63	4.61	3.78	3.32	3.02	2.80	2.64	2.51	2.41	2.32	2.18	2.08	2.00	1.93	1.88

续附表 5

$\alpha = 0.01$

f_2 \ f_1	22	24	26	28	30	35	40	45	50	60	80	100	200	500	∞
1	6223	6235	6245	6253	6261	6276	6287	6296	6303	6313	6326	6334	6350	6360	6366
2	99.5	99.5	99.5	99.5	99.5	99.5	99.5	99.5	99.5	99.5	99.5	99.5	99.5	99.5	99.5
3	26.6	26.6	26.6	26.5	26.5	26.5	26.4	26.4	26.4	26.3	26.3	26.2	26.2	26.1	26.1
4	14.0	13.9	13.9	13.9	13.8	13.8	13.7	13.7	13.7	13.7	13.6	13.6	13.5	13.5	13.5
5	9.51	9.47	9.43	9.40	9.38	9.33	9.29	9.26	9.24	9.20	9.16	9.13	9.08	9.04	9.02
6	7.35	7.31	7.28	7.25	7.23	7.18	7.14	7.11	7.09	7.06	7.01	6.99	6.93	6.90	6.88
7	6.11	6.07	6.04	6.02	5.99	5.94	5.91	5.88	5.86	5.82	5.78	5.75	5.70	5.67	5.65
8	5.32	5.28	5.25	5.22	5.20	5.15	5.12	5.00	5.07	5.03	4.99	4.96	4.91	4.88	4.86
9	4.77	4.73	4.70	4.67	4.65	4.60	4.57	4.54	4.52	4.48	4.44	4.42	4.36	4.33	4.31
10	4.36	4.33	4.30	4.27	4.25	4.20	4.17	4.14	4.12	4.08	4.04	4.01	3.96	3.93	3.91
11	4.06	4.02	3.99	3.96	3.94	3.89	3.86	3.83	3.81	3.78	3.73	3.71	3.66	3.62	3.60
12	3.82	3.78	3.75	3.72	3.70	3.65	3.62	3.59	3.57	3.54	3.49	3.47	3.41	3.38	3.36
13	3.62	3.59	3.56	3.53	3.51	3.46	3.43	3.40	3.38	3.34	3.30	3.27	3.22	3.19	3.17
14	3.46	3.43	3.40	3.37	3.35	3.30	3.27	3.24	3.22	3.18	3.14	3.11	3.06	3.03	3.00
15	3.33	3.29	3.26	3.24	3.21	3.17	3.13	3.10	3.08	3.05	3.00	2.98	2.92	2.89	2.87
16	3.22	3.18	3.15	3.12	3.10	3.05	3.02	2.99	2.97	2.93	2.89	2.86	2.81	2.78	2.75
17	3.12	3.08	3.05	3.03	3.00	2.96	2.92	2.89	2.87	2.83	2.79	2.76	2.71	2.68	2.65
18	3.03	3.00	2.97	2.94	2.92	2.87	2.84	2.81	2.78	2.75	2.70	2.68	2.62	2.59	2.57
19	2.96	2.92	2.89	2.87	2.84	2.80	2.76	2.73	2.71	2.67	2.63	2.60	2.55	2.51	2.49
20	2.90	2.86	2.83	2.80	2.78	2.73	2.69	2.67	2.64	2.61	2.56	2.54	2.48	2.44	2.42
21	2.84	2.80	2.77	2.74	2.72	2.67	2.64	2.61	2.58	2.55	2.50	2.48	2.42	2.38	2.36
22	2.78	2.75	2.72	2.69	2.67	2.62	2.58	2.55	2.53	2.50	2.45	2.42	2.36	2.33	2.31
23	2.74	2.70	2.67	2.64	2.62	2.57	2.54	2.51	2.48	2.45	2.40	2.37	2.32	2.28	2.26
24	2.70	2.66	2.63	2.60	2.58	2.53	2.49	2.46	2.44	2.40	2.36	2.33	2.27	2.24	2.21
25	2.66	2.62	2.59	2.56	2.54	2.49	2.45	2.42	2.40	2.36	2.32	2.29	2.23	2.19	2.17
26	2.62	2.58	2.55	2.53	2.50	2.45	2.42	2.39	2.36	2.33	2.28	2.25	2.19	2.16	2.13
27	2.59	2.55	2.52	2.49	2.47	2.42	2.38	2.35	2.33	2.29	2.25	2.22	2.16	2.12	2.10
28	2.56	2.52	2.49	2.46	2.44	2.39	2.35	2.32	2.30	2.26	2.22	2.19	2.13	2.09	2.06
29	2.53	2.49	2.46	2.44	2.41	2.36	2.33	2.30	2.27	2.23	2.19	2.16	2.10	2.06	2.03
30	2.51	2.47	2.44	2.41	2.39	2.34	2.30	2.27	2.25	2.21	2.16	2.13	2.07	2.03	2.01
32	2.46	2.42	2.39	2.36	2.34	2.29	2.25	2.22	2.20	2.16	2.11	2.08	2.02	1.98	1.96
34	2.42	2.38	2.35	2.32	2.30	2.25	2.21	2.18	2.16	2.12	2.07	2.04	1.98	1.94	1.91
36	2.38	2.35	2.32	2.29	2.26	2.21	2.17	2.14	2.12	2.08	2.03	2.00	1.94	1.90	1.87
38	2.35	2.32	2.28	2.26	2.23	2.18	2.14	2.11	2.09	2.05	2.00	1.97	1.90	1.86	1.84
40	2.33	2.29	2.26	2.23	2.20	2.15	2.11	2.08	2.06	2.02	1.97	1.94	1.87	1.83	1.80
42	2.30	2.26	2.23	2.20	2.18	2.13	2.09	2.06	2.03	1.99	1.94	1.91	1.85	1.80	1.78
44	2.28	2.24	2.21	2.18	2.15	2.10	2.06	2.03	2.01	1.97	1.92	1.89	1.82	1.78	1.75
46	2.26	2.22	2.19	2.16	2.13	2.08	2.04	2.01	1.99	1.95	1.90	1.86	1.80	1.75	1.73
48	2.24	2.20	2.17	2.14	2.12	2.06	2.02	1.99	1.97	1.93	1.88	1.84	1.78	1.73	1.70
50	2.22	2.18	2.15	2.12	2.10	2.05	2.01	1.97	1.95	1.91	1.86	1.82	1.76	1.71	1.68
60	2.15	2.12	2.08	2.05	2.03	1.98	1.94	1.90	1.88	1.84	1.78	1.75	1.68	1.63	1.60
80	2.07	2.03	2.00	1.97	1.94	1.89	1.85	1.81	1.79	1.75	1.69	1.66	1.58	1.53	1.49
100	2.02	1.98	1.94	1.92	1.89	1.84	1.80	1.76	1.73	1.69	1.63	1.60	1.52	1.47	1.43
125	1.98	1.94	1.91	1.83	1.85	1.80	1.76	1.72	1.69	1.65	1.59	1.55	1.47	1.41	1.37
150	1.96	1.92	1.88	1.85	1.83	1.77	1.73	1.69	1.66	1.62	1.56	1.52	1.43	1.38	1.33
200	1.93	1.89	1.85	1.82	1.79	1.74	1.69	1.66	1.63	1.58	1.52	1.48	1.39	1.33	1.28
300	1.89	1.85	1.82	1.79	1.76	1.71	1.66	1.62	1.59	1.55	1.48	1.44	1.35	1.28	1.22
500	1.87	1.83	1.79	1.76	1.74	1.68	1.63	1.60	1.56	1.52	1.45	1.41	1.31	1.23	1.16
1000	1.85	1.81	1.77	1.74	1.72	1.66	1.61	1.57	1.54	1.50	1.43	1.38	1.28	1.19	1.11
∞	1.83	1.79	1.76	1.72	1.70	1.64	1.59	1.55	1.52	1.47	1.40	1.36	1.25	1.15	1.00

附表6 F检验临界值表(二)

α	f_1 \ f_2	1	2	3	4	5	6	7	8	9	10	12	15	20	30	60	120	∞
0.025	1	648	800	864	900	922	937	948	957	963	969	977	985	993	1000	1010	1010	1020
0.005		16200	20000	21600	22500	23100	23400	23700	23900	24100	24200	24400	24600	24800	25000	25200	25400	25500
0.025	2	38.5	39.0	39.2	39.2	39.3	39.3	39.4	39.4	39.4	39.4	39.4	39.4	39.4	39.5	39.5	39.5	39.5
0.005		199	199	199	199	199	199	199	199	199	199	199	199	199	199	199	199	199
0.025	3	17.4	16.0	15.4	15.1	14.9	14.7	14.6	14.5	14.5	14.4	14.3	14.3	14.2	14.1	14.0	13.9	13.9
0.005		55.6	49.8	47.5	46.2	45.4	44.8	44.4	44.1	43.9	43.7	43.4	43.1	42.8	42.5	42.1	42.0	41.8
0.025	4	12.2	10.6	9.98	9.60	9.36	9.20	9.07	8.98	8.90	8.84	8.75	8.66	8.56	8.46	8.36	8.31	8.26
0.005		31.3	26.3	24.3	23.2	22.5	22.0	21.6	21.4	21.1	21.0	20.7	20.4	20.2	19.9	19.6	19.5	19.3
0.025	5	10.0	8.43	7.76	7.39	7.15	6.98	6.85	6.76	6.68	6.62	6.52	6.43	6.33	6.23	6.12	6.07	6.02
0.005		22.8	18.3	16.5	15.6	14.9	14.5	14.2	14.0	13.8	13.6	13.4	13.1	12.9	12.7	12.4	12.3	12.1
0.025	6	8.81	7.26	6.60	6.23	5.99	5.82	5.70	5.60	5.52	5.46	5.37	5.27	5.17	5.07	4.96	4.90	4.85
0.005		18.6	14.5	12.9	12.0	11.5	11.1	10.8	10.6	10.4	10.2	10.0	9.81	9.59	9.36	9.12	9.00	8.88
0.025	7	8.07	6.54	5.89	5.52	5.29	5.12	4.99	4.90	4.82	4.76	4.67	4.57	4.47	4.36	4.25	4.20	4.14
0.005		16.2	12.4	10.9	10.1	9.52	9.16	8.89	8.68	8.51	8.38	8.18	7.97	7.75	7.53	7.31	7.19	7.08
0.025	8	7.57	6.06	5.42	5.05	4.82	4.65	4.53	4.43	4.36	4.30	4.20	4.10	4.00	3.89	3.78	3.73	3.67
0.005		14.7	11.0	9.60	8.81	8.30	7.95	7.69	7.50	7.34	7.21	7.01	6.81	7.61	7.40	6.18	6.06	5.95
0.025	9	7.21	5.71	5.08	4.72	4.48	4.32	4.20	4.10	4.03	3.96	3.87	3.77	3.67	3.56	3.45	3.39	3.33
0.005		13.6	10.1	8.72	7.96	7.47	7.13	6.88	6.69	6.54	6.42	6.23	6.03	5.83	5.62	5.41	5.30	5.19
0.025	10	6.94	5.46	4.83	4.47	4.24	4.07	3.95	3.85	3.78	3.72	3.62	3.52	3.42	3.31	3.20	3.14	3.08
0.005		12.8	9.43	8.08	7.34	6.87	6.54	6.30	6.12	5.97	5.85	5.66	5.47	5.27	5.07	4.86	4.75	4.64
0.025	12	6.55	5.10	4.47	4.12	3.89	3.73	3.61	3.51	3.44	3.37	3.28	3.18	3.07	2.96	2.85	2.79	2.72
0.005		11.8	8.51	7.23	6.52	6.07	5.76	5.52	5.35	5.20	5.09	4.91	4.72	4.53	4.33	4.12	4.01	3.90
0.025	15	6.20	4.77	4.15	3.80	3.58	3.41	3.29	3.20	3.12	3.06	2.96	2.86	2.76	2.64	2.52	2.46	2.40
0.005		10.8	7.70	6.48	5.80	5.37	5.07	4.85	4.67	4.54	4.42	4.25	4.07	3.88	3.69	3.48	3.37	3.26
0.025	20	5.87	4.46	3.86	3.51	3.29	3.13	3.01	2.91	2.84	2.77	2.68	2.57	2.46	2.35	2.22	2.16	2.09
0.005		9.94	6.99	5.82	5.17	4.76	4.47	4.26	4.09	3.96	3.85	3.68	3.50	3.32	3.12	2.92	2.81	2.69
0.025	30	5.57	4.18	3.59	3.25	3.03	2.87	2.75	2.65	2.57	2.51	2.41	2.31	2.20	2.07	1.94	1.87	1.79
0.005		9.18	6.35	5.24	4.62	4.23	3.95	3.74	3.58	3.45	3.34	3.18	3.01	2.82	2.63	2.42	2.30	2.18
0.025	60	5.29	3.93	3.34	3.01	2.79	2.63	2.51	2.41	2.33	2.27	2.17	2.06	1.94	1.82	1.67	1.58	1.48
0.005		8.49	5.80	4.73	4.14	3.76	3.49	3.29	3.13	3.01	2.90	2.74	2.57	2.39	2.19	1.96	1.83	1.69
0.025	120	5.15	3.80	3.23	2.89	2.67	2.52	2.39	2.30	2.22	2.16	2.05	1.94	1.82	1.69	1.53	1.43	1.31
0.005		8.18	5.54	4.50	3.92	3.55	3.28	3.09	2.93	2.81	2.71	2.54	2.37	2.19	1.98	1.75	1.61	1.43
0.025	∞	5.02	3.69	3.12	2.79	2.57	2.41	2.29	2.19	2.11	2.05	1.94	1.83	1.71	1.57	1.39	1.27	1.00
0.005		7.88	5.30	4.28	3.72	3.35	3.09	2.90	2.74	2.62	2.52	2.36	2.19	2.00	1.79	1.53	1.36	1.00

附表7 t 分布概率系数表

t 分布概率系数 \ n	双边置信水平			单边置信水平		
	99%	95%	90%	99%	95%	90%
	$t_{0.005}/\sqrt{n}$	$t_{0.025}/\sqrt{n}$	$t_{0.05}/\sqrt{n}$	$t_{0.01}/\sqrt{n}$	$t_{0.05}/\sqrt{n}$	$t_{0.10}/\sqrt{n}$
2	45.012	8.985	4.465	22.501	4.465	2.176
3	5.730	2.484	1.686	4.201	1.686	1.089
4	2.921	1.591	1.177	2.270	1.177	0.819
5	2.059	1.242	0.953	1.676	0.953	0.686
6	1.646	1.049	0.823	1.374	0.823	0.603
7	1.401	0.925	0.734	1.188	0.734	0.544
8	1.237	0.836	0.670	1.060	0.670	0.500
9	1.118	0.769	0.620	0.966	0.620	0.466
10	1.028	0.715	0.580	0.892	0.580	0.437
11	0.955	0.672	0.546	0.833	0.546	0.414
12	0.897	0.635	0.518	0.785	0.518	0.393
13	0.847	0.604	0.494	0.744	0.494	0.376
14	0.805	0.577	0.473	0.708	0.473	0.361
15	0.769	0.554	0.455	0.678	0.455	0.347
16	0.737	0.533	0.438	0.651	0.438	0.335
17	0.708	0.514	0.423	0.626	0.423	0.324
18	0.683	0.497	0.410	0.605	0.410	0.314
19	0.660	0.482	0.398	0.586	0.398	0.305
20	0.640	0.468	0.387	0.568	0.387	0.297
21	0.621	0.455	0.376	0.552	0.376	0.289
22	0.604	0.443	0.367	0.537	0.367	0.282
23	0.588	0.432	0.358	0.523	0.358	0.275
24	0.573	0.422	0.350	0.510	0.350	0.269
25	0.559	0.413	0.342	0.498	0.342	0.264
26	0.547	0.404	0.335	0.487	0.335	0.258
27	0.535	0.396	0.328	0.477	0.328	0.253
28	0.524	0.388	0.322	0.467	0.322	0.248
29	0.513	0.380	0.316	0.458	0.316	0.244
30	0.503	0.373	0.310	0.449	0.310	0.239
40	0.428	0.320	0.266	0.383	0.266	0.206
50	0.380	0.284	0.237	0.340	0.237	0.184
60	0.344	0.258	0.216	0.308	0.216	0.167
70	0.318	0.238	0.199	0.285	0.199	0.155
80	0.297	0.223	0.186	0.266	0.186	0.145
90	0.278	0.209	0.175	0.249	0.175	0.136
100	0.263	0.198	0.166	0.236	0.166	0.129

附表 8　随机数表

```
03 47 43 73 86 36 96 47 36 61 46 98 63 71 62 33 26 16 80 45 60 11 14 10 95
97 74 24 67 62 42 81 14 57 20 42 53 32 37 32 27 07 36 07 51 24 51 79 89 73
16 76 62 27 66 56 50 26 71 07 32 90 79 78 53 13 55 38 58 59 88 97 54 14 10
12 56 85 99 26 96 96 68 27 31 05 03 72 93 15 57 12 10 14 21 88 26 49 81 76
55 59 56 35 64 38 54 82 46 22 31 62 43 09 09 06 18 44 32 53 23 83 01 30 30
16 22 77 94 39 49 54 43 54 82 17 37 93 23 78 87 35 20 96 43 84 26 34 91 64
84 42 17 53 31 57 24 55 06 88 77 04 74 47 67 21 76 38 50 25 83 92 12 06 76
63 01 63 78 59 16 95 55 67 19 98 10 50 71 75 12 86 73 58 07 44 39 52 38 79
33 21 12 34 29 78 64 56 07 82 52 42 07 44 38 15 51 00 13 42 99 66 02 79 5
57 60 86 32 44 09 47 27 96 54 49 17 46 09 62 90 52 84 77 27 08 02 73 43 28
18 18 07 92 45 44 17 16 58 09 79 83 86 19 62 06 76 50 03 10 55 23 64 05 05
26 62 33 97 75 84 16 07 44 99 83 11 46 32 24 20 14 85 88 45 10 93 72 88 71
23 42 40 64 74 82 97 77 77 81 07 45 32 14 08 32 98 94 07 72 93 85 79 10 75
52 36 28 19 95 50 92 26 11 97 00 56 76 31 38 80 22 02 53 53 86 60 42 04 53
37 85 94 35 12 83 39 50 08 30 42 34 07 96 88 54 42 06 87 98 35 85 29 48 39
70 29 17 12 13 40 33 20 38 26 13 89 51 03 74 17 76 37 13 04 07 74 21 19 30
56 62 18 37 35 96 83 50 87 75 97 12 25 93 47 70 33 24 03 54 97 77 46 44 80
99 49 57 22 77 88 42 95 45 72 16 64 36 16 00 04 43 18 66 79 94 77 24 21 90
16 08 15 04 72 33 27 14 34 09 45 59 34 68 49 12 72 07 34 45 99 27 72 95 14
31 16 93 32 43 50 27 89 87 19 20 15 37 00 49 52 85 66 60 44 38 68 88 11 80
68 34 30 13 70 55 74 30 77 40 44 22 78 84 26 04 33 46 09 52 68 07 97 06 57
74 57 25 65 76 59 29 97 68 60 71 91 38 67 54 13 58 18 24 76 15 54 55 95 52
27 42 37 86 53 48 55 90 65 72 96 57 69 36 10 96 46 92 42 45 97 60 49 04 91
00 39 68 29 61 66 37 32 20 30 77 84 57 03 29 10 45 65 04 26 11 04 96 67 24
29 94 98 94 24 68 49 69 10 82 53 75 91 93 30 34 25 20 57 27 40 48 73 51 92
16 90 82 66 59 83 62 64 11 12 67 19 00 71 74 60 47 21 29 68 02 02 37 03 31
11 27 94 75 06 06 09 19 74 66 02 94 37 34 02 76 70 90 30 86 38 45 94 30 38
35 24 10 16 20 33 32 51 26 38 79 78 45 04 91 16 92 53 56 16 02 75 50 95 98
38 23 16 86 38 42 38 97 01 50 87 75 66 81 41 40 01 74 91 62 48 51 84 08 32
31 96 25 91 47 96 44 33 49 13 34 86 82 53 91 00 52 43 48 85 27 55 26 89 62
66 67 40 67 14 64 05 71 95 86 11 05 65 09 68 76 83 20 37 90 57 16 00 11 66
14 90 84 45 11 75 73 88 05 90 52 27 41 14 86 22 98 12 22 08 07 52 74 95 80
68 05 51 18 00 33 96 02 75 19 07 60 62 96 55 59 33 82 43 90 49 37 38 44 59
20 46 78 73 90 97 51 40 14 02 04 02 33 31 08 39 54 16 49 36 47 95 93 13 30
64 19 58 97 79 15 06 15 93 20 01 90 10 75 06 40 78 78 89 62 02 67 74 17 33
05 26 93 70 60 22 35 85 15 13 92 03 51 59 77 59 56 78 06 83 52 91 05 70 74
07 97 10 88 23 09 98 42 99 64 61 71 62 99 15 06 51 29 16 93 58 05 77 09 51
68 71 86 85 85 54 87 66 47 54 73 32 08 11 12 44 95 92 63 16 29 56 24 29 48
26 99 61 65 53 58 37 78 80 70 42 10 50 67 42 32 17 55 85 74 94 44 67 16 94
14 65 52 68 75 87 59 36 22 41 26 78 63 06 55 13 08 27 01 50 15 29 39 39 43
17 53 77 58 71 71 41 61 50 72 12 41 94 96 26 44 95 27 36 99 02 96 74 30 83
90 26 59 21 19 23 52 23 33 12 96 93 02 18 39 07 02 18 36 07 25 99 32 70 23
41 23 52 55 99 31 04 49 69 96 10 47 48 45 88 13 41 43 89 20 97 17 14 49 17
60 20 50 81 69 31 99 73 68 68 35 81 33 03 76 24 30 12 48 60 18 99 10 72 34
91 25 38 05 90 94 58 28 41 36 45 37 59 03 09 90 35 57 29 12 82 62 54 65 60
34 50 57 74 37 98 80 33 00 91 09 77 93 19 82 74 94 80 04 04 45 07 31 66 49
85 22 04 39 43 73 81 53 94 79 33 62 46 86 28 03 31 54 46 31 53 94 13 38 47
09 79 13 77 48 73 82 97 22 21 05 03 27 24 83 72 89 44 05 60 35 80 39 94 88
88 75 80 18 14 22 95 75 42 49 39 32 82 22 49 02 48 07 70 37 16 04 61 67 87
90 96 23 70 00 39 00 03 06 90 55 85 78 38 36 94 37 30 69 32 90 89 00 76 33
```

续附表 8

53	74	23	99	67	61	32	28	69	84	94	62	67	86	24	98	33	41	19	95	47	53	53	38	09
63	38	06	86	54	99	00	65	26	94	02	82	90	23	07	79	62	67	80	60	75	91	12	81	19
35	30	53	21	46	06	72	17	10	94	25	21	31	75	96	49	28	24	00	49	55	65	79	78	07
63	43	36	82	69	65	51	18	37	88	61	38	44	12	45	32	92	85	88	65	54	34	81	85	35
98	25	37	55	26	01	91	82	81	46	74	71	12	94	97	24	02	71	37	07	03	92	18	66	75
02	63	21	17	69	71	50	80	39	56	38	15	70	11	48	43	40	45	86	98	00	83	26	91	03
64	55	22	21	82	48	22	28	06	00	61	54	13	43	91	82	78	12	23	29	06	66	24	12	27
85	07	26	13	89	01	10	07	82	04	59	63	69	36	03	69	11	15	83	80	13	29	54	19	28
58	54	16	24	15	51	54	44	32	00	62	61	65	04	69	38	18	65	18	97	85	72	13	49	21
34	85	27	84	87	61	48	64	56	26	90	18	48	13	26	37	70	15	42	57	65	65	80	39	07
03	92	18	27	46	57	99	16	96	56	30	33	72	85	22	84	64	38	56	98	99	01	30	98	64
62	93	30	27	59	37	75	41	66	48	86	97	80	61	45	23	53	04	01	63	45	76	08	64	27
08	45	93	15	22	60	21	75	46	91	98	77	27	85	42	28	83	61	08	84	69	62	03	42	73
07	08	55	18	40	45	44	75	13	90	24	94	96	16	02	57	55	66	83	15	73	42	37	11	61
01	85	89	95	66	51	10	19	34	83	15	84	97	19	75	12	76	39	43	73	64	63	91	08	25
72	84	71	14	35	19	11	58	49	26	50	11	17	17	76	86	31	57	20	18	95	60	78	46	75
83	78	28	16	84	13	52	53	94	53	75	45	69	30	96	73	89	65	70	31	99	17	43	48	76
45	17	75	65	57	28	4	19	72	12	25	12	74	75	67	60	40	60	81	19	24	62	01	61	16
96	76	28	12	54	22	01	11	94	25	71	96	16	16	83	68	64	36	74	45	19	59	50	88	92
48	31	67	72	30	24	02	94	03	63	38	32	36	66	02	69	36	38	25	39	48	03	45	15	22
50	44	66	44	21	66	06	58	05	62	63	15	54	35	02	42	35	48	96	32	14	52	41	52	43
22	66	22	15	86	26	63	75	41	99	58	42	36	72	24	58	37	52	18	51	03	37	18	39	11
96	24	40	14	51	23	22	30	88	57	95	67	47	29	83	94	69	40	06	07	18	16	36	78	86
31	73	91	61	19	60	20	72	93	48	93	15	07	23	69	65	95	39	69	58	56	80	80	19	44
78	60	73	99	84	43	39	94	36	45	56	69	47	07	41	90	22	91	07	12	78	35	34	08	72
84	37	90	61	56	70	10	23	98	05	85	11	34	76	60	76	48	45	34	60	01	64	18	39	96
36	67	10	08	23	98	93	35	08	86	99	29	76	29	81	33	34	91	58	93	63	14	52	32	52
07	28	59	07	48	89	64	58	89	75	83	85	62	27	89	30	14	78	56	27	86	63	59	80	02
10	15	83	87	60	79	24	31	66	56	21	48	24	06	93	91	98	94	05	49	01	47	59	38	00
55	19	68	97	65	03	73	52	16	56	00	53	55	90	27	33	42	29	38	37	22	13	88	83	34
53	81	29	13	39	35	01	20	71	34	62	33	74	82	14	53	73	19	09	03	56	54	29	56	93
51	86	32	68	92	33	98	74	66	99	40	14	71	94	58	45	94	19	38	81	14	44	99	81	07
35	91	70	29	13	80	03	54	07	27	96	94	78	32	66	50	95	52	74	33	13	80	55	62	54
37	71	67	95	13	20	02	44	95	94	64	35	04	05	72	01	32	90	76	14	53	89	74	60	41
93	66	13	83	27	92	79	64	64	72	28	54	96	53	84	48	14	52	98	94	56	07	93	89	30
02	96	08	45	65	13	05	00	41	84	93	07	54	72	59	21	45	57	09	77	19	48	56	27	44
49	83	43	48	35	82	88	33	69	96	72	36	04	19	76	47	45	15	18	60	82	11	08	95	97
84	60	71	62	46	40	80	81	30	37	34	39	23	05	38	25	15	35	71	30	88	12	57	21	77
18	17	30	88	71	44	91	14	88	47	89	23	30	63	15	56	34	20	47	89	99	82	93	24	98
79	69	10	61	78	71	32	76	95	62	87	00	22	58	40	92	54	01	75	25	43	11	71	99	31
75	93	36	57	83	56	20	14	82	11	74	21	97	90	65	96	42	68	63	86	74	54	13	26	94
38	30	92	29	03	06	28	81	39	38	62	25	06	84	63	61	29	08	93	67	04	32	92	08	09
51	29	50	10	34	31	57	75	95	80	51	97	02	74	77	76	15	48	49	44	18	55	63	77	09
21	31	38	86	24	37	79	81	53	74	73	24	16	10	33	52	83	90	94	76	70	47	14	54	36
29	01	23	87	88	58	02	39	37	67	42	10	14	20	92	16	55	23	42	45	54	96	09	11	06
95	33	95	22	00	18	74	72	00	18	38	79	58	69	32	81	76	80	26	92	82	80	84	25	39
90	84	60	79	80	24	36	59	87	33	82	07	53	89	35	96	35	23	79	18	05	98	90	07	35
46	40	62	93	82	54	97	20	56	95	15	74	80	08	32	16	46	70	50	80	67	72	16	42	79
20	31	89	03	43	38	46	82	63	72	32	14	82	99	70	80	60	47	18	97	63	49	30	21	30
71	59	73	05	50	08	22	23	71	77	91	01	93	20	49	82	96	59	26	94	66	39	67	98	60

附表 9　常用正交试验表

$L_4(2^3)$

试验号 \ 列号	1	2	3
1	1	1	1
2	1	2	2
3	2	1	2
4	2	2	1

$L_8(2^7)$

试验号 \ 列号	1	2	3	4	5	6	7
1	1	1	1	1	1	1	1
2	1	1	1	2	2	2	2
3	1	2	2	1	1	2	2
4	1	2	2	2	2	1	1
5	2	1	2	1	2	1	2
6	2	1	2	2	1	2	1
7	2	2	1	1	2	2	1
8	2	2	1	2	1	1	2

$L_8(2^7)$ 二列间的交互作用

试验号 \ 列号	1	2	3	4	5	6	7
(1)	(1)	3	2	5	4	7	6
(2)		(2)	1	6	7	4	5
(3)			(3)	7	6	5	4
(4)				(4)	1	2	3
(5)					(5)	3	2
(6)						(6)	1
(7)							(7)

$L_8(2^7)$ 表头设计

因子数 \ 列号	1	2	3	4	5	6	7
3	A	B	A×B	C	A×C	B×C	
4	A	B	A×B C×D	C	A×C B×C	B×D A×D	D
5	A D×E	B C×D	A×B C×E	C B×D	A×C B×E	D A×E B×C	E A×D

$L_8(4×2^4)$

试验号 \ 列号	1	2	3	4	5
1	1	1	1	1	1
2	1	2	2	2	2
3	2	1	1	2	2
4	2	2	2	1	1
5	3	1	2	1	2
6	3	2	1	2	1
7	4	1	2	2	1
8	4	2	1	1	2

$L_8(4×2^4)$ 表头设计

试验号 \ 列号	1	2	3	4	5
2	A	B	(A×B)$_1$	(A×B)$_2$	(A×B)$_3$
3	A	B	C		
4	A	B	C	D	
5	A	B	C	D	E

$L_9(3^4)$

试验号\列号	1	2	3	4
1	1	1	1	1
2	1	2	2	2
3	1	3	3	3
4	2	1	2	3
5	2	2	3	1
6	2	3	1	2
7	3	1	3	2
8	3	2	1	3
9	3	3	2	1

注：任意两列间的交互作用为另外两列。

$L_{12}(2^{11})$

试验号\列号	1	2	3	4	5	6	7	8	9	10	11
1	1	1	1	1	1	1	1	1	1	1	1
2	1	1	1	1	1	2	2	2	2	2	2
3	1	1	2	2	2	1	1	1	2	2	2
4	1	2	1	2	2	1	2	2	1	1	2
5	1	2	2	1	2	2	1	2	1	2	1
6	1	2	2	2	1	2	2	1	2	1	1
7	2	1	2	2	1	1	2	2	1	2	1
8	2	1	2	1	2	2	2	1	1	1	2
9	2	1	1	2	2	2	1	2	2	1	1
10	2	2	2	1	1	1	1	2	1	2	2
11	2	2	1	2	1	2	1	1	2	2	2
12	2	2	1	1	2	1	2	1	2	2	1

$L_{16}(2^{15})$

列号 试验号	1	2	3	4	5	6	7	8	9	10	11	12	13	14	15
1	1	1	1	1	1	1	1	1	1	1	1	1	1	1	1
2	1	1	1	1	1	1	1	2	2	2	2	2	2	2	2
3	1	1	1	2	2	2	2	1	1	1	1	2	2	2	2
4	1	1	1	2	2	2	2	2	2	2	2	1	1	1	1
5	1	2	2	1	1	2	2	1	1	2	2	1	1	2	2
6	1	2	2	1	1	2	2	2	2	1	1	2	2	1	1
7	1	2	2	2	2	1	1	1	1	2	2	2	2	1	1
8	1	2	2	2	2	1	1	2	2	1	1	1	1	2	2
9	2	1	2	1	2	1	2	1	2	1	2	1	2	1	2
10	2	1	2	1	2	1	2	2	1	2	1	2	1	2	1
11	2	1	2	2	1	2	1	1	2	1	2	2	1	2	1
12	2	1	2	2	1	2	1	2	1	2	1	1	2	1	2
13	2	2	1	1	2	2	1	1	2	2	1	1	2	2	1
14	2	2	1	1	2	2	1	2	1	1	2	2	1	1	2
15	2	2	1	2	1	1	2	1	2	2	1	2	1	1	2
16	2	2	1	2	1	1	2	2	1	1	2	1	2	2	1

$L_{16}(2^{15})$ 二列间的交互作用

列号 试验号	1	2	3	4	5	6	7	8	9	10	11	12	13	14	15
(1)	(1)	3	2	5	4	7	6	9	8	11	10	13	12	15	14
(2)		(2)	1	6	7	4	5	10	11	8	9	14	15	12	13
(3)			(3)	7	6	5	4	11	10	9	8	15	14	13	12
(4)				(4)	1	2	3	12	13	14	15	8	9	10	11
(5)					(5)	3	2	13	12	15	14	9	8	11	10
(6)						(6)	1	14	15	12	13	10	11	8	9
(7)							(7)	15	14	13	12	11	10	9	8
(8)								(8)	1	2	3	4	5	6	7
(9)									(9)	3	2	5	4	7	6
(10)										(10)	1	6	7	4	5
(11)											(11)	7	6	5	4
(12)												(12)	1	2	3
(13)													(13)	3	2
(14)														(14)	1

$L_{16}(2^{15})$ 表头设计

列号 因子数	1	2	3	4	5	6	7	8	9	10	11	12	13	14	15
4	A	B	A×B	C	A×C	B×C		D	A×D	B×D		C×D			
5	A	B	A×B	C	A×C	B×C	D×E	D	A×D	B×D	C×E	C×D	B×C	A×E	E
6	A	B	A×B D×E	C	A×C E×F	B×C D×F	D	A×D B×E	B×D A×E C×F	E	C×D B×F		F	C×E A×F	
7	A	B	A×B D×E F×G	C	A×C D×F E×G	B×C E×F D×G	D	A×D B×E C×F	B×D A×E C×G	E	C×D A×F B×G	F		G	C×E B×F A×G
8	A	B	A×B D×E F×G C×H	C	A×C D×F E×G C×H	B×C E×F D×G A×H	H	D	A×D B×E C×F G×H	B×D A×E C×G F×H	E	C×D A×F B×G E×H	F	G	C×E B×F A×G D×H

$L_{16}(4\times 2^{12})$

列号 试验号	1	2	3	4	5	6	7	8	9	10	11	12	13
1	1	1	1	1	1	1	1	1	1	1	1	1	1
2	1	1	1	1	1	2	2	2	2	2	2	2	2
3	1	2	2	2	2	1	1	1	1	2	2	2	2
4	1	2	2	2	2	2	2	2	2	1	1	1	1
5	2	1	1	2	2	1	1	2	2	1	1	2	2
6	2	1	1	2	2	2	2	1	1	2	2	1	1
7	2	2	2	1	1	1	1	2	2	2	2	1	1
8	2	2	2	1	1	2	2	1	1	1	1	2	2
9	3	1	2	1	2	1	2	1	2	1	2	1	2
10	3	1	2	1	2	2	1	2	1	2	1	2	1
11	3	2	1	2	1	1	2	1	2	2	1	2	1
12	3	2	1	2	1	2	1	2	1	1	2	1	2
13	4	1	2	2	1	1	2	2	1	1	2	2	1
14	4	1	2	2	1	2	1	1	2	2	1	1	2
15	4	2	1	1	2	1	2	2	1	2	1	1	2
16	4	2	1	1	2	2	1	1	2	1	2	2	1

$L_{16}(4 \times 2^{12})$ 表头设计

列号 因子数	1	2	3	4	5	6	7	8	9	10	11	12	13
3	A	B	$(A \times B)_1$	$(A \times B)_2$	$(A \times B)_3$	C	$(A \times C)_1$	$(A \times C)_2$	$(A \times C)_3$	$B \times C$			
4	A	B	$(A \times B)_1$ $C \times D$	$(A \times B)_2$	$(A \times B)_3$	C	$(A \times C)_1$ $B \times D$	$(A \times C)_1$	$(A \times C)_3$	$B \times C$ $(A \times D)_1$	D	$(A \times D)_2$	$(A \times D)_3$
5	A	B	$(A \times B)_1$ $C \times D$	$(A \times B)_2$ $C \times E$	$(A \times B)_3$	C	$(A \times C)_1$ $B \times D$	$(A \times C)_2$ $B \times D$	$(A \times C)_3$	$B \times C$ $(A \times D)_1$ $(A \times E)_1$	D $(A \times E)_3$	E $(A \times D)_2$	$(A \times E)_1$ $(A \times D)_3$

$L_{16}(4^2 \times 2^9)$

列号 试验号	1	2	3	4	5	6	7	8	9	10	11
1	1	1	1	1	1	1	1	1	1	1	1
2	1	2	1	1	1	2	2	2	2	2	2
3	1	3	2	2	2	1	1	1	2	2	2
4	1	4	2	2	2	2	2	2	1	1	1
5	2	1	1	2	2	1	1	2	1	1	2
6	2	1	1	2	2	2	2	1	2	2	1
7	2	3	2	1	1	1	1	2	2	2	1
8	2	4	2	1	1	2	2	1	1	1	2
9	3	1	2	1	2	1	2	1	1	2	1
10	3	1	2	1	2	2	1	2	2	1	2
11	3	3	1	2	1	1	2	2	2	1	1
12	3	4	1	2	1	2	1	1	1	2	2
13	4	1	2	2	1	1	2	1	2	1	1
14	4	2	2	2	1	2	1	2	2	1	2
15	4	3	1	1	2	1	2	1	2	1	2
16	4	4	1	1	2	2	1	2	1	2	1

$L_{16}(4^3 \times 2^6)$

列号 试验号	1	2	3	4	5	6	7	8	9
1	1	1	1	1	1	1	1	1	1
2	1	2	2	1	1	2	2	2	2
3	1	3	3	2	2	1	1	2	2
4	1	4	4	2	2	2	2	1	1
5	2	1	2	1	2	1	2	1	2
6	2	2	1	2	2	2	1	2	1
7	2	3	4	1	1	1	2	2	1
8	2	4	3	1	1	2	1	1	1
9	3	1	3	1	2	1	2	1	2
10	3	2	4	1	2	2	1	2	1
11	3	3	1	2	1	1	2	2	1
12	3	4	2	2	1	2	1	1	2
13	4	1	4	2	1	1	1	2	2
14	4	2	3	2	1	2	2	2	1
15	4	3	2	1	2	1	1	2	1
16	4	4	1	1	2	2	2	1	2

$L_{16}(4^4 \times 2^3)$

列号 试验号	1	2	3	4	5	6	7
1	1	1	1	1	1	1	1
2	1	2	2	2	1	2	2
3	1	3	3	3	2	2	1
4	1	4	4	4	2	2	1
5	2	1	2	3	2	1	1
6	2	2	1	4	2	2	2
7	2	3	4	1	1	1	2
8	2	4	3	2	1	2	1
9	3	1	3	3	2	1	2
10	3	2	4	4	2	2	1
11	3	3	1	2	1	1	1
12	3	4	2	1	1	2	2
13	4	1	4	2	1	1	2
14	4	1	4	2	1	1	2
15	4	3	2	4	2	1	1
16	4	4	1	3	2	2	2

$L_{16}(4^5)$

列号 试验号	1	2	3	4	5
1	1	1	1	1	1
2	1	2	2	2	2
3	1	3	3	3	3
4	1	4	4	4	4
5	2	1	2	3	4
6	2	2	1	4	3
7	2	3	4	1	2
8	2	4	3	2	1
9	3	1	3	4	2
10	3	2	4	3	1
11	3	3	1	2	4
12	3	4	2	1	3
13	4	1	4	2	3
14	4	2	3	1	4
15	4	3	2	4	1
16	4	4	1	3	2

$L_{16}(8\times 2^8)$

试验号\列号	1	2	3	4	5	6	7	8	9
1	1	1	1	1	1	1	1	1	1
2	1	2	2	2	2	2	2	2	2
3	2	1	1	1	1	2	2	2	2
4	2	2	2	2	2	1	1	1	1
5	3	1	1	2	2	1	1	2	2
6	3	2	2	1	1	2	2	1	1
7	4	1	1	2	2	2	2	1	1
8	4	2	2	1	1	1	1	2	2
9	5	1	2	1	2	1	2	1	2
10	5	2	1	2	1	2	1	2	1
11	6	1	2	1	2	2	1	2	1
12	6	2	1	2	1	1	2	1	2
13	7	1	2	2	1	1	2	2	1
14	7	2	1	1	2	2	1	1	2
15	8	1	2	2	1	2	1	1	2
16	8	2	1	1	2	1	2	2	1

$L_{18}(2^2\times 3^7)$

试验号\列号	1	2	3	4	5	6	7	8
1	1	1	1	1	1	1	1	1
2	1	1	2	2	2	2	2	2
3	1	1	3	3	3	3	3	3
4	1	2	1	1	2	2	3	3
5	1	2	2	2	3	3	1	1
6	1	2	3	3	1	1	2	2
7	1	3	1	2	1	3	2	3
8	1	3	2	3	2	1	3	1
9	1	3	3	1	3	2	1	2
10	2	1	1	3	3	2	2	1
11	2	1	2	1	1	3	3	2
12	2	1	3	2	2	1	1	3
13	2	2	1	2	3	1	3	2
14	2	2	2	3	1	2	1	3
15	2	2	3	1	2	3	2	1
16	2	3	1	3	2	3	1	2
17	2	3	2	1	3	1	2	3
18	2	3	3	2	1	2	3	1

$L_{20}(2^{19})$

列号 试验号	1	2	3	4	5	6	7	8	9	10	11	12	13	14	15	16	17	18	19
1	1	1	1	1	1	1	1	1	1	1	1	1	1	1	1	1	1	1	1
2	2	2	1	1	2	2	2	2	1	2	1	2	1	1	1	1	2	2	1
3	2	1	1	2	2	2	2	1	2	1	2	1	1	1	1	2	2	1	2
4	1	1	2	2	2	2	1	2	1	2	1	1	1	1	2	2	1	2	2
5	1	2	2	2	2	1	2	1	2	1	1	1	1	2	2	1	2	2	1
6	2	2	2	2	1	2	1	2	1	1	1	1	2	2	1	2	2	1	1
7	2	2	2	1	2	1	2	1	1	1	1	2	2	1	2	2	1	1	2
8	2	2	1	2	1	2	1	1	1	1	2	2	1	2	2	1	1	2	2
9	2	1	2	1	2	1	1	1	1	2	2	1	2	2	1	1	2	2	2
10	1	2	1	2	1	1	1	1	2	2	1	2	2	1	1	2	2	2	2
11	2	1	2	1	1	1	1	2	2	1	2	2	1	1	2	2	2	2	1
12	1	2	1	1	1	1	2	2	1	2	2	1	1	2	2	2	2	1	2
13	2	1	1	1	1	2	2	1	2	2	1	1	2	2	2	2	1	2	1
14	1	1	1	1	2	2	1	2	2	1	1	2	2	2	2	1	2	1	2
15	1	1	1	2	2	1	2	2	1	1	2	2	2	2	1	2	1	2	1
16	1	1	2	2	1	2	2	1	1	2	2	2	2	1	2	1	2	1	1
17	1	2	2	1	2	2	1	1	2	2	2	2	1	2	1	2	1	1	1
18	2	2	1	2	2	1	1	2	2	2	2	1	2	1	2	1	1	1	1
19	2	1	2	2	1	1	2	2	2	2	1	2	1	2	1	1	1	1	2
20	1	2	2	1	1	2	2	2	2	1	2	1	2	1	1	1	1	2	2

$L_{25}(5^6)$

列号 试验号	1	2	3	4	5	6
1	1	1	1	1	1	1
2	1	2	2	2	2	2
3	1	3	3	3	3	3
4	1	4	4	4	4	4
5	1	5	5	5	5	5
6	2	1	2	4	4	5
7	2	2	3	5	5	1
8	2	3	4	1	1	2
9	2	4	5	2	2	3
10	2	5	1	3	3	4
11	3	1	3	2	2	4
12	3	2	4	3	3	5
13	3	3	5	4	4	1
14	3	4	1	5	5	2
15	3	5	2	1	1	3
16	4	1	4	5	5	3
17	4	2	5	1	1	4
18	4	3	1	2	2	5
19	4	4	2	3	3	1
20	4	5	3	4	4	2
21	5	1	5	3	3	2
22	5	2	1	4	4	3
23	5	3	2	5	5	4
24	5	4	3	1	1	5
25	5	5	4	2	2	1

$L_{27}(3^{13})$

试验号＼列号	1	2	3	4	5	6	7	8	9	10	11	12	13
1	1	1	1	1	1	1	1	1	1	1	1	1	1
2	1	1	1	1	2	2	2	2	2	2	2	2	2
3	1	1	1	1	3	3	3	3	3	3	3	3	3
4	1	2	2	2	1	1	1	2	2	2	3	3	3
5	1	2	2	2	2	2	2	3	3	3	1	1	1
6	1	2	2	2	3	3	3	1	1	1	2	2	2
7	1	3	3	3	1	1	1	3	3	3	2	2	2
8	1	3	3	3	2	2	2	1	1	1	3	3	3
9	1	3	3	3	3	3	3	2	2	2	1	1	1
10	2	1	2	3	1	2	3	1	2	3	1	2	3
11	2	1	2	3	2	3	1	2	3	1	2	3	1
12	2	1	2	3	3	1	2	3	1	2	3	1	2
13	2	2	3	1	1	2	3	2	3	1	3	1	2
14	2	2	3	1	2	3	1	3	1	2	1	2	3
15	2	2	3	1	3	1	2	1	2	3	2	3	1
16	2	3	1	2	1	2	3	3	1	2	2	3	1
17	2	3	1	2	2	3	1	1	2	3	3	1	2
18	2	3	1	2	3	1	2	2	3	1	1	2	3
19	3	1	3	2	1	3	2	1	3	2	1	3	2
20	3	1	3	2	2	1	3	2	1	3	2	1	3
21	3	1	3	2	3	2	1	3	2	1	3	2	1
22	3	2	1	3	1	3	2	2	1	3	3	2	1
23	3	2	1	3	2	1	3	3	2	1	1	3	2
24	3	2	1	3	3	2	1	1	3	2	2	1	3
25	3	3	2	1	1	3	2	3	2	1	2	1	3
26	3	3	2	1	2	1	3	1	3	2	3	2	1
27	3	3	2	1	3	2	1	2	1	3	1	3	2

$L_{27}(3^{13})$ 二列间的交互作用

列号 试验号	1	2	3	4	5	6	7	8	9	10	11	12	13
(1)	(1)	3	2	2	6	5	5	9	8	8	12	11	11
		4	4	3	7	7	6	10	10	9	13	13	12
(2)		(2)	1	1	8	9	10	5	6	7	5	6	7
			4	3	11	12	13	11	12	13	8	9	10
(3)			(3)	1	9	10	8	7	5	6	6	7	5
				2	13	11	12	12	13	11	10	8	9
(4)				(4)	10	8	9	6	7	5	7	5	6
					12	13	11	13	11	12	9	10	8
(5)					(5)	1	1	2	3	4	2	4	3
						7	6	11	13	12	8	10	9
(6)						(6)	1	4	2	3	3	2	4
							5	13	12	11	10	9	8
(7)							(7)	3	4	2	4	3	2
								12	11	13	9	8	10
(8)								(8)	1	1	2	3	4
									10	9	7	6	5
(9)									(9)	1	4	2	3
										8	7	6	5
(10)										(10)	3	4	2
											6	5	7
(11)											(11)	1	1
												13	12
(12)												(12)	1
													11

$L_{27}(3^{13})$ 表头设计

列号 因子数	1	2	3	4	5	6	7	8	9	10	11	12	13
3	A	B	(A×B)$_1$	(A×B)$_2$	C	(A×C)$_1$	(A×C)$_2$	(B×C)$_1$			(B×C)$_2$		
4	A	B	(A×B)$_1$ (C×D)$_2$	(A×B)$_2$	C	(A×C)$_1$ (B×D)$_2$	(A×C)$_2$	(B×C)$_1$ (A×D)$_2$	D	(A×D)$_1$	(B×C)$_2$	(B×D)$_1$	(B×D)$_1$

$L_{27}(9 \times 3^9)$

列号 试验号	1	2	3	4	5	6	7	8	9	10
1	1	1	1	1	1	1	1	1	1	1
2	1	2	2	2	2	2	2	2	2	2
3	1	3	3	3	3	3	3	3	3	3
4	2	1	1	1	2	2	2	3	3	3
5	2	2	2	2	3	3	3	1	1	1
6	2	3	3	3	1	1	1	2	2	2
7	3	1	1	1	3	3	3	2	2	2
8	3	2	2	2	1	1	1	3	3	3
9	3	3	3	3	2	2	2	1	1	1
10	4	1	2	3	1	2	3	1	2	3
11	4	2	3	1	2	3	1	2	3	1
12	4	3	1	2	3	1	2	3	1	2
13	5	1	2	3	2	3	1	3	1	2
14	5	2	3	1	3	1	2	1	2	3
15	5	3	1	2	1	2	3	2	3	1
16	6	1	2	3	3	1	2	2	3	1
17	6	2	3	1	1	2	3	3	1	2
18	6	3	1	2	2	3	1	1	2	3
19	7	1	3	2	1	3	2	1	3	2
20	7	2	1	3	2	1	3	2	1	3
21	7	3	2	1	3	2	1	3	2	1
22	8	1	3	2	2	1	3	3	2	1
23	8	2	1	3	3	2	1	1	3	2
24	8	3	2	1	1	3	2	2	1	3
25	9	1	3	2	3	2	1	2	1	3
26	9	2	1	3	1	3	2	3	2	1
27	9	3	2	1	2	1	3	1	3	2

$L_{32}(2^{31})$

列号 试验号	1	2	3	4	5	6	7	8	9	10	11	12	13	14	15	16	17	18	19	20	21	22	23	24	25	26	27	28	29	30	31
1	1	1	1	1	1	1	1	1	1	1	1	1	1	1	1	1	1	1	1	1	1	1	1	1	1	1	1	1	1	1	1
2	1	1	1	1	1	1	1	1	1	1	1	1	1	1	1	2	2	2	2	2	2	2	2	2	2	2	2	2	2	2	2
3	1	1	1	1	1	1	1	2	2	2	2	2	2	2	2	1	1	1	1	1	1	1	1	2	2	2	2	2	2	2	2
4	1	1	1	1	1	1	1	2	2	2	2	2	2	2	2	2	2	2	2	2	2	2	2	1	1	1	1	1	1	1	1
5	1	1	1	2	2	2	2	1	1	1	1	2	2	2	2	1	1	1	1	2	2	2	2	1	1	1	1	2	2	2	2
6	1	1	1	2	2	2	2	1	1	1	1	2	2	2	2	2	2	2	2	1	1	1	1	2	2	2	2	1	1	1	1
7	1	1	1	2	2	2	2	2	2	2	2	1	1	1	1	1	1	1	1	2	2	2	2	2	2	2	2	1	1	1	1
8	1	1	1	2	2	2	2	2	2	2	2	1	1	1	1	2	2	2	2	1	1	1	1	1	1	1	1	2	2	2	2
9	1	2	2	1	1	2	2	1	1	2	2	1	1	2	2	1	1	2	2	1	1	2	2	1	1	2	2	1	1	2	2
10	1	2	2	1	1	2	2	1	1	2	2	1	1	2	2	2	2	1	1	2	2	1	1	2	2	1	1	2	2	1	1
11	1	2	2	1	1	2	2	2	2	1	1	2	2	1	1	1	1	2	2	1	1	2	2	2	2	1	1	2	2	1	1
12	1	2	2	1	1	2	2	2	2	1	1	2	2	1	1	2	2	1	1	2	2	1	1	1	1	2	2	1	1	2	2
13	1	2	2	2	2	1	1	1	1	2	2	2	2	1	1	1	1	2	2	2	2	1	1	1	1	2	2	2	2	1	1
14	1	2	2	2	2	1	1	1	1	2	2	2	2	1	1	2	2	1	1	1	1	2	2	2	2	1	1	1	1	2	2
15	1	2	2	2	2	1	1	2	2	1	1	1	1	2	2	1	1	2	2	2	2	1	1	2	2	1	1	1	1	2	2
16	1	2	2	2	2	1	1	2	2	1	1	1	1	2	2	2	2	1	1	1	1	2	2	1	1	2	2	2	2	1	1
17	2	1	2	1	2	1	2	1	2	1	2	1	2	1	2	1	2	1	2	1	2	1	2	1	2	1	2	1	2	1	2
18	2	1	2	1	2	1	2	1	2	1	2	1	2	1	2	2	1	2	1	2	1	2	1	2	1	2	1	2	1	2	1
19	2	1	2	1	2	1	2	2	1	2	1	2	1	2	1	1	2	1	2	1	2	1	2	2	1	2	1	2	1	2	1
20	2	1	2	1	2	1	2	2	1	2	1	2	1	2	1	2	1	2	1	2	1	2	1	1	2	1	2	1	2	1	2
21	2	1	2	2	1	2	1	1	2	1	2	2	1	2	1	1	2	1	2	2	1	2	1	1	2	1	2	2	1	2	1
22	2	1	2	2	1	2	1	1	2	1	2	2	1	2	1	2	1	2	1	1	2	1	2	2	1	2	1	1	2	1	2
23	2	1	2	2	1	2	1	2	1	2	1	1	2	1	2	1	2	1	2	2	1	2	1	2	1	2	1	1	2	1	2
24	2	1	2	2	1	2	1	2	1	2	1	1	2	1	2	2	1	2	1	1	2	1	2	1	2	1	2	2	1	2	1
25	2	2	1	1	2	2	1	1	2	2	1	1	2	2	1	1	2	2	1	1	2	2	1	1	2	2	1	1	2	2	1
26	2	2	1	1	2	2	1	1	2	2	1	1	2	2	1	2	1	1	2	2	1	1	2	2	1	1	2	2	1	1	2
27	2	2	1	1	2	2	1	2	1	1	2	2	1	1	2	1	2	2	1	1	2	2	1	2	1	1	2	2	1	1	2
28	2	2	1	1	2	2	1	2	1	1	2	2	1	1	2	2	1	1	2	2	1	1	2	1	2	2	1	1	2	2	1
29	2	2	1	2	1	1	2	1	2	2	1	2	1	1	2	1	2	2	1	2	1	1	2	1	2	2	1	2	1	1	2
30	2	2	1	2	1	1	2	1	2	2	1	2	1	1	2	2	1	1	2	1	2	2	1	2	1	1	2	1	2	2	1
31	2	2	1	2	1	1	2	2	1	1	2	1	2	2	1	1	2	2	1	2	1	1	2	2	1	1	2	1	2	2	1
32	2	2	1	2	1	1	2	2	1	1	2	1	2	2	1	2	1	1	2	1	2	2	1	1	2	2	1	2	1	1	2

$L_{32}(2^{31})$ 二列间的交互作用

列号 试验号	1	2	3	4	5	6	7	8	9	10	11	12	13	14	15	16	17	18	19	20	21	22	23	24	25	26	27	28	29	30	31
1	(1)	3	2	5	4	7	6	9	8	11	10	13	12	15	14	17	16	19	18	20	20	23	22	25	24	27	26	29	28	31	30
2		(2)	1	6	7	4	5	10	11	8	9	14	15	12	13	18	19	16	17	23	23	20	21	26	27	25	24	31	30	29	28
3			(3)	7	6	5	4	11	10	9	8	15	14	13	12	19	18	17	16	22	22	21	20	27	26	25	24	31	30	29	28
4				(4)	1	2	3	12	13	14	15	8	9	10	11	20	21	22	23	16	17	18	19	28	29	30	31	24	25	26	27
5					(5)	3	2	13	12	15	14	9	8	11	10	21	20	23	22	17	16	19	18	29	28	31	30	25	24	27	26
6						(6)	1	14	15	12	13	10	11	8	9	22	23	20	21	18	19	16	17	30	31	28	29	26	27	24	25
7							(7)	15	14	13	12	11	10	9	8	23	22	21	20	19	18	17	16	31	30	29	28	27	26	25	24
8								(8)	1	2	3	4	5	6	7	24	25	26	27	28	29	30	31	16	17	18	19	20	21	22	23
9									(9)	3	2	5	4	7	6	25	24	27	26	29	28	31	30	17	16	19	18	21	20	23	22
10										(10)	1	6	7	4	5	26	27	24	25	30	31	28	29	18	19	16	17	22	23	20	21
11											(11)	7	6	5	4	27	26	25	24	31	30	29	28	19	18	17	16	23	22	21	20
12												(12)	1	2	3	28	29	30	31	24	25	27	26	21	20	23	22	17	16	19	18
13													(13)	3	2	29	28	31	30	25	24	27	26	21	20	23	22	17	16	19	18
14														(14)	1	30	31	28	29	26	27	24	25	22	23	20	21	18	19	16	17
15															(15)	31	30	29	28	27	26	25	24	23	22	21	20	19	18	17	16
16																(16)	1	2	3	4	5	6	7	8	9	10	11	12	13	14	15
17																	(17)	3	2	5	4	7	6	9	8	11	10	13	12	15	14
18																		(18)	1	6	7	4	5	10	11	8	9	14	15	12	13
19																			(19)	7	6	5	4	11	10	9	8	15	14	13	12
20																				(20)	1	2	3	12	13	14	15	8	9	10	11
21																					(21)	3	2	13	12	15	14	9	8	11	11
22																						(22)	1	14	15	12	13	10	11	8	9
23																							(23)	15	14	13	12	11	10	9	8
24																								(24)	1	2	3	4	5	6	7
25																									(25)	3	2	5	4	7	6
26																										(26)	1	6	7	4	5
27																											(27)	7	6	5	4
28																												(28)	1	2	3
29																													(29)	3	3
30																														(30)	1
31																															(31)

$L_{32}(2^1 \times 4^9)$

列号 试验号	1	2	3	4	5	6	7	8	9	10
1	1	1	1	1	1	1	1	1	1	1
2	1	1	2	2	2	2	2	2	2	2
3	1	1	3	3	3	3	3	3	3	3
4	1	1	4	4	4	4	4	4	4	4
5	1	2	1	1	2	2	3	3	4	4
6	1	2	2	2	1	1	4	4	3	3
7	1	2	3	3	4	4	1	1	2	2
8	1	2	4	4	3	3	2	2	1	1
9	1	3	1	2	3	4	1	2	3	4
10	1	3	2	1	4	3	2	1	4	3
11	1	3	3	4	1	2	3	4	1	2
12	1	3	4	3	2	1	4	3	2	1
13	1	4	1	2	4	3	3	4	2	1
14	1	4	2	1	3	4	4	3	1	2
15	1	4	3	4	2	1	1	2	4	3
16	1	4	4	3	1	2	2	1	3	4
17	2	1	1	4	1	4	2	3	2	3
18	2	1	2	3	2	3	1	4	1	4
19	2	1	3	2	3	2	4	1	4	1
20	2	1	4	1	4	1	3	2	3	2
21	2	2	1	4	2	3	4	1	3	2
22	2	2	2	3	1	4	3	2	4	1
23	2	2	3	2	4	1	2	3	1	4
24	2	2	4	1	3	2	1	4	2	3
25	2	3	1	3	3	1	2	4	4	2
26	2	3	2	4	4	2	1	3	3	1
27	2	3	3	1	1	3	4	2	2	4
28	2	3	4	2	2	4	3	1	1	3
29	2	4	1	3	3	2	4	2	1	3
30	2	4	1	3	3	2	4	2	1	3
31	2	4	3	1	1	4	2	4	3	1
32	2	4	4	2	2	3	1	3	4	2

$$L_{32}(2^3 \times 3^{13})$$

试验号＼列号	1	2	3	4	5	6	7	8	9	10	11	12	13	14	15	16
1	1	1	1	1	1	1	1	1	1	1	1	1	1	1	1	1
2	1	1	1	1	2	2	2	2	2	2	2	2	2	2	2	2
3	1	1	1	1	3	3	3	3	3	3	3	3	3	3	3	3
4	1	2	2	1	1	1	1	2	2	2	2	3	3	3	3	3
5	1	2	2	1	2	2	2	3	3	3	3	1	1	1	1	1
6	1	2	2	1	3	3	3	1	1	1	1	2	2	2	2	2
7	2	1	2	1	1	2	3	1	2	3	3	1	2	2	3
8	2	1	2	1	2	2	3	1	2	3	1	1	2	3	3	1
9	2	1	2	1	3	3	1	2	3	1	2	2	3	1	1	2
10	2	2	1	1	1	1	3	2	1	3	2	3	2	1	3	2
11	2	2	1	1	2	2	1	3	2	1	3	1	3	2	1	3
12	2	2	1	1	3	3	2	1	3	2	1	2	1	3	2	1
13	1	1	1	2	1	2	3	1	3	2	1	3	3	2	1	2
14	1	1	1	2	2	3	1	2	1	3	2	1	1	3	2	3
15	1	1	1	2	3	1	2	3	2	1	3	2	2	1	3	1
16	1	2	2	2	1	2	3	2	1	3	1	2	3	3	2	1
17	1	2	2	2	2	3	1	3	2	1	3	1	1	3	2	1
18	1	2	2	2	3	1	2	1	3	3	2	1	2	2	1	3
19	2	1	2	2	1	2	1	3	3	3	1	2	1	2	3
20	2	1	2	2	2	3	2	1	1	2	3	3	2	3	1
21	2	1	2	2	3	1	3	2	2	2	3	1	1	3	1	2
22	2	2	1	2	1	2	2	3	3	1	2	1	1	3	3	2
23	2	2	1	2	2	3	3	1	1	2	3	2	2	1	1	3
24	2	2	1	2	3	1	1	2	2	3	1	3	3	2	2	1
25	1	1	1	3	1	3	2	1	2	3	3	1	3	1	2	2
26	1	1	1	3	2	1	3	2	3	1	2	1	2	3	3
27	1	1	1	3	3	2	1	3	1	2	2	3	2	3	1	1
28	1	2	2	3	1	3	2	2	2	1	3	2	3	1	3
29	1	2	2	3	2	1	3	3	3	2	2	1	3	1	2	1
30	1	2	2	3	3	2	1	1	1	3	3	2	1	2	3	2
31	2	1	2	3	1	3	3	3	2	3	2	2	1	2	1	1
32	2	1	2	3	2	1	1	1	3	1	3	3	2	3	2	2
33	2	1	2	3	3	2	2	2	1	2	1	1	3	1	3	3
34	2	2	1	3	1	3	1	2	3	2	3	1	2	2	3	1
35	2	2	1	3	2	1	2	3	1	3	1	2	3	3	1	2
36	2	2	1	3	3	2	3	1	2	1	2	3	1	1	2	3

$L_{36}(2^{11} \times 3^{12})$

试验号\列号	1	2	3	4	5	6	7	8	9	10	11	12	13	14	15	16	17	18	19	20	21	22	23
1	1	1	1	1	1	1	1	1	1	1	1	1	1	1	1	1	1	1	1	1	1	1	1
2	1	1	1	1	1	1	1	1	1	1	1	2	2	2	2	2	2	2	2	2	2	2	2
3	1	1	1	1	1	1	1	1	1	1	1	3	3	3	3	3	3	3	3	3	3	3	3
4	1	1	1	1	1	2	2	2	2	2	2	1	1	1	1	2	2	2	2	3	3	3	3
5	1	1	1	1	1	2	2	2	2	2	2	2	2	2	2	3	3	3	3	1	1	1	1
6	1	1	1	1	1	2	2	2	2	2	2	3	3	3	3	1	1	1	1	2	2	2	2
7	1	1	2	2	2	1	1	1	2	2	2	1	1	2	3	1	2	3	3	1	2	2	3
8	1	1	2	2	2	1	1	1	2	2	2	2	2	3	1	2	3	1	1	2	3	3	1
9	1	1	2	2	2	1	1	1	2	2	2	3	3	1	2	3	1	2	2	3	1	1	2
10	1	2	1	2	2	1	2	2	1	1	2	1	1	3	2	1	3	2	3	2	1	3	2
11	1	2	1	2	2	1	2	2	1	1	2	2	2	1	3	2	1	3	1	3	2	1	3
12	1	2	1	2	2	1	2	2	1	1	2	3	3	2	1	3	2	1	2	1	3	2	1
13	1	2	2	1	2	2	1	2	1	2	1	1	2	3	1	3	2	1	3	3	2	1	2
14	1	2	2	1	2	2	1	2	1	2	1	2	3	1	2	1	3	2	1	1	3	2	3
15	1	2	2	1	2	2	1	2	1	2	1	3	1	2	3	2	1	3	2	2	1	3	1
16	1	2	2	2	1	2	2	1	2	1	1	1	2	3	2	1	1	3	2	3	3	2	1
17	1	2	2	2	1	2	2	1	2	1	1	2	3	1	3	2	2	1	3	1	1	3	2
18	1	2	2	2	1	2	2	1	2	1	1	3	1	2	1	3	3	2	1	2	2	1	3
19	2	1	2	2	1	1	2	2	1	2	1	1	2	1	3	3	3	1	2	2	1	2	3
20	2	1	2	2	1	1	2	2	1	2	1	2	3	2	1	1	1	2	3	3	2	3	1
21	2	1	2	2	1	1	2	2	1	2	1	3	1	3	2	2	2	3	1	1	3	1	2
22	2	1	2	1	2	2	2	1	1	1	2	1	2	2	3	3	1	2	1	1	3	3	2
23	2	1	2	1	2	2	2	1	1	1	2	2	3	3	1	1	2	3	2	2	1	1	3
24	2	1	2	1	2	2	2	1	1	1	2	3	1	1	2	2	3	1	3	3	2	2	1
25	2	1	1	2	2	2	1	2	2	1	1	1	2	2	1	3	2	3	1	3	3	1	2
26	2	1	1	2	2	2	1	2	2	1	1	2	3	3	2	1	3	1	2	1	1	2	3
27	2	1	1	2	2	2	1	2	2	1	1	3	1	1	3	2	1	2	3	2	2	3	1
28	2	2	1	1	1	1	1	2	2	2	2	1	3	2	2	1	3	2	3	1	2	1	3
29	2	2	1	1	1	1	1	2	2	2	2	2	1	3	3	2	1	3	1	2	3	2	1
30	2	2	1	1	1	1	1	2	2	2	2	3	2	1	1	3	2	1	2	3	1	3	2
31	2	2	1	2	1	2	1	1	2	1	3	3	2	3	2	2	1	2	1	1	2	2	1
32	2	2	1	2	1	2	1	1	2	2	1	1	3	1	3	3	2	3	2	2	3	1	2
33	2	2	1	2	1	2	1	1	2	3	2	2	1	2	1	1	3	1	3	3	1	2	3
34	2	2	1	2	1	2	1	1	2	1	3	3	2	1	3	2	2	3	1
35	2	2	1	1	2	1	2	1	2	1	2	3	1	3	1	2	3	3	1	2
36	2	2	1	1	2	1	2	1	2	2	1	3	2	3	1	2	1	2	3	1	1	2	3

附表 10　相关系数临界值(r_α)表

$$P(|r|>r_\alpha)=\alpha$$

α \ $n-2$	0.10	0.05	0.02	0.01	0.001
1	0.987 69	0.996 92	0.999 507	0.999 877	0.999 998 8
2	0.900 00	0.950 00	0.980 00	0.990 00	0.999 00
3	0.805 4	0.878 3	0.934 33	0.958 73	0.991 16
4	0.729 3	0.811 4	0.882 2	0.917 20	0.974 06
5	0.669 4	0.754 5	0.832 9	0.874 5	0.950 74
6	0.621 5	0.706 7	0.788 7	0.834 3	0.924 93
7	0.582 2	0.666 4	0.749 8	0.797 7	0.898 2
8	0.549 4	0.631 9	0.715 5	0.764 6	0.872 1
9	0.521 4	0.602 1	0.685 1	0.734 8	0.847 1
10	0.497 3	0.576 0	0.658 1	0.707 9	0.823 3
11	0.476 2	0.552 9	0.633 9	0.683 5	0.801 0
12	0.457 5	0.532 4	0.612 0	0.661 4	0.780 0
13	0.440 9	0.513 9	0.592 3	0.641 1	0.760 3
14	0.425 9	0.497 3	0.574 2	0.622 6	0.742 0
15	0.412 4	0.482 1	0.557 7	0.605 5	0.724 6
16	0.400 0	0.468 3	0.542 5	0.589 7	0.708 4
17	0.388 7	0.455 5	0.528 5	0.575 1	0.693 2
18	0.378 3	0.443 8	0.515 5	0.561 4	0.678 7
19	0.368 7	0.432 9	0.503 4	0.548 7	0.665 2
20	0.359 8	0.422 7	0.492 1	0.536 8	0.652 4
25	0.323 3	0.380 9	0.445 1	0.486 9	0.597 4
30	0.296 0	0.349 4	0.409 3	0.448 7	0.554 1
35	0.274 6	0.324 6	0.381 0	0.418 2	0.518 9
40	0.257 3	0.304 4	0.357 8	0.403 2	0.489 6
45	0.242 8	0.287 5	0.338 4	0.372 1	0.464 8
50	0.230 6	0.273 2	0.321 8	0.354 1	0.443 3
60	0.210 8	0.250 0	0.294 8	0.324 8	0.407 8
70	0.195 4	0.231 9	0.273 7	0.301 7	0.379 9
80	0.182 9	0.217 2	0.256 5	0.283 0	0.356 8
90	0.172 6	0.205 0	0.242 2	0.267 3	0.337 5
100	0.163 8	0.194 6	0.233 1	0.254 0	0.321 1

参考文献

[1] 陈魁.试验设计与分析[M].2版.北京:清华大学出版社,2005.
[2] 任露泉.试验优化设计与分析[M].2版.北京:高等教育出版社,2001.
[3] 王万中.试验的设计与分析[M].北京:高等教育出版社,2004.
[4] 郑少华,姜奉华.试验设计与数据处理[M].北京:中国建材工业出版社,2004.
[5] 王文健,许荔,钱海挺,等.试验数据分析处理与软件应用[M].北京:电子工业出版社,2008.
[6] 区靖祥.试验统计学[M].广州:广东高等教育出版社,2003.
[7] 盛骤,谢式千,潘承毅.概率论与数理统计简明本[M].4版.北京:高等教育出版社,2009.
[8] 沈恒范.概率论与数理统计教程[M].5版.北京:高等教育出版社,2011.
[9] 吴传生.经济数学——概率论与数理统计[M].2版.北京:高等教育出版社,2004.
[10] 倪竹君,夏莉娜,张绍周.水泥企业统计手册[M].北京:中国建材工业出版社,2005.
[11] 杨绍林,田加才,田丽.新编混凝土配合比实用手册[M].北京:中国建筑工业出版社,2002.
[12] 乔志琴.公路工程试验检测[M].北京:人民交通出版社,2007.